中華文化思想叢書

中國佛教與傳統文化

上冊

方立天　著

目次

總序

　　這部集子的緣起是，今年（2011）9月17日在中國人民大學舉行的一次學術研討會茶歇期間，中國人民大學校長助理、出版社社長賀耀敏教授和我面談，約我重新編一部個人文集出版。自上世紀80年代以來，中國人民大學出版社先後出版了我的五部專著和六卷本文集，現在又約我重編一部文集出版，對於人大出版社的這種盛情雅意，我極為感動，深為感激。

　　五年前出版的六卷本《方立天文集》，約結集了我的一半著述；現在這部文集，收集了迄今為止我撰寫的絕大部分作品，並根據著作的性質，分別按中國佛教、魏晉南北朝佛教、法藏與《金師子章》、佛教哲學、中國佛教哲學、中國佛教與傳統文化、中國佛教文化、中國文化與中國宗教、中國古代哲學以及雜著等不同內容，統編為十卷十二冊，約五百萬言。十卷本比六卷本增加了約一倍的篇幅，新增內容是《中國佛教哲學要義》一卷二冊，中國佛教和中國佛教文化新增的文章較多，各成一卷，關於中國文化和中國宗教的著述則合成一卷，雜著一卷包括多年來撰寫的序言、前言、創刊詞、書評、追念前賢、治學等內容。

　　自上世紀80年代以來，我先後為《簡明不列顛百科全書》（中國大百科全書出版社，1986）、《中國大百科全書・哲學卷》（中國大百科全書出版社，1987）、《哲學大辭典》（上海辭書出版社，1992）、《哲學大辭書》（輔仁大學出版社，1993年後陸續出版）、《孔子大辭

典》（上海辭書出版社，1993）、《中國哲學大辭典》（中國社會科學出版社，1994）、《中國哲學大辭典》（上海辭書出版社，2010）等，撰寫過中國哲學和中國佛教的條目。《中國哲學通史》第二卷（中國人民大學出版社，1988）中的魏晉玄學和隋唐佛學部分為我所寫，《中華的智慧——中國古代哲學思想精粹》（上海人民出版社，1989）一書，我撰寫了葛洪、僧肇、法藏、慧能、韓愈、柳宗元、劉禹錫七篇。這些為集體著作撰寫的稿子，均不收入本文集中。此外，有一些與他人合作而非我執筆的文章也未予收入。

新編十卷本文集的內容，反映了我半個世紀以來學術探索的方方面面，記錄了我漫長學術生涯的前進足跡，也從一個小小的側面展示了中華文化的豐富多彩，折射出了社會和時代的變遷、進步。借此作序的機緣，回顧和總結個人學術生命的歷史因素、生涯規劃、耕耘佈局、治學方法、主要收穫、經驗教訓以及人生體悟等，是我十分有興趣的。

1949年我初中畢業。不久，家鄉（浙江永康）解放。1950年春，我到上海，在華東稅務學校（後與華東糧食學校合併，更名為華東財政學校）學習，隨後留校工作。約在1953年，我由從事行政工作轉為政治理論課的教學工作，先後講授或輔導過中共黨史、聯共（布）黨史、政治經濟學和哲學（辯證唯物主義與歷史唯物主義）。在教學過程中，我逐漸對哲學的思辨性、抽象性產生了興趣，幻想日後能遨遊在自由的思維天地之間。1956年黨中央號召向科學進軍，鼓勵年輕在職幹部報考高校，我考取了北京大學哲學系，從此我的生命開始真正和哲學結緣。學習期間，我又對中國哲學最為喜好，內心默默地許下心願，期盼畢業後能從事中國哲學的教學和研究工作。

1961年北京大學畢業後，我被分配到中國人民大學哲學系中國哲學史教研室工作，這為我實現從事中國哲學教學和研究的夙願提供了

最佳的舞臺。此後，我又想中國哲學歷史很長，必須確立一個時段作為研究重點。經過反覆思考，我確定以魏晉南北朝隋唐時期的哲學為學術研究的重心。這一時期的哲學廣泛涉及儒家、道家、道教和佛教等多個領域，我又選定其中的佛教哲學作為研究重點。我之所以這樣選擇，一是深感佛教哲學內涵豐富，與中國文化、哲學的關係密切；二是受家鄉、家庭傳統佛教信仰的影響，對佛教有一種自然的親和感；三是在治學取向上，個人比較偏愛冷門，好攻難點，不畏艱苦。也就是說，理智的判斷、情結的作用和性格的特徵，決定了我開始研究當時被喻為「險學」的佛學，且是勇往直前，義無反顧，永不走回頭路了。

經過上世紀60年代初數年間的探索、運思、實踐，我確定了個案研究與整體研究、微觀研究與宏觀研究交叉結合、互動互補的佛教學術研究方案，並粗略地制定了近期、中期研究規劃和長期目標。個案研究主要是佛教代表人物的研究。我認為，一部佛教史就是佛教代表人物和廣大信徒的信仰修持史，一部佛教思想史主要是佛教代表人物的思想成果史。研究歷史上的佛教代表人物，就能展示佛教尤其是佛教思想演變、發展的途徑和內容。根據這一思路，我從魏晉南北朝時期的佛教代表人物如道安、支道林、慧遠、僧肇、道生、梁武帝蕭衍等著手開展佛教的研究。在日後的研究中，也始終傾心於對不同佛教代表人物如華嚴宗創始人法藏、禪宗創始人慧能等的關注和研究。

佛教文獻是佛教思想研究的基礎，把握佛教文獻的文字、結構、內涵、實質，對於佛教思想的研究具有關鍵性的意義。在整個佛教研究工作過程中，我比較重視資料的積累，參加了《中國佛教思想資料選編》（中華書局，1983-1992）的整理工作，並對有的佛教文獻做了標點、校勘、注釋、今譯，有的已整理成書出版。

在若干個案微觀研究和一定資料積累的基礎上，上世紀80年代，

我又開展了對佛教的宏觀研究。重點工作從兩個方面展開：一是佛教哲學的整體研究，也可以說是佛教哲學的現代化研究。我撰寫了《佛教哲學》一書，在書中我著重論述了佛教的人生價值論、宇宙論（要素論、結構論、生成論和本體論）和認識論的豐富內涵，力求用現代語言表述佛教哲學理念，運用現代的多元方法進行分析研究，並力圖立足當代社會背景，發掘和評判佛教的價值與弊端，貢獻與缺陷。二是佛教文化的比較研究，也可以說是佛教文化的中國化研究。在《中國佛教與傳統文化》專書和《佛教中國化與中國化佛教》等有關論文中，我把佛教中國化界定為「三化」，即民族化、本土化和時代化，並敘述了佛教中國化的不同階段、途徑和方式，還通過與中國的政治理念、哲學思想、倫理道德、文學藝術、民間信仰、社會習俗等的互動關係，揭示出佛教中國化的實質，總結出有別於印度佛教的中國佛教的六個重要特點：重自性、重現實、重禪修、重頓悟、重簡易、重圓融。

我研究佛教秉持的是「中國本位」立場，我認為中國人是以先前本國文化結構去理解佛教的，是以中國人的實際需要和精神需求去對待佛教的，是以中國儒、道本土文化去改造佛教的。也就是說，我是在中國文化、思想、哲學的演變、發展的歷史背景下，研究中國佛教文化、思想、哲學的流傳、興衰。因此，在我的學術生涯中，也分外重視對中國哲學的研探，在上世紀80年代後期撰寫了《中國古代哲學問題發展史》（上、下冊），由中華書局出版。我研究中國哲學的重要目的，其一是為了闡揚中華智慧，其二就是為了更好地研究中國佛教哲學。

在以上微觀和宏觀的學術研究取得相應成果的基礎上，我開始全力專攻自己學術生命中的「重點工程」，開展對中國佛教哲學思想的系統、整體研究。我從中國僧人的佛教著作出發，在與中國儒道思

想、印度佛教思想的互動、比照中，千淘萬漉，吹沙覓金，歷時十五年，先後撰寫百餘篇文章，爾後形成了九十餘萬言的《中國佛教哲學要義》（上、下卷）一書。全書設為緒論、總論、人生論、心性論、宇宙論、實踐論（修持論）和結語七個部分，除緒論和結語外的五編三十二章為全書的主體，心性論與直覺論為中國佛教哲學思想的兩大要點，由此而初步構築了中國佛教哲學思想體系。在該書的「緒論」中，我分述了研究中國佛教哲學思想的具體方法：結合現代哲學發展的要求，篩選、歸結中國佛教的重大哲學問題，構築中國佛教哲學的思想體系；運用現代語言，詮釋中國佛教哲學的概念、範疇；尋究中國佛教哲學思想的原來意義；體會中國佛教某些哲學語言的言外之意；探索中國佛教哲學思想的發展規律；總結中國佛教哲學理論思維成果；進行比較研究，以把握中國佛教哲學的思想特色；闡發中國佛教哲學的現代價值與意義。這八條是我的中國佛教哲學問題研究方法的初步歸納和總結。

從上述可見，我對佛教的研究主要從五個方面展開：中國佛教思想家的個案研究、中國佛教典籍的整理、佛教哲學的現代化研究、佛教文化的中國化探索、中國佛教哲學思想體系的構築。這五個方面的研究，大體上體現了我的佛教研究軌跡，構成了我迄今為止學術生涯的基本內容。

20世紀90年代以來，隨著社會發展和時代前進，我的學術視野有所擴大，研究領域也有所延伸。在中國佛教和中國哲學「雙耕」的基礎上，我對中華文化精神和中國宗教理論產生了興趣，並結合實際工作需要，做了一些探求性和探討性的研究。

探求中華文化精神，是為了弘揚中國優秀傳統文化，提高國民素質，建設中華民族共有的精神家園。為此我撰文探求中華文化的傳統和核心問題，提出了中華文化三大傳統（儒家的人本主義、道家的自

然主義、佛家的解脫主義）的看法，並認為人生價值觀是中華傳統文化的核心，人文精神即關於人的精神生活的方式、態度、思想、觀點是中國國學之魂，自強不息是中華民族的主要精神，還強調思維方式對一個民族思考問題和推動社會進步的重要意義。

在中國宗教理論領域，我近年來一直在思考，正確研究和總結中國傳統宗教觀、馬克思主義宗教觀和中國化馬克思主義宗教觀，有著特殊的重要的現實意義。我把中國化馬克思主義宗教觀歸結為宗教本質觀、宗教價值觀、宗教歷史觀和宗教適應觀。我認為，對宗教的本質和功能缺乏科學認識，會導致宗教學和宗教工作得不到應有的重視。長期以來在宗教領域裡流行的是「鴉片論」和「鬥爭論」，而毛澤東主席生前多次指出宗教是文化，後來中國共產黨人又積極宣導宗教與社會主義社會相適應，提出要「積極引導宗教與社會主義社會相適應」的新命題。中國化馬克思主義宗教觀的主要脈絡，就是從「鴉片論」、「鬥爭論」發展為「文化論」、「適應論」、「引導論」，這是中國共產黨人在馬克思主義宗教觀領域的最偉大的理論創新，最重大的理論貢獻；這對於發揮宗教界人士和信教群眾在促進經濟社會的發展、和諧社會的構建和社會主義文化大繁榮大發展中的積極作用，具有巨大的指導意義和推動作用。

清代散文家姚鼐說：「天下學問之事，有義理、文章、考證三者之分。」「義理」，指的是研求經義、探究名理的學問。回眸以往歲月，我在中國國學這塊豐腴的田野裡默默耕耘，主要是走探索義理之路，也就是著力探索中國哲學思想，尤其是中國佛教哲學思想。這是一個探索真理、追求真理的求真過程，也是一個體悟智慧、增長智慧的求智過程。每當回憶起馳騁獨立思考、直抒胸臆的心路歷程；每當回想起爬梳剔抉、筆耕凝道、學思有得、開心明目的收穫時刻；每當聯想起漫漫人生征途，深澗、峻嶺，大川、坦途，獨木小橋，陽光大

道……此時此刻，不免心潮澎湃，難以自已！

　　光陰荏苒，人生無常。雖然如今我已近耄耋之年，但是「莫道桑榆晚，為霞尚滿天」，今後我仍將在力所能及的前提下，盡自己的能力和努力，爭取有所撰述，從而為我們偉大祖國的文化大繁榮大發展，做出自己綿薄的貢獻。

　　在即將結束序文時，我要再次感謝中國人民大學出版社社長賀耀敏教授的盛情約稿，我還應該深深地感謝中國人民大學出版社楊宗元、李紅、符愛霞、吳冰華、呂鵬軍、許微微、胡明峰諸同志，感謝他（她）們認真、細緻、嚴肅的編輯工作態度。沒有他（她）們的辛勤勞動，這部文集在半年時間裡出版問世，是不可想像、絕無可能的。

方立天

2011年12月8日初稿，19日定稿

前言

一

　　佛教是人類歷史上的重大社會現象，它是包括教主、教義、教徒組織、清規戒律、儀軌制度和情感體驗等複雜內容的綜合體，也就是由佛教徒及其組織、佛教思想文化和佛教儀式制度三種基本要素構成的系統結構。佛教既是一種信仰實踐，又是一種社會力量，同時也是一種文化現象。

　　佛教作為一種歷史積澱的宗教文化現象，包攝著相互聯繫、交滲互涵、極其廣泛的內容。

　　它包攝著信仰觀念。佛教的一整套神話、教義信條，體現了對超自然的神祕力量、超現實的實在性的虛幻信仰。「一切宗教都不過是支配著人們日常生活的外部力量在人們頭腦中的幻想的反映，在這種反映中，人間的力量採取了超人間的力量的形式。」[1]佛教信仰觀念是對客觀現實的、幻想的、虛靈的、神奇的反映，是顛倒了的世界觀。這是佛教文化的最深層結構。

　　它包攝著社會意識。佛教信仰觀念的許多內容也是社會存在的反映，而且在不同階級社會裡，往往是特定階級利益和需要的反映。在佛教社會意識裡，既有著歷史和時代現實生活的投影，也包含了階級矛盾和階級鬥爭的折射。

1　《馬克思恩格斯選集》，2版，第3卷，666-667頁，北京，人民出版社，1995。

它包攝著道德規範。佛教社會意識中的重要內容就是宗教倫理道德規範。佛教對人生的價值、意義作出了特定的判斷，提出了一整套約束人們思想行為的準則和規範，在歷史上曾產生過正負兩方面的巨大影響。

它包攝著文學藝術。佛教十分重視通過文學藝術手段來表現自己的存在和力量，推廣自己的教義和思想。佛教文學藝術對於吸引廣大信徒，形成信徒的宗教意識、心境、激情、道德感、美感，以及影響世俗文化的發展等方面，都發揮了十分重要的作用。

它包攝著心理習俗。周恩來曾非常精闢地說過這樣的話：「只要人們還有一些不能從思想上解釋和解決的問題，就難以避免會有宗教信仰現象。」[2]宗教是有宗教需要的人的一種真誠而又虛幻的心理需要。從宗教的信仰和儀式中激發出來的特殊的情感體驗，使教徒們獲得內心的寧靜和解脫，並且經過長期的歷史積累，逐漸滲透到民族的情感內核、心理結構和風俗習慣之中。在中國，佛教信仰就飽含著藏族、蒙古族和傣族等的民族情感和心理結構的凝聚。

把佛教作為一種文化現象來考察、研究，是十分必要的。宗教的產生是人類歷史發展的必然產物，是人類獲得自我意識時，對自己力量的虛妄認識，對自己軟弱的可憐補充，是一種必然的異化現象。同時，宗教也是人類文化發展過程的必然階段。宗教現象是和人類的文化現象緊密聯繫著的。從一定意義上說，迄今為止的人類文化可以分為宗教文化和世俗文化兩大類。神話，一般地說，也是包含宗教的和世俗的兩個方面。在中國，自漢魏兩晉南北朝以來，儒家、道家（和道教）、佛教三家的思想文化匯合而成了中國傳統文化，也就是形成了中國文化的多種成分的複合結構。有的學者說：「不懂佛學，就不

2　《周恩來選集》，下卷，267頁，北京，人民出版社，1984。

懂漢魏以來的中國文化」，「撇開佛教文化，連話也說不周全」。這是深切了解佛教與中國文化的密切關係的有識之見。我們對佛教的分析研究，必將有助於對中國傳統文化的全面透徹的了解。

佛教在中國流傳、發展了兩千多年，經過試探、依附、衝突、改變、適應、融合，深深地滲透到傳統的中國文化之中。人類文化是一個連續不斷的過程，現代文化與傳統文化不能也不可能完全割斷。我們要批判繼承和發揚我國優良文化，就必須反思過去，探尋佛教文化在人們傳統觀念中生存的種種因素，分析佛教文化在人們心靈中積澱的種種影響。只有這樣，才能真正吸取中國佛教文化中一切有價值、有活力的精華，來充實和發展社會主義的民族新文化。

理性與信仰、科學與宗教、無神論與有神論是對立的。要克服、超越宗教的價值體系和種種偏見，我們應當借助哲學、社會科學和自然科學的理性根據，要克服、消除宗教心理，我們還必須運用人文科學、文學藝術的力量，應當通過大力頌揚人的尊嚴、價值、才能、個性的文藝作品，去和高揚神的威嚴、恩德、靈異、神性的宗教形象表現相抗衡。只有恢復人的真正尊嚴，才能推倒神的虛構威嚴。

二

筆者寫作本書的目的，是為讀者了解「中國佛教文化與傳統文化」提供一點基礎知識。為此，本書的內容圍繞著兩個方面展開，一方面簡要地闡明佛教的諸要素，另一方面揭示佛教與中國文化的內在關聯。

在闡明佛教諸要素方面，本書設七章，從佛教的歷史、經典、教理、儀軌制度和寺院五個側面加以論述。首先敘述印度佛教的創立、意義和歷史演變、對外傳播，並以較多篇幅系統地闡述印度佛教在中

國的流傳、變化及其中國化、民族化的過程，以便於讀者對於佛教獲
得一種歷史感。接著是從多種角度簡述卷帙浩繁的各類佛典，尤其是
印度和中國的佛教學者的作品的形成、類別和結構，並有重點地論述
佛教的基本理論，剖析佛教信仰和觀念的特質。隨後是介紹佛教宗教
實踐活動的主要儀式，確定教徒宗教生活和維護僧團組織秩序的重要
制度。最後是介紹佛教僧侶活動的基地和佛國世界的縮影──寺院，
並對中國歷史上的著名寺院，從歷史沿革和人文景觀兩方面加以簡要
說明。意在通過歷史、理論、制度和實際的多方面說明，使讀者能對
佛教有一種立體的、全方位的了解。

在揭示佛教與中國文化的橫向聯繫方面，本書設六章，分別從政
治意識、倫理、哲學、文學、藝術和民俗六個方面加以論述。在闡述
佛教與政治、哲學、倫理三者的關係時，著重跟蹤歷史的發展進程，
從不同時代的歷史實際出發，力求客觀地揭示彼此之間的真實關係。
文中強調佛教與中國政治關係的複雜性，認為佛教和封建統治階級的
利益一致是基本的，這表現為佛教往往被封建統治階級利用來對付社
會危機、干預社會危機和逃避社會危機。但是佛教和封建統治階級的
利益也有矛盾的一面，「三武一宗」的四次滅佛事件就是這種矛盾的
突出表現。文中還指出，佛教在長期為封建統治階級作為麻痺人民革
命鬥志的工具的同時，也曾在特定的歷史時期為進步的人們所利用，
表現出佛教社會功能的多重性質。在闡述佛教與中國倫理的關係時指
出，雖然佛教也力圖保持自己宗教倫理的個性和特徵，但是在長期專
制社會中始終採取迎合、附會、調和、融合儒家倫理的基本立場，成
為儒家倫理的附庸和補充，表現了中國儒家倫理本位的鞏固和強大，
也表明了佛教的適應能力和妥協性格。至於佛教與中國哲學的關係，
情況又有所不同。初期中國佛教哲學依附於魏晉玄學而流行，隨後不
久引發出佛教哲學與世俗哲學的論戰（如神滅和神不滅之爭、因果報

應和反因果報應之爭等），此後中國佛教學者轉而注重佛教理論的改造和創新，形成了天臺宗、華嚴宗、禪宗等中國化的佛教宗派，提出了許多與印度佛教哲學不同的命題和思想，豐富和發展了中國古代哲學，後來又為宋明理學所吸收，與中國固有哲學合流，成為古代傳統哲學的一部分。本書在闡述佛教與文學、藝術、民俗三者的關係時，著重從中歸結出幾個主要問題，來展示佛教在這些領域對中國傳統文化的作用和影響。文中通過對佛教翻譯文學，以及佛教對詩歌、說唱文學、古典小說、文學理論批評和詞彙的關係的簡要論述，認為佛教在中國文學史上的貢獻是重要的、顯著的。文中在簡要介紹佛教的建築、雕塑、繪畫和音樂之後，認為佛教在中國藝術史上的貢獻更是主要的、巨大的。本書認為，佛教在文學、藝術上所起的作用和在倫理、哲學上所起的作用不同，它的積極作用超過了消極作用。本書還就寺院的節日、僧侶的生活習慣對於民間節日和風俗習慣的影響，作了簡要敘述，藉以進一步窺見佛教文化影響之深廣。佛教與中國文化的關係當然不止於這些方面，但上述這些方面卻是基本的，也是最重要的。

本書第十四章，闡述中國佛教的基本特點，這是一篇帶有總結性質的文字，意圖在於揭示中國佛教與印度佛教的異同，以便從宏觀上更好地認識、把握中國佛教的基本風貌，尤其是中國佛教在思想文化方面的特殊性格。至於最末一章，簡要論述了中國佛教的對外影響，與開頭一章論述中國佛教淵源於印度佛教，是首尾呼應的。

本書絕大多數章節的題目和內容，都有浩繁的佛教文獻，其中包含著許許多多互相矛盾的史料和觀點，可作素材。限於本書的篇幅和筆者的能力，撰寫時僅限於引證最必要、最典型的資料，對於在同一問題上的不同見解，也不予論列。筆者只是根據自己認為是正確的觀點徑直從正面論述有關問題的基本史實和基本思想。本書採取縱橫交

錯的敘述方法，由此必然在內容上出現某些交叉重複的現象，這一方面當然要儘量避免和減少，另一方面為了保持不同主題內容的完整性和系統性，仍保留了某些必要的重複。

三

大概在 20 世紀 80 年代初，出版社的朋友就約我寫一本能夠雅俗共賞的佛教小書，我自己也有撰寫這樣知識性讀物的設想，所以就滿口答應下來，並開始收集資料，看書，思索，寫作。但因中間忙於其他更為迫切的教學和科研工作任務，致使這項計畫停頓了很長時間。近數年來，由於現今人們觀念深處的傳統文化與撲面而來的改革浪潮的碰撞，學術界掀起了一股強大的反思熱潮，這股思潮深深地感染了我，於是也以只爭朝夕的精神，加緊寫作，終於在 1986 年秋基本完成初稿。隨後又撥冗抽暇，經過四個月的集中整理、補充、修改，共成 15 章。敝帚自珍，頓生喜悅。然也自知這只是闡述中國佛教與傳統文化的大要而已，離雅俗共賞的要求尚為遠矣。

本書如果能夠對於宗教學工作者、人文社會科學工作者、外交統戰工作者，以及導遊和旅遊者，提供各自需要的某些佛教知識，這對於我來說，就是最大的欣慰了。自然，我希望本書對於我們偉大國家的社會主義精神文明建設，也能有所裨益，因為運用自己的專業來推進社會主義精神文明建設，是我們人文社會科學工作者義不容辭的崇高職責。

中華書局時任副總編輯陳金生同志和時任副總經理熊國禎同志，對於本書的寫作給予了真誠的推動；在寫作過程中，已故中國人民大學哲學系石峻教授幫助我確定全書的架構，並看了初稿的某些章節；著名畫家范曾熱情為我題寫書簽。這些都是我衷心感激的，在此謹向

他們表示謝意。

　　筆者於 1962 年在中國佛學院進修期間，曾問學於知名佛教學者周叔迦先生。先生親自為我開列閱書目錄，精心指導，熱心教誨。本書的佛教儀軌制度和寺院殿堂兩章，均係參照先生的論述而成，除隨文標明外，再借此表達我對恩師的緬懷之情。

　　筆者本人並不信仰宗教，但尊重他人的宗教信仰；不贊成復興宗教，但也不鼓吹消滅宗教。這是經過長期的觀察、思索之後，作出的理性判斷。我把自己的任務限定為從學術的角度研究宗教，力圖以實事求是的態度敘述和評價宗教的複雜現象，肯定在我看來應當肯定的東西，否定在我看來應當否定的東西。由此又應當說，本書是闡述中國佛教與傳統文化的初步嘗試，許多論點是個人的管窺之見，偏失疏漏在所難免，敬希讀者批評、指正。

第一章
印度佛教的創立、演變和外傳

　　佛教與基督教、伊斯蘭教並稱為世界三大宗教，也是產生最早的世界宗教。它長期以來主要在亞洲地區流傳，19 世紀末，開始傳入歐洲、美洲、非洲和大洋洲。據有關統計，它現在約擁有 3.3 億信徒。

第一節　釋迦牟尼的創教活動和早期佛教

一　釋迦牟尼創立佛教的歷史背景

　　相傳約在西元前 6 世紀到前 5 世紀，古北印度迦毗羅衛國（今尼泊爾南部）淨飯王的兒子釋迦牟尼創立了佛教。釋迦牟尼生活和創立佛教的年代，是一個民族矛盾和階級矛盾十分尖銳、社會動盪不安、新舊思想交替和宗教生活盛行的時代。

　　西元前 2000 年到前 1000 年間，原居中亞地區的「雅利安人」，向東進入印度恒河流域定居，對原來的土著居民實行壓迫和剝削，土著居民絕大多數淪為種族奴隸。到西元前 6 世紀—前 5 世紀，印度奴隸制經濟急劇發展，手工業已從農業中分化出來，也發展了商品經濟，出現了比較大的城市，如王舍城、舍衛城、波羅奈城等。據佛典記載，當時從恒河流域的上游到下游（即中印度一帶）還建立了以城市為中心的 16 個大國。其中最強大的是恒河南岸的摩揭陀國和西北邊的憍薩羅國。迦毗羅衛國是居於東北方的一個小貴族政治共和國。由

於國與國之間經常發生攻伐與兼併，在釋迦牟尼晚年時，該國為憍薩羅國琉璃王所併吞。

當時印度各國通行種姓制度。「種姓」是梵文 Varna（瓦爾納）的意譯，也譯作「族姓」。「瓦爾納」原是顏色、膚色的意思。「雅利安人」膚色白，土著居民膚色黑。雅利安人從種族上把自己和被征服的土著居民區別為「雅利阿」和「達薩」兩個瓦爾納（種姓）。在社會和政治生活中，雅利阿種姓占統治地位，而達薩種姓則居於被統治的地位。這兩個瓦爾納是職業世襲、內部通婚、不准外人參與的社會等級集團，是兩個對立的階級。後來隨著階級分化和社會分工的發展，雅利阿內部又派生出婆羅門、剎帝利和吠舍三個種姓，加上達薩，即第四級種姓「首陀羅」，共為四個「種姓」，也就是社會的四個等級。第一級婆羅門，即僧侶。自認為是創造宇宙的主宰「梵天」（天神）的代表，地位最高貴、最顯要。當時的印度，凡決定國家大事乃至家庭生活，都要舉行一定的宗教儀式，這些儀式必須由婆羅門來主持，否則就不合法。婆羅門掌握神權，主持祭祀，是人民精神生活的統治者。第二級剎帝利，即武士。擔任國王和文武官職，掌握政治和軍事實權，是古印度國家的世俗統治者。僧侶是祭司貴族，武士是軍事貴族。這兩級都是不事生產的貴族奴隸主階級。第三級吠舍，是農民、牧人、手工業者和商人，負有繳納租稅和服徭役的義務，多數是被剝削階級。第四級首陀羅，是奴隸、雜工和僕役，他們要替主人耕牧、從事家務勞動，沒有任何權利，備受壓迫和剝削，社會地位極低。以上四個種姓的界限分明，壁壘森嚴，他們的社會地位、權利義務、職責、生活方式和風俗習慣都不相同，而且是世代相承的。

釋迦牟尼的時代，隨著國家機器的加強，剎帝利在政治和軍事上的地位越來越高，他們對婆羅門的特權，日益表示不滿，要求擴大自己的權利，支持各種非婆羅門思潮。工商業主隨著手工業的發達，商

業的繁榮，財富積累的增加，希望提高自己的社會地位，對政治權力也產生了強烈的要求。當時奴隸們也通過逃亡、破壞水利工程和謀殺奴隸主等種種方式，與奴隸主進行鬥爭。這些社會力量的形成、發展，削弱了婆羅門勢力在政治、文化、宗教、思想各方面的控制。這種錯綜複雜的政治鬥爭反映到思想領域，推動了代表各個階級利益的思潮的產生、流行。當時對於社會和人生問題，出現了數以百計的不同見解。據佛典記載，當時佛教以外的思想體系或宗教派別，即所謂「外道」，就有 96 種。歸結起來，主要是兩大對抗思潮，即婆羅門的守舊思潮和沙門（修道人）的革新思潮。

　　婆羅門教是當時居於統治地位的宗教。它以《吠陀》為天書，奉之為神聖的經典。尊奉梵天、毗濕奴和濕婆為三大主神，是所謂分別代表宇宙的「創造」、「護持」和「毀滅」的。它提出吠陀天啟、祭祀萬能和婆羅門至上的三大綱領。宣揚整個宇宙是一個統一體，主觀與客觀、自我與世界、個人的靈魂與宇宙的靈魂，都綜合在這個統一體中。人們所認識的世界並沒有內在的實體，內在的實體屬於「神我」——大梵，這是永恆不變的無始無終的真實存在，人的靈魂是這個存在的一部分。婆羅門教宣稱社會上四大種姓都是「梵」生出來的：「梵」從口裡生出婆羅門，從肩上生出剎帝利，從臍處生出吠舍，從腳下生出首陀羅。因此社會上的人也就理所當然地有高低貴賤的等級差別。它還宣揚因果報應、生死輪回的迷信觀念，認為人的靈魂不滅，而轉世的形態又取決於此生是否按婆羅門教教義行事。如果虔誠奉行婆羅門教，死後可投生天界；相反，就會變為畜生，甚至下地獄。並強調只有屬於前三個種姓的人才有信仰宗教、祭祀鬼神和死後靈魂升天的資格，而首陀羅則根本沒有舉行宗教儀式的權利，自然死後也更談不上靈魂升天了。這就是說，首陀羅不論是在社會生活上，還是在宗教生活上都是沒有出路的。

當時反對婆羅門教的教派，著名的如耆那教，信奉業報輪迴、靈魂解脫、苦行主義和清淨與染汙的倫理學說。此教認為，人的現世命運是由前世的「業」（思想、言論、行為）決定的，為此就要通過宗教的修持，使靈魂獲得解脫。靈魂是無所不在的，是半物質性的實體，和其所依附的形體相當，並隨體積的增長而增長。靈魂的解脫，也就是道德的清淨。道德上的染汙，是由不潔淨的微細物質從皮膚毛孔中進入靈魂內部所引起的，而要獲得道德上的清淨，就必須堵塞進入不淨物質的孔道，以使靈魂最後證得「涅槃」，獲得解脫。為此，耆那教又反對祭祀，而主張嚴守戒律，並提出了五條戒律：不殺生、不欺誑、不偷盜、不姦淫、戒私財。此外還提倡諸如絕食、身臥釘床、日曬、火烤、投岩、拔髮、熏鼻等苦行，以為這也是解脫的道路。再如順世論，是古代印度著名的唯物論學派，它反對梵天的存在，認為構成世界萬物的獨立長存的元素是地、水、火、風（「四大」），人和世界都由四大合成。人死後復歸於四大，否定靈魂的存在。它認為人生的幸福不在天堂，也不在下世，而在今生。強調人生的目的在於滿足肉體的各種欲望，即以求得快樂為滿足。它主張種姓平等，反對輪迴、業報、祭祀、苦行。這種學說是對婆羅門教最激烈的批判和反對。還有一種直觀主義學派，此派對一切問題都持相對主義立場，都不作決定說。例如，對於有無來世，有無果報，他們認為，說有就有，說無就無，也可說亦有亦無，還可說非有非無，由此人們稱之為難以捉摸的如泥鰍的學說。此派主張踏實的修定，以獲得真正的智慧。此外，還有學說相近似的三家，一是「七元素」說，認為人身由地、水、火、風、苦、樂和靈魂（命）七種元素所構成，七種元素一離散，人也就死亡。元素並不由其他東西所創生，也不創生別的東西。元素是永存的。二是「命定論」說，認為人生的一切都受命運的支配，個人的意志是無能為力的，倫理道德是毫無意義的，修

行是無用的，業報是根本不存在的。三是「偶然論」說，認為世界上一切事物的產生和發展都是偶然的、無因無緣的，因此主張縱欲。這是一種倫理的懷疑論、宗教的否定論。以上這些學說的具體觀點雖然各不相同，但是反對婆羅門教的政治、思想統治則是一致的。

　　這就是釋迦牟尼創立佛教的社會、政治、思想、宗教的背景和環境。

二　釋迦牟尼的創教活動和早期佛教

　　佛教創始人釋迦牟尼，姓喬答摩，名悉達多。因是古印度釋迦族人，故又稱為釋迦牟尼。「牟尼」，是明珠，喻為聖人。釋迦牟尼是一種尊稱，意思是釋迦族的聖人。他成道後，稱為佛陀，略稱為佛。佛陀是梵文 Buddha 的音譯，意譯為覺悟者。按照佛教的說法，佛是一個「正覺、等覺、無上覺」三覺圓滿的人。也就是說，佛不但自己大徹大悟，也幫助眾生獲得覺悟，而且這種自覺覺他的行持，已達到無可比擬的程度。

　　釋迦牟尼的生卒年月已不可考，在不同的佛教典籍中有著不同的記載。一般認為是西元前 565-前 486 年，與我國春秋時代的孔子是同時代的人。前面提到，他是古印度迦毗羅衛國淨飯王的兒子。相傳，他出生 7 日後，生母摩耶夫人就去世了，姨母摩訶波闍波提為淨飯王繼后。幼年時的釋迦牟尼就是由姨母撫育的。釋迦牟尼相貌端莊，天資穎悟，父親淨飯王對他寄予極大的期望。特別是當時迦毗羅衛國處於憍薩羅和摩揭陀兩大強國之間，受到憍薩羅國的嚴重威脅，處境險惡艱難。淨飯王希望兒子能繼續統治，擺脫強鄰的侵犯。於是從各個方面對他進行嚴格的教育和精心的培養，期待他施展才華，建功立業，成為一個赫赫有名的「轉輪王」，即統治天下的大皇帝。在淨飯

王的悉心關懷下，釋迦牟尼不僅向婆羅門學者學習文學與算學，還跟武士學習兵法與武藝，成為學識廣博、思想淵默、能文能武、智勇兼備的人，被立為「太子」。但是，釋迦牟尼本人後來並不想成為父親所期望的轉輪王，不願做政治上的統治者，而是爭取在學術思想上有所建樹，於是他出家跟人學習，最後構成了獨特的學說體系，創立了佛教。

佛教典籍還對釋迦牟尼出家的原因作了具體的說明。據說，在他14歲時，一次外出郊遊，看見農夫在炎炎烈日下，大汗淋漓，氣喘吁吁，低頭耕田，十分可憐。牛的頸上勒著粗繩，不斷受鞭打，以至皮破血流；田裡翻出的小蟲，被飛來的小鳥爭著啄食，而耕田的人全然沒有顧及生命之可貴。他猛然感悟到，原來世間是何等殘酷，生命又是何等悲慘啊！後來他又不斷見到步履維艱、老態龍鍾的老人，輾轉呻吟、痛苦萬狀的病人，以及失去生命、屍體僵硬的死人，更是感到不快、厭惡和可怕，感到人身的痛苦和悲慘，人生的短暫和無常。這就促使他苦苦地思索這樣的問題：造成人生痛苦的原因何在？解脫人生痛苦的方法和出路又是什麼？但是從前學過的各種道理都不能解決這樣的問題，於是他深深地陷入了無限的惶惑、感傷、煩惱、痛苦之中。後來他又遇見一個出家修道的沙門，從沙門那裡聽到了出家修道可以解脫生老病死的道理，便由此萌生了出家修道的念頭。淨飯王堅決反對釋迦牟尼出家，為了斷絕他的出家念頭，在他16歲時就替他娶了鄰國公主、表妹耶輸陀羅，後來生了一子即羅睺羅。淨飯王還為釋迦牟尼建造了豪華壯麗的「寒、暑、溫」三時宮殿，為他提供盡情享樂的物質條件。父王還經常苦心勸阻，要兒子放棄出家修道的打算。但是，所有這些努力都沒能動搖他出家修道的決心。就在29歲時，釋迦牟尼毅然拋棄王子的高貴地位，離別妻兒，剃除鬚髮，到深山曠野參訪明師，修持學道，以求解脫人生的痛苦。

　　相傳，釋迦牟尼出家後，在摩揭陀一帶尋師訪道。他曾拜當時的宗教導師阿羅邏・迦羅摩和優陀伽・羅摩子為師，他接受了導師們關於信仰和行為的一般觀念，如修習禪定和按宗教紀律（「毗奈耶」）生活，但是認為他們的教義內容並不適當，後來就辭別而去，到處漫遊。他決定專心實行最嚴格的苦行，也就是通過採取自我克制的方法，謀求獲得覺悟和解脫。他開始實行一系列可怕的修持方法，如逐漸減少食物，直至每日食一穀一麥，或七天吃一頓飯。他吃種子和草，有時甚至是食用糞便度日。他穿粗毛織成的布衣，或用鹿皮、樹皮等做成的刺激皮膚的衣服。他拔除鬚髮，連續站立，臥於荊棘、鹿糞、牛糞上面。他不洗除汙穢，形同枯木一般。他還常到墓地，和腐爛屍體睡在一起。如此自找苦吃，折磨自己，前後六年，堅持不懈，結果身形消瘦、瀕臨死亡，仍然徒勞無獲，不僅沒有產生覺悟，也沒有解開世界之謎。釋迦牟尼領悟到苦行無益：自己已達到了自我克制的極限，仍無所得。於是他重新思索另一條獲得知識、求得解脫的道路。他回憶起青年時代，有一次坐在樹下，進入了所謂禪定境界，獲得身心的愉悅，覺得這是一種覺悟之道。靜坐沉思，要有強壯的體力；要有體力，就必須進食。他的想法和觀念改變了以後，就到尼連禪河去沐浴，洗淨了六年的積垢，並接受了牧女奉獻鹿奶的供養。日後經過調養身體，恢復了元氣和精力，就到附近的蓽缽羅樹（後稱菩提樹）下向東結跏趺坐（即雙足交盤而坐），端身正念，發大誓願，寧願血液乾涸，身體腐爛，如不成佛，決不起座。據說經過七天七夜（有說 49 天）的冥思苦想，終於在內心出現了一個越升越高的精神境界：超越自身的視力和聽力的限制，超越時間和空間的障礙，心如平鏡，一切煩惱全部消除，各種疑惑全都澄清，豁然覺悟到宇宙、人生的真實本質──一個業報和轉生的體系，把握了真理，成就了正覺，獲得了解脫。這是他 35 歲那年的事。從此以後，人們就稱釋迦牟

尼為佛陀，或稱為佛，以表彰他是一個真正大徹大悟的覺者、智者。後來皈依他的信徒，又尊稱他為「世尊」，意思是具足眾多功德，能利益世間，於世獨尊。

釋迦牟尼悟道成佛以後，就開始宣揚自己的學說，他發誓要在黑暗的世間捶響不朽之鼓，濟度眾生。此後 45 年中席不暇暖地到處奔走，足跡踏遍了恒河兩岸，以摩揭陀、憍薩羅、拔沙三國為中心，有 25 年在憍薩羅首都舍衛城的祇園精舍，也經常住在摩揭陀首都王舍城的竹林精舍。他東到瞻波，西到摩偷羅，宣道的範圍相當廣泛。所到之處，他很少參加政治和世間生活。一心講道，教導弟子。他善於從農牧勞動生產和日常生活中選取譬喻，來闡明教義。他也十分重視組織僧團，建立寺院。到了 80 歲高齡，在末羅國的拘尸那加城外的娑羅雙樹林逝世，亦即涅槃。相傳，釋迦牟尼屍體火化後的遺骨（「舍利」），為 8 個國家的國王所搶分，被視為聖物而受到崇拜。

釋迦牟尼創立佛教的活動，主要是兩個方面：一是構建、宣傳自己的教法，二是建立僧伽生活制度。

釋迦牟尼教法的主旨，在於闡發人生的痛苦、痛苦的原因、痛苦的寂滅，以及寂滅痛苦的方法，其要點是：

（一）痛苦說

釋迦牟尼學說的基本出發點是，斷定人生是「苦」。生老病死是苦，不得不跟所憎惡者在一起是苦，不得不與所喜愛者分離是苦，物質上和精神上得不到滿足也是苦，等等。他認為人生的本質就是「苦」，人生所處的世界也是「苦」。為什麼會有「苦」呢？因為有「生」。生是苦的開端，生命是受苦的實體。為什麼會有「生」呢？這是由「業」決定的。人有身、口、意三業，這些行為、言論、思想決定了未來的果報。眾生根據所造業的善惡不同的性質，而在「六

道」（天、人、阿修羅、畜生、餓鬼、地獄）中輪回。眾生為什麼會
「造業」呢？因為「無明」，即無知，對佛教所講的一套學說無知。
眾生又為什麼會「無明」呢？因為有貪心和追求享樂的欲望。因此，
要消滅「苦」，就要「不生」（「無生」）；而要「不生」，就要不「造
業」；而要不「造業」，就要斷除「無明」，相信佛的教說；而要斷除
「無明」，就要根除「貪」、「愛」。只有根除「貪」、「愛」等欲望，才
能相信佛教，消除「無明」，進而不「造業」、「不生」，最後消滅
「苦」，獲得「解脫」。

　　釋迦牟尼的這種學說，涉及人和世界的起源問題。他反對婆羅門
教的神創造人和世界的說法，繼承了剎帝利卜拉瓦罕王創立的「輪
回」說和婆羅門教的「業力」說，進一步提出「緣起」說。「緣」，指
條件、因果關係。他宣揚「此有故彼有，此生故彼生」。世界上的一
切事物和現象都是互為條件、互為因果的。人生現象就是由「無
明」、「行」（意志活動），乃至「生」、「老死」等一系列不同環節組成
的互為因果的迴圈過程。因此，要消除後果，必須根除前因。要消除
人生的痛苦，不能靠祭祀拜神，也不能是一味折磨自身，而只能採用
淨心和恪守道德規範的方法，消除「貪」、「愛」和「無明」這些產生
痛苦的原因，才能達到目的。

（二）解脫說

　　消滅人生的痛苦，是為了達到解脫的目標。婆羅門教認為解脫的
最終目的是，使個體靈魂的「我」和宇宙主宰的「梵」達到統一、同
一，也就是所謂親證「梵我一如」的境界。釋迦牟尼反對這種主張，
他認為人是由物質的與精神的因素和合而成的，沒有精神的主宰，沒
有靈魂，人是「無我」的。他吸取耆那教的清淨與染汙的學說，又拋
棄耆那教對於染汙的原因和清淨的證得的理論，主張以「涅槃」為解

脫的目標。涅槃是梵文 Nirvāna 的音譯，原意是指「火的熄滅」。釋迦牟尼所講的涅槃是指通過修持，熄滅生死輪回而達到的解脫目標，是佛教的最高理想。具體說，涅槃就是貪欲、無明、煩惱永遠滅盡的精神境界，就是超越生死的解脫境界。相傳，釋迦牟尼在成道時，曾宣稱他獲得了真正的知識：生死已斷，已得較高生活；無明已破，知識已生；黑暗已破，光明已生。他的心靈超越世間，得到了解脫。

（三）中道說

關於達到涅槃的方法，釋迦牟尼在首次說法中，就根據他的實踐經驗明確指出，「享樂」和「苦行」是兩種過分的行為，都不可取，不能學，只能「捨此二邊，有取中道」。就是說，只有遵行不偏不倚的「中道」才是合理的正確的修行方法。他強調自我放縱和自我虐待是兩種極端：一味追求滿足肉體的欲望，是卑鄙的；自我禁欲，毀形殘身，是瘋狂的，二者都是無益之舉，都不是正常的宗教生活。正常的宗教生活應當是正確的沉思、學習、行動。釋迦牟尼的中道說，既和主張享受的順世論不同，也和提倡苦行的耆那教不同，實質上是在取捨這兩派主張的基礎上並結合自己切身體驗建立的，這就必然帶有濃厚的調和色彩、中間色彩。歷史的辯證法表明，正因為釋迦牟尼的中道說不持極端，適應性強，所以很快獲得了廣泛的流傳。

釋迦牟尼也以極大的熱情和精力，從事創建僧伽制度的活動。僧伽即僧團，是出家佛教徒的組織形式。當時婆羅門教並沒有組織起來過宗教生活，耆那教是有組織的，佛教也實行有組織的修行生活。除了僧伽，佛教還有在家修持的信徒，稱為「居士」。起初釋迦牟尼只准男人出家，後來又允許婦女出家，甚至接受妓女出家。跟隨釋迦牟尼出家的人，以婆羅門出身的居多，也有商人、獵人、理髮師、強盜、殺人犯等，奴隸是被禁止入教的，在釋迦牟尼的傳記中沒有提到

首陀羅加入佛教僧團的事，事實上他們也難以掙脫奴隸主的統治，出家修道。相傳釋迦牟尼有弟子 500 人，也有說 1250 人，其中有名的「大弟子」10 人，如婆羅門出身的舍利弗和目犍連（簡稱目連），協助釋迦牟尼領導徒眾，出力很大。大弟子迦葉（摩訶迦葉）也屬婆羅門種姓，傳說後為佛教第一次結集的主持人。又如釋迦族人阿難（阿難陀），是釋迦牟尼心愛的隨從侍者，釋迦牟尼臨終時就將最後的教導託付給他。釋迦族人的理髮師優婆離（優波離）、釋迦牟尼的親生兒子羅睺羅也是大弟子，此外須菩提、富樓那、迦旃延（摩訶迦旃延）、阿那律（阿尼律陀）也都是釋迦牟尼的主要門徒。

　　起初，釋迦牟尼並沒有為僧團制定任何體制。僧團的戒律是根據所發生的事例逐漸形成的。遇到發生事件和疑難時，僧人請釋迦牟尼裁決，於是他的決定被認為是關於此事的「法律」，也就是戒律。釋迦牟尼制定的戒律，涉及個人品德行為，包括衣、食、住等生活方式的各個方面的一系列禁忌，構成了信徒們的宗教實踐，也成為維護僧團組織和秩序的有力槓桿。這些戒律中，最重要的為在家和出家信徒共同遵守的五戒：戒殺生、戒偷盜、戒邪淫（出家的戒淫）、戒妄語和戒飲酒。至於為出家的僧、尼制定的戒律，更是條目繁多，非常嚴苛。重要戒律一經制定，就不更改。但是，釋迦牟尼並不強迫他人遵守，也不要人發誓服從或作出理智上的犧牲。

　　釋迦牟尼還為僧伽規定了雲遊乞食、雨季安居和犯過懺悔等制度。據傳，起初釋迦牟尼的弟子是一年之中不分季節地在外雲遊。每天步行到有人煙的地方募化午餐，手持飯缽，眼睛向下，默不作聲，接受別人放進缽中的任何食物，包括肉食。有時也接受某一虔誠人士的邀請到其家中吃午飯，主人將其預備好的食品放進僧人的缽中，再吃。午後專心坐禪，不再進食。但是不久，釋迦牟尼就吩咐弟子們遵守行腳僧人的既定慣例，一年之中大部分時間在外徒步旅行，雨季則

休息 3 個月。印度雨季約在 5 月至 8 月之間，在此期間禁止外出，以免傷害草木小蟲，而要在寺內坐禪修學，接受供養。這段時期稱為「安居期」。在安居期即將結束、眾徒擬分赴全國各地雲遊乞食以前，要召開為期兩天的懺悔集會，稱為「自恣」。請別人盡情（恣）揭發自己的過失、錯誤，自己進行反省懺悔；同時也隨別人的意願，盡情檢舉其過失、錯誤，以有利於改過歸正。

隨著出家僧人增多，集會需要一定的場所，每年坐雨安居，更需要有專門的居處，於是就有寺院的建立。釋迦牟尼在世時，隨著威望的日益提高，信徒們也逐漸形成風俗，專門為他修建房舍，供他休息、居住、坐禪、講道。這些建築已經具有寺院的規模。相傳憍薩羅國舍衛城的一個大富商，叫做給孤獨長者（須達多），他在皈依釋迦牟尼後，想請釋迦到舍衛城度過安居期。他選定波斯匿王太子祇陀（逝多）的花園，經過多次商談，他以足夠鋪滿全園的金錢購得此園。祇陀太子出賣了花園地面，而將園中樹木奉獻給釋迦。因以兩人名字命名，稱為祇樹給孤獨園。給孤獨長者在花園中修建了住室、休息室、儲藏室、庫房、廳堂、浴室、水池等，供釋迦使用。祇樹給孤獨園也稱為祇園精舍，與王舍城的竹林精舍，並稱為佛教最早的兩大精舍。釋迦牟尼在此居住說法長達 25 年。

釋迦牟尼創立佛教教義，並經過 45 年雲遊各地，廣泛傳播，吸收信徒，組織僧團，佛教逐漸為印度人所接受。釋迦牟尼被弟子們奉為教主，他逝世後的遺骨被奉為聖物，成為信徒們頂禮膜拜的對象。他一生行事的重要地點也成為信徒們敬仰的聖地，如降生地迦毗羅衛、成道地菩提伽耶、初轉法輪（首次說法）地鹿野苑和涅槃地拘尸那加等，都成朝拜的聖地。釋迦牟尼在世時，把教義口授給弟子，相傳在他逝世的當年，由大弟子迦葉召集眾多比丘在王舍城共同憶誦確定佛教經典，即所謂第一次結集，由大弟子阿難和優婆離分別誦出經、律

二藏。此後又再輾轉相傳，後世發展為《阿含經》。此經就是早期佛教基本經典的彙集。在釋迦牟尼創立佛教和他逝世後 100 年間，佛教主要在古印度恒河中游一帶流傳，佛教教團比較統一，都奉行釋迦的教法，比丘持戒嚴謹，基本上以乞食為生。歷史上通稱這一期間的佛教為「早期佛教」，也稱「初期佛教」。

釋迦牟尼創立佛教是東方文明史上的重大事件。它不僅影響了印度宗教和思想的各種部門，影響了爾後印度歷史的發展，而且由於它的向外傳播，也影響了亞洲許多國家的宗教、倫理、哲學、文學、藝術、民俗的變化和發展。

應當肯定，佛教絕不是拯救人類苦難、克服社會危機的靈丹妙藥。它為人們所指引的解脫之道，只能導致人們去一味專心於個人的修持，以求達到個人的心靈平衡、精神愉悅，從而脫離社會的現實生活和火熱鬥爭，無視社會的改造。歷史表明，佛教在發源地印度流傳到 13 世紀就趨於消亡了，在中國到唐代以後也走向下坡路了。但是佛教的產生，畢竟是曲折地反映了人民的願望和要求，因而也是有一定的歷史進步意義的。至於佛教所帶來的文化的發展，其中有些內容也是應當予以充分肯定的。

釋迦牟尼創立佛教，企圖按照佛教教義去改造世界，使人民擺脫痛苦，獲得精神的解脫。但是勞動人民的痛苦和剝削階級的痛苦是根本不同的，廣大人民的痛苦主要是由於剝削階級的壓迫和剝削，由於科學技術的不發達造成的。擺脫痛苦的正確途徑，應當是剷除產生壓迫和剝削的階級根源，提高科學技術水準，發展經濟，不斷改善人民的生活。釋迦牟尼強調解除痛苦、達到理想境界的途徑是，出家修道，斷除欲念，並且把希望寄予來世。這只能把人們引向消極的服從和忍辱的道路，使人們安於現狀，聽任現實命運的安排，逆來順受，自我安慰，自我麻痺。這不僅不能減輕和解除人民的痛苦，相

反，還有利於剝削階級，成為他們維護統治的工具，從而更加深了人民的苦難。

從釋迦牟尼創教活動得到的社會支持力量來看，佛教代表的是剎帝利、大富豪商的利益。佛教產生時，得到了摩揭陀國的頻毗娑羅（影堅）王及其嗣子阿闍世王、憍薩羅國的波斯匿（勝軍）王及其妻子末利夫人、釋迦部落國的羅闍摩訶那摩、阿槃底國的羅闍摩度羅等統治者的大力扶植。如頻毗娑羅王就給釋迦供養，還給了一處宣傳場所——竹林精舍。此外，上面提到過的大富豪商如須達多，就是釋迦的最有力的施主。據佛典記載，釋迦牟尼剛成佛時，從菩提樹下站起來，最先向他奉獻食品的是兩個商人。在釋迦招收的弟子中，起先是五比丘，其次就是商人耶舍，耶舍一次就帶來了 60 個人，皈依釋迦。佛教「五戒」中的「戒偷盜」，具有保護私有財產的作用，這在當時對促進商業發展是十分有利的。商人也最害怕戰爭，「五戒」中的「戒殺生」也備受商人的擁護。佛教徒和商人的主張都屬於主張變革的沙門思想體系，是非正統的異端，同受婆羅門的歧視。經濟利益、學說主張和社會心理的共同點，把早期佛教和商人結合在一起了。由此可見，佛教是代表剎帝利種姓和吠舍種姓中富商階層的利益，而不是代表勞動者利益的宗教。雖然佛教並不直接代表勞動者的利益，但是它和剎帝利、商人互相依靠、互相支持，是適應當時社會生產力發展的要求的，間接地對勞動者也是有利的。

釋迦牟尼創立佛教的進步意義，主要表現在反對婆羅門教。婆羅門教主張梵神創造世界說，提倡殺牲祭祀，推行四種姓的不平等制度。佛教反對神創造世界說，不承認婆羅門的神權，不崇拜偶像。釋迦牟尼也反對殺牲祭祀。婆羅門以祭祀為職業，祭祀規模大，時間長，要殺大批耕牛。婆羅門為國王舉行一次「灌頂大禮」，要收取 10 萬頭甚至 20 萬頭牛的酬金。佛教不僅譴責殺牲祭祀，還規定了「戒殺

生」的戒條，這對保護耕牛和發展農牧業，起著有益的作用，也是符合農民利益的。佛教還對種姓制度表示強烈的不滿，反對婆羅門的四個種姓不可改變和「婆羅門至上」的觀點。釋迦牟尼主張「四姓平等」，首先是業報輪回方面的平等，也就是無論種姓、出身、職業的高低，都根據自身的業報決定生死輪回。婆羅門教主張，只有高級種姓的人才含有梵的分子，才能最終與梵結合、統一，獲得高級的「再生」。佛教把人的宗教尊嚴置於從屬於人的個性和品行的基礎上，而不是從屬於某一種姓的特殊地位上，強調每一個信仰者都可通過努力修持而期望獲得超度。佛教打破人種優劣論，強調人格的教化和自我完善，認為修善業、有功德的低級種姓的人也可以在下世生於富貴人家，修惡業、有罪過的高級種姓的人也可能在下世生於低賤人家。其次是在出家修行和僧伽內部實行平等。佛教宣傳所有的人都有權出家學道加入僧團，而不問其出身如何，屬於哪個種姓。在釋迦的僧團中，理髮匠優婆離就是出身於低級種姓的。在僧團內部，不管原來種姓高低，都是彼此平等的。釋迦牟尼的這種「四姓平等」的觀念，在宗教領域裡眾生平等的觀念，體現了一定的民主傾向，具有歷史的進步意義。但是，釋迦牟尼的「四姓平等」主張是不徹底的，他不是從根本上反對整個社會的種姓制度，而是反對婆羅門，其目的在於提高剎帝利和富商的社會地位，尤其是提高剎帝利的政治地位。對於種姓的產生，佛教不同意婆羅門教宣傳的神造成的觀點，而提出是由社會分工造成的新說法，並且在種姓排列的次序上，總是把剎帝利放在第一位。可見它並不主張從根本上廢除種姓制度，只是想貶低和否定婆羅門種姓，甚至還遷就種姓制度，承認社會的不平等。同時，還應指出，釋迦牟尼的「四姓平等」說，客觀上還掩蓋了階級的對立和鬥爭，這又是有利於剝削階級的。

此外，佛教的緣起說中，闡述了因果聯繫的理論，發揮了一切事

物都是由多種原因、條件所構成，並處在永恆的不斷變化的過程之中的觀點，這都是合理的辯證法思想。釋迦牟尼反對祭祀，不拜偶像，重視個體道德的自我修養，強調主體人格的自我完善，這也有其合理和積極的一面，雖然他所設計的宗教生活、修持途徑、解脫目標，從總體上、本質上來看，是錯誤的、不可取的。釋迦牟尼還反對神權，不承認神創造世界。但是又承認天神的存在；不承認靈魂不滅，但又主張輪回轉世，從而陷入了深刻的理論矛盾之中，不得解決。

第二節　部派佛教、大乘佛教和密教

釋迦牟尼創立的佛教，在印度經歷了早期佛教階段之後，又相繼經歷了部派佛教、大乘佛教和密教三個階段，到 13 世紀初便在印度本土衰落了。

一　部派佛教

釋迦牟尼去世 100 年後的 400 年間，即約西元前 4 世紀到前 1 世紀，是印度佛教的部派佛教時期。這一時期，在經濟上，奴隸制鼎盛並開始轉向衰頹。在政治、軍事上，西元前 327 年希臘亞歷山大部隊入侵次大陸的西北部，佔據了印度河流域附近一帶。難陀王朝部將旃陀羅笈多（月護王）起兵推翻王朝，趕走希臘的入侵軍，合併印度中、西、北部地方，建立了孔雀王朝。旃陀羅笈多的孫子阿育王（約西元前 273-前 232），進一步把版圖擴展到印度東南地區，建立了印度歷史上空前的統一大帝國。據佛教記載，阿育王本人皈依佛教，並宣佈佛教為國教，佛教從印度恒河流域擴展到次大陸，並傳播到周圍若干國家。西元前 180 年左右，孔雀王朝被滅，代之而起的巽伽王朝，

擁護婆羅門教，佛教遭到沉重的打擊。此時，西北地方先後被希臘人、塞族人和安息人所入侵，建立新的國家。東南地區也分裂成為許多小國。印度又重新陷入了孔雀王朝以前的四分五裂的狀態。隨著佛教流傳地區日益擴大，它必須適應這些不同的地區、國家、民族的生活、宗教和思想傳統，相應地也就必然要發生重大的變化。

早期佛教教義抽象，神話不夠發達，宗教儀式也比較單調貧乏，這就限制了它在群眾中的傳播和影響。佛教為了爭取自己的生存和擴大自己的勢力，必須適應群眾對豐富多彩的神話形象和激情洋溢的宗教儀式的心理需要，而這樣做又會引起自身的變化。早期佛教的教義和戒律，按照當時的習慣是口頭傳說，憑著記憶互相授受，難免記憶有誤，以訛傳訛。這樣，後來的僧人對於原來的教義和戒律的理解，也就會產生分歧。由於這種種原因，早期佛教也就逐漸發生分化，形成了部派佛教。

部派佛教是從早期佛教分化出來的各個教團派別的總稱。起初，佛教分化為上座部和大眾部兩大派，史稱佛教的「根本分裂」。「部」，原意是「說」。上座部是一些長老的主張，屬於正統派。大眾部是眾多僧侶的主張，是比較強調發展的流派。這兩大派後來又繼續分化，形成了更多的流派。據世友著、唐玄奘譯北傳佛教《異部宗輪論》的記載，先是大眾部分化出 8 部，後上座部又分化出 10 部，共為 18 部。大眾部先後分出一說部、出世部、雞胤部、多聞部、說假部、制多山部、西山部和北山部。上座部分化為說一切有部和雪山部（原上座部），說一切有部先分化出犢子部，犢子部又分化出法上部、賢冑部、正量部、密林山部。說一切有部又分化出化地部，由化地部又演化出法藏部。說一切有部還分化出飲光部和說經部。以上連同上座部和大眾部，共為 20 部，可列簡表如表一。另據南傳教史書《大史》、《島史》的記載，部派佛教共為 18 部，即沒有北傳佛教所說的西山

部和北山部，此外，部派名稱和傳承關係也有些差異，也可列簡表如
表二。

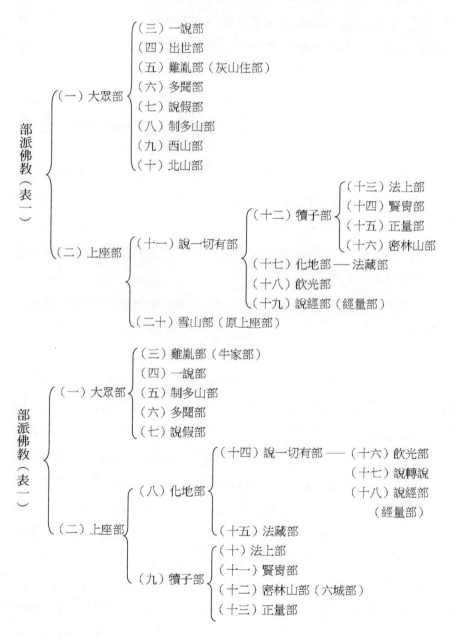

　　部派佛教與早期佛教的區別以及佛教內部的分歧，表現在宗教實踐、宗教理想和哲學理論等各個方面。

　　在宗教實踐方面，由於有些教徒滋生出一種對於部分戒律的違抗，佛教曾為此而多次舉行結集，專門討論是否放寬正統的戒律的問題。例如，隨著佈施範圍的擴大，人們向寺院奉獻的物品越來越多，原來規定比丘不准接受金銀財物的施捨，大眾部認為可以受蓄，上座部反對改變，大眾部又拒絕服從，並被驅逐和開除，從而分別形成相對獨立的流派。

　　在宗教理想方面，上座部認為釋迦牟尼是歷史人物，其所以偉大，主要是理想的崇高、思想的正確、智慧的精湛和精神的純潔。一般人修道學佛的最高成果不是成佛，而只能是趨向佛果的阿羅漢，即能達到所謂斷盡一切煩惱，不再生死輪回的果位。大眾部不同，他們傾向於抬高釋迦牟尼的形象和人格，提出了「超人間佛陀」或「超自然佛陀」的觀點，把釋迦牟尼看作為超凡的、超自然的存在，是一位離情絕欲、神通廣大的真正的「神」。他們吸收和加強神話創作，來烘托釋迦牟尼的超凡神聖，並創造新的儀式，對釋迦牟尼頂禮膜拜。他們還貶低阿羅漢果位，強調阿羅漢還有許多不足。大眾部的這些主張，後來為大乘佛教所繼承，並獲得了進一步的發展。

　　在哲學理論方面，部派佛教已由早期佛教側重於人生哲學擴展到宇宙觀領域。由於早期佛教對於緣起說和靈魂說闡述不明確、不徹底，而導致部派佛教內部對輪回流轉業果相續的主體問題和宇宙萬物實有假有問題的嚴重對立。

　　一般地說，上座部各派偏重於說「有」，也就是認為精神現象和物質現象都是實在的。例如，說一切有部，所謂「說一切有」，就是承認精神和物質的存在，承認一切存在。從時間觀念來說，就是承認過去、現在和將來的一切都是普遍存在著的。說一切有部毗婆沙論師

堅持認為，人們既然都具有事物在過去、現在和將來都存在的觀念，那就證明事物是實際存在的，因為事物不存在，人們就沒有思想的物件了。再者，按照緣起說，過去的思想行為產生結果，由因而有果，果不能產生於空無。既然因能生果，那就表明因是實在的，過去的因是永遠存在的。說一切有部這種承認一切永遠存在的理論（三世實有），是和早期佛教的「無常」觀念相違背的，是一種新的哲學理論。

從說一切有部分化出來的犢子部把世界一切事物和現象分為「過去」、「現在」、「未來」、「無為」、「不可說」五類，認為都是實有的。它還特別強調「補特伽羅」（即「我」）[1]是「不可說」的，是實有的。「補特伽羅」與人身是「不即不離」的關係。這實質上是一種朦朧的、半真實的人，是一種實體性的靈魂，是輪回轉世的承負者。犢子部承認「有我」，也是和早期佛教的「無我」論相對立的一種新說。

從說一切有部分出的說經部又轉而肯定釋迦牟尼的無常學說，否定說一切有部主張的一切事物永遠存在的論點，強調一切事物僅僅是在目前存在。也就是反對三世實有說，主張剎那說。說經部認為，所謂事物的實有或存在，是就事物發揮某種作用而言，事物只有發揮作用才是真實的。事物也只能佔有特定的時空位置，發揮其特定的作用。而所謂發揮作用，就意味著產生結果。也就是說，事物的實有只有在它產生特定的結果時才是真實的。而所謂事物產生特有的結果，就是轉化成為下一種的存在方式。也就是說，任何事物只有在它轉化為它的下一種存在方式時，才是實有的。說經部由此得出結論：事物的實有或存在是剎那間的，事物是剎那存在，而不是三世存在。說經部由此還否認涅槃是永恆的幸福境界的觀點，認為一切都是無常的，

---

1 「補特伽羅」：梵文Pudgala的音譯。印度耆那教用來指物質。佛教則有兩種用法，一是「我」的另稱，指生死輪回的主體；二是與「人」同義。此處指「我」。

涅槃也僅僅是停止受苦、停止輪迴的境界。這都是傾向於事物是空的說法。說經部的論說遭到毗婆沙論師的反對,被指斥為是一種帶有虛無主義色彩的理論。

大眾部各派偏於講「法空」,或是只承認現在實有,認為過去和未來都是沒有實體的。與此相聯繫,在心性及其解脫問題上,大眾部和上座部雖然都主張「心性本淨」,但是兩派所講的「心性本淨」的含義卻大相逕庭。上座部是指心本來就是淨的,大眾部則是指心在未來可能是淨的,心淨是未來可能達到的境界。實際上是認為原來的心並不淨,是染心,是強調染心可以得到解脫。可見兩派的觀點是對立的。

從宗教實踐和宗教理想的角度來看,大眾部對後來大乘佛教的影響比較深刻。從哲學思想的角度來看,大眾部的理論與大乘空宗具有較多的淵源關係,而從上座部演化出來的說經部,後來又在深受大乘空宗影響的基礎上進一步發展為大乘有宗。

二　大乘佛教

大乘佛教的興起大約在西元 1 世紀,此時正是次大陸歷史上的所謂「南北朝時期」,即貴霜王朝和案達羅王朝分立的時代。貴霜王朝傳至迦膩色迦(約西元 129-152 年在位)時,統一了北印度,並不斷對外擴張,大力推崇和傳播佛教。案達羅王朝是南印度諸國中勢力最強大的國家,它提倡婆羅門教與佛教相對抗。貴霜王朝在西元 3 世紀後開始分裂,5 世紀滅亡。案達羅王朝到西元 225 年滅亡,隨之又恢復了地方割據的局面。約西元 320 年,旃陀羅笈多一世(月護王)建立笈多王朝。三傳至旃陀羅笈多二世(超日王,西元 380-415 年在位)時,更領有印度大部分版圖。此時一度經濟繁榮,文化發達,史家稱

之為印度中世的黃金時代。隨著印度的奴隸制度趨於解體，在貴霜王朝時開始形成的封建制，到笈多王朝時就完成了。相應地種姓制度也發展為姓階制度，即在原來的種姓中，依據職業的不同，又分出數以千計的姓階，並且是世襲的。不同姓階之間，不得互通婚媾。這種姓階制度和中國歷史上的門閥制度相近似。笈多王朝崇奉婆羅門教，但也不排斥佛教。後來隨著國勢的衰頹，又對佛教重視起來。大乘佛教就是在印度奴隸制向封建制過渡、階級關係重新組合、新的階級矛盾出現並逐漸尖銳化的背景下產生的。

大乘佛教興起以後，為了爭奪佛教的正統地位，把早期佛教和部派佛教貶低為小乘。乘是梵文 yāna 的意譯，音譯為「衍那」，意思是乘載（如車、船），也有道路的意思。大乘是梵文 Mahāyāna 的意譯，音譯為「摩訶衍那」，「摩訶」是大的意思。小乘是梵文 Hinayāna 的意譯，音譯為「希那衍那」，「希那」是小的意思。在大乘佛教看來，小乘是「小道」，是釋迦牟尼為小根器的人所說的教法。大乘佛教宣稱自己能運載無量眾生從生死大河的此岸達到菩提涅槃的彼岸，成就佛果。大乘在形成和演化過程中，主要有中觀學派（空宗）和瑜伽行派（有宗）兩大派別。

（一）中觀學派

中觀學派主張觀察問題不落一邊（如空與有、常與無常各為一邊），即綜合二邊，合乎中道，因而得名。由龍樹（約 150-250）及其學生提婆（聖天，約 170-270）所創立。龍樹是南印度人，屬婆羅門種姓。自幼通曉婆羅門教典籍，青年時即為著名的婆羅門教學者，而且天文地理、圖緯祕藏、各種道術，無不悉練。龍樹後皈依佛教，精通三藏，並到北印度雪山地方，住在塔廟裡，遇一老比丘授以大乘經典，隨後周遊各國，傳播大乘教義。後又回到南印度教化，使大乘中

觀學派風靡全印度。龍樹的著作很多，有「千部論主」之稱。他的弟子提婆也是南印度人，也屬婆羅門種姓，後從龍樹出家為僧，發揮龍樹的中觀派學說。龍樹後來自殺而死，提婆被一婆羅門殺害，說明當時的思想鬥爭是十分激烈的。提婆的後繼者是羅睺羅跋陀羅，羅睺羅系傳至清辨及佛護，隨後又分裂為不同的派系。清辨一派的重要傳人，相繼有寂護、蓮花戒和獅子賢，佛護一派的重要傳人有月稱，月稱傳護法和伽耶提婆，伽耶提婆傳寂天，寂天傳薩婆那密多羅。

　　中觀學派奉《大品般若經》為主要經典。龍樹著的《中論》、《十二門論》和《大智度論》以及提婆著的《百論》為此派的基本理論著作。中觀學派反對部派佛教某些流派主張的萬物實有的觀點，認為人生的痛苦在於，人們對世間一切事物沒有真正的了解，產生了顛倒分別的無益戲論。要解除痛苦，最根本的是要體會一切事物的「實際」，認清一切事物並無實體，也就是無「自性」，就是「空」，就是「畢竟空」。這就是空觀，因此這一派也稱為「空宗」。中觀學派的「空論」的根據是緣起說，此派認為萬物既然是因緣和合而生，即依靠其他原因、條件而生，不是從它自身中產生，這就說明它不是真實存在的。因緣所生就證明事物的內在的不真實。任何事物只要是依靠先行的事物而得以存在，它就必定失去聲稱自己有內在真實性的權利。依賴的存在不是真正的存在。佛教的原來的緣起說，是講任何事物都是有原因的，否則就不是實有的事物，也就是說，由於事物是有原因的，因此是實有的。中觀學派則認為，一切有原因的事物都是不真實的，也就是說，正因為是有原因的，所以是不真實的。這是在原來的緣起說的基礎上，進一步發展為「緣起性空」、「一切皆空」的宇宙觀。

（二）瑜伽行派

　　約在西元 4 世紀至 5 世紀，瑜伽行派繼中觀學派成為印度大乘佛教的主流。「瑜伽」是相應的意思，指一種觀悟「真理」的修行方法。在釋迦牟尼創立佛教以前，古代印度哲學中有瑜伽派，主張有一個「自在」（大神），並著重研究調息、靜坐等修行方法。這些方法也為佛教所吸取。佛教瑜伽行派相傳是因無著曾受到彌勒菩薩的啟示，誦出《瑜伽師地論》為教義的根據，故名。此派尊彌勒為始祖，實際創始人是無著、世親兩兄弟。他們大約是 5 世紀的北印犍陀羅人，都從小乘佛教說一切有部出家。無著先是修習小乘空觀，但並不滿意。據傳後經彌勒的指點而改信大乘。世親對說一切有部的阿毗達摩[2]很有研究，著《俱舍論》，對小乘學說十分自信，反對大乘學說，但後經無著的幫助改宗大乘。兄弟兩人共同弘揚彌勒學說，創立瑜伽行派。

　　瑜伽行派以《解深密經》和《瑜伽師地論》等為主要經典。無著的《攝大乘論》，世親著的《二十唯識論》、《三十唯識論》和《大乘百法明門論》等在創宗方面的作用最大。繼世親的有親勝和火辨兩家，相繼發揮親勝學說的有德慧、安慧和真諦，以上稱為前期瑜伽行派。另外，繼承世親、火辨一系的陳那，特別重視因明，即重視邏輯論證和認識論探討。發揮陳那思想的有無性、護法、戒賢（玄奘的師父）和法稱等，稱為後期瑜伽行派。

　　瑜伽行派繼承了中觀學派的空觀思想，但又認為，「一切皆空」的說法，會導致否定三寶（佛、法、僧）、成佛的主體以及理想境界的存在，形成理論危機，危及佛教自身的存在。於是此派提出萬物唯識所變，識有境無的學說。眾生的識是變現萬物的根源，由於萬物由

2　「阿毗達摩」，梵文Abhidharma的音譯。或譯「阿毗曇」，略作「毗曇」。意譯為「對法」，是對佛經的解釋。佛經是規範性的「法」，解釋「法」的叫做「對法」。

識所變，因此，萬物（境）是無（空）。由於識能變現萬物，因此，識是有。瑜伽行派主張識有，所以又名「大乘有宗」。識能變現萬物，識也是眾生輪迴轉生的主體。由此瑜伽行派進一步提出「轉依」的宗旨，把它作為「解脫」的代替語。所謂「轉依」，「轉」，轉變，轉化；「依」，「所依」，指與生俱有而相續不斷的意識狀態（「藏識」）。轉依就是要在意識方面解決認識問題，也就是從人們與生俱來的相續不斷的意識狀態著眼，認為人們意識、認識的轉變，會影響到行為，可以改變客觀環境，主客觀不斷地交互影響，就會使整個的認識行為和環境都發生轉化。眾生也隨著這種轉化而成為佛。雖然瑜伽行派重視主體與客體相互關係的研究是有意義的，但是，由於把客觀事物歸結為主觀意識所產生的，因而是一種典型的主觀唯心主義哲學。

（三）大乘佛教與小乘佛教的差異

大乘佛教思潮的出現，是繼部派佛教之後佛教內部的第二次大分化，也是對早期佛教和部派佛教的最大衝擊。從整個印度佛教史來看，這是歷史上最大的一次分裂。大乘佛教指斥前期佛教是「小乘」。前期佛教學者則不承認自己是什麼小乘，認為自己是佛教的正統。他們指責大乘佛教教義是杜撰的，強調「大乘非佛說」，大乘並不是佛教的正傳。大小乘佛教在精神和實質上確有很大的差異，它們的區別主要表現在以下四個方面：

1.在對佛的看法上，小乘一般認為釋迦牟尼是一位覺者、教主、教祖、傳教師，而大乘則因強調依靠佛的神恩和他力得救，把佛視為超人的存在。大乘在釋迦牟尼身上罩上一團團神話迷霧，奉其為全智全能的最高人格神，是彼岸世界的統治者。和小乘厭惡人體、不塑造神像的傳統主張不同，大乘使佛教的神具有有形的特徵，雕塑華麗的佛像，建築宏偉的殿堂，供奉佛像，令人頂禮膜拜。小乘一般認為佛

只有一個，就是釋迦牟尼，大乘則日益把各地的地方神靈都宣佈為釋迦牟尼的各種各樣的化身，並提倡三世十方有無量無數的諸佛，如阿閦佛、阿彌陀佛、彌勒佛、藥師佛等。這是進一步宣揚佛是整個宇宙力量的體現，佛是各方世界和極樂國土的主宰者。

2. 在追求的理想上，大乘宣揚大慈大悲、普度眾生，把成佛度世、建立佛國淨土作為最高目標。小乘則以個人的「灰身滅智」，證得阿羅漢為最終目的。小乘偏重於個人解脫，大乘則致力於一切眾生的解救。小乘所追求的解脫，偏重於斷除煩惱，滅絕生死；而大乘如空宗則認為應以菩提（覺悟、智慧）為目標，菩提是佛體。大乘認為，眾生只要去掉無明（無知），就可進入究竟的境界——涅槃。普度眾生的理想不在於寂滅，而在於永生。大乘還開始把從事傳教活動以拯救他人的比丘當做菩薩，它正式提出菩薩的名稱，把它作為成就正覺（佛）的準備，也就是所謂的候補佛。而小乘則完全不承認菩薩。

3. 在修持的方法上，小乘認為人生痛苦的原因在於人生的本質，即由於種種行為（「業」）和種種煩惱（「惑」）而產生苦果，應當重「教」尊「聞」，追求斷「業」滅「惑」，不使再生，所以主張個人遠離社會，隱遁禁欲。也就是說，要實現自己的理想，非出家過禁欲生活不可。大乘則認為，人生之所以需要解脫，不是因生命就是苦，而是因生命就是空。同時，人生的問題也不應孤立解決，應當全面解決，不僅自己要解除痛苦，也要使他人解除痛苦，也就是強調眾生的「共業」的共同轉化。他們重行為，強調不應逃避現實世界，而要面對現實世界，理解現實世界，努力使自己的宗教實踐不脫離世間的實際，在現實中求得解脫。因此，大乘，特別是在初期很重視在家，不提倡出家。事實上按照大乘的某些主張，出家是難以做到的。例如，佈施中的財施，只有在家且有錢財的人才能做到。同時，出家僧徒的生活方式也發生了變化，尤其是上層僧侶，接受大量的佈施，食用精

美食品，身著高貴華麗的袈裟。昔日山洞和叢林中的居處代之以莊嚴宏偉的寺院建築，他們在這些寺院中，舉行宗教儀式，研習經典，撰寫經書，過著具有鮮明的享受色彩的宗教生活。

4. 在理論學說上，小乘的主要經典是《阿含經》等，大乘的主要經典有《般若經》、《法華經》、《華嚴經》、《維摩詰所說經》、《解深密經》等。小乘的學風是拘泥於佛說，認為佛說的都是實在的，佛說有某類概念，就有某類存在。他們一般只承認「人無我」，即人並沒有獨立的永恆的實體，人是空的，至於宇宙萬有則不是空的，而是實有的（「法有」），這就是所謂人空法有說。大乘對於佛說帶有自由解釋、發揮的色彩，他們認為不僅人空，法（事物）[3]也有空，即宇宙萬有也都沒有獨立的永恆的實體，也是空的，「一切皆空」，主體和客體都是空的，一切存在都如泡如影，如幻如夢。

三　密教

密教開始於西元 7 世紀，到西元 8 世紀以後日益與婆羅門教——印度教接近，並在佛教中取得了主導的地位，直至 13 世紀初被消滅。早在 6 世紀，笈多王朝已經崩潰，曷利沙帝國（羯若鞠闍國）國王戒日王（590-648）征服了中印、東印、北印以及西印一部分地區，一時的統一局面可與笈多王朝相比。當時玄奘正在印度留學，所睹印度統一盛況，一如法顯所遇的笈多王朝的統一局勢。戒日王信奉印度教，但也重視佛教，如支援規模宏偉的那爛陀寺的佛教活動，就是顯著的事例。此時，大乘佛教一度有重振之勢，但是戒日王死後，印度

3　「法」：梵文Dharma（達摩）的意譯。通指一切事物、存在，不論是物質的、精神的、本體的、現象的，都叫做「法」。佛教的教義等也是事物之一，因而也叫做「法」。此處泛指一切事物。

又陷入長達 500 年的割據局面，大乘佛教也受到影響。大約在西元 8 世紀末，印度又出現了三個較大的國家，即中印一帶的波羅提訶羅王朝，南印的羅悉陀羅俱陀王朝，東印一帶的波羅王朝。波羅王朝一度成為南北印諸侯國的霸主，統治者推崇佛教，達摩波羅王（約西元 770-810 年在位）嫌宏偉的那爛陀寺的規模還不夠大，又在恒河南岸小山上建立規模更大的毗俱羅摩尸羅寺（超行寺）。據史載，寺院中心大菩提佛殿周圍，有 108 個小寺院，其中大部分屬於密教，小部分屬於顯教。超行寺是密教的中心。大約自 10 世紀末起至 11 世紀前半葉，建於阿富汗一帶的伊斯蘭教國家對印度給予了沉重的打擊，印度佛教中心隨之逐漸轉移到東方波羅王朝地區。王朝竭力利用宗教，以期共同抵禦外患。在這一背景下，密教也更需要和印度教加強聯合，共同對敵，這樣也就愈來愈同化於印度教了。12 世紀末，阿富汗廓爾一帶的穆哈馬德君主，富有政治擴張野心，他在統一阿富汗後，又大舉入侵印度，一直深入到恒河流域，佔領了奔伽爾，消滅了取代波羅王朝的斯那王朝。13 世紀初，把印度僅存的佛教超行寺也焚毀了。這是一個歷史性的標誌，宣告了佛教在印度本土的絕跡。

　　密教的特徵是，主張身、話、意三密相應行，以求得出世的果報。也就是手結契印（手式，「身密」）、口誦真言咒語（「語密」）、心作觀想佛尊（「意密」），三者相應，即身成佛。由此，其他各種以語言文字明顯表示佛教教義的教派，就統稱為「顯教」。密教奉行咒術，教理通俗，儀禮簡單易行。後來更主張立地成佛，所謂成佛也就是常人的「快樂」的境地。提倡低級趣味，以適應社會上一部分落後愚昧群眾的需要。密教並不排斥大乘佛教，它把大乘佛教看作初步的階段，認為自身是高級的階段。它認為大乘中也有高低之分，中觀學派高於瑜伽行派。由於密教對大乘佛教隨意割裂剪裁，使大乘佛教各派都難以獨立發展了。密教還主張「六大」緣起說，宣揚宇宙的本體

與現象二而為一，兩者都由「六大」（地、水、火、風、空、識）所構成，宇宙萬有都是「六大法身」的顯現，而「六大法身」就是佛的真身，也就是說，宇宙萬有都是佛的化身、產物。這是一種極度神祕主義的說教。

四　印度佛教的「復興運動」

佛教在印度沉寂了 600 年之後，於 19 世紀末掀起了「復興運動」。1891 年斯里蘭卡貴族達摩波羅居士在可倫坡創辦摩訶（大）菩提會，次年總部遷至印度加爾各答，上座部佛教又從斯里蘭卡北傳印度。該會在印度積極開展傳教活動，影響頗大。1956 年國大黨政府前司法部長安培克等人在那格浦爾發動 50 萬「賤民」改信佛教運動。1957 年，新入教的佛教徒組織了一個佛教政黨——共和黨。佛教上層人士還加強在邊境地區和少數民族中的佛教活動，積極發展教徒。

第三節　印度佛教的向外傳播

印度佛教從南亞次大陸向其他國家傳播，始於西元前 3 世紀印度孔雀王朝的阿育王統治時期。阿育王在熱衷於窮兵黷武、向外擴張的同時，還大力扶植佛教，鼓勵和派遣佛教徒到各地傳播佛教。佛教向外傳播大致有北傳和南傳兩條路線。其中北傳又可分為兩條路線，一條是經中亞細亞地區傳入中國內地，再經中國傳入朝鮮半島、日本、越南等地；另一條是傳入我國西藏地區，形成了藏傳佛教，再北傳蒙古、蘇聯，南傳尼泊爾、印度北部地方。佛教向南傳入斯里蘭卡，再由斯里蘭卡等地傳入緬甸、泰國、柬埔寨、老撾、馬來西亞、印尼等國，以及我國雲南的傣族、德昂族、布朗族等少數民族地區。北傳佛

教以大乘為主，其經典大多是從中亞諸民族的文字和印度的梵文陸續翻譯為漢文和藏文的。南傳佛教主要是小乘上座部佛教，其經典是用巴利文編纂的。

一 印度佛教的北傳概況

佛教向北傳入大夏、安息以及大月氏，並越過蔥嶺（帕米爾）傳入中國西北地方，隨著漢對西域交通的開闢，又傳入中國內地。佛教在中國經過流傳、演變，到隋唐時形成了八大宗派，使佛教獲得空前的發展。佛教於西元 4 世紀傳入朝鮮半島，西元 7 世紀中葉和西元 8 世紀後，形成了「五教九山」，「五教」即 7 世紀形成的戒律宗、法相宗、法性宗、涅槃宗和華嚴宗五個教派。「九山」是西元 8 世紀後形成的禪宗九派：迦智山、實相山、桐里山、闍崛山、聖椎山、獅子山、曦陽山、風林山、須彌山。14 世紀後，李朝強調崇儒抑佛，佛教有所削弱。目前，佛教為韓國最大的宗教，信徒約占全部宗教信徒的一半。佛教在西元 6 世紀從中國經過朝鮮半島傳入日本以後，相繼成立許多宗派，成為日本的主要宗教。19 世紀明治維新以後，天皇為了加強專制統治，提高皇室的權威，一度推行「廢佛毀釋」運動，但不久又被扶植起來，佛教重新獲得發展。現在日本佛教派別眾多，擁有近 10 萬座寺廟或傳教場所，8000 萬信徒。在傳統的佛教宗派中，現在比較重要的有淨土真宗、禪宗、日蓮宗、真言宗等。日蓮宗創價學會及其公明黨，立正佼成會，在日本都具有很大的社會影響。佛教約在西元 2 世紀末傳入越南，11 世紀至 13 世紀，佛教徒多至全國百姓的一大半，勢力極大。主要流傳的是中國佛教的禪宗和淨土宗，尤其是禪宗臨濟宗的影響最大。

佛教約在西元 7 世紀傳入我國西藏地區以後，與當地的土著宗教

本教相綜合，形成了一種新型的佛教──藏傳佛教。13 世紀末，元世祖忽必烈定藏傳佛教為元朝國教。後來藏傳佛教在蒙古下層人民中流傳，成為蒙古的主要宗教，將近一半的男子是喇嘛。蒙古人民共和國成立後，喇嘛已大大減少，藏傳佛教在社會上也不起多大作用了。藏傳佛教也傳入蘇聯西伯利亞一帶，在民間有一定的影響。

二　印度佛教南傳概況

西元前 3 世紀，印度孔雀王朝阿育王派兒子摩哂陀到斯里蘭卡宣傳佛教上座部，錫蘭島王天愛帝須即舉族皈依。自此佛教在全島逐漸流傳。12 世紀上座部大寺派被定為國教。16 世紀以後，斯里蘭卡淪為殖民地，僧團受到破壞。斯里蘭卡獨立後，佛教迅速發展，並且對世界的影響也日益增強。現有教徒約 1000 萬人，占總人口的 67%。佛教約在西元 5 世紀前已從斯里蘭卡傳入緬甸，並獲得很大的發展。現有信徒 2500 萬，占總人口的 4/5。全國有寺院 2 萬多座，佛塔 10 多萬座，素有「佛塔之國」之稱。西元 3 世紀，佛教傳入泰國，在泰國北部、中部流傳大乘佛教。西元 7 世紀以來，大乘密教在泰國南部流傳。11 世紀，緬甸和斯里蘭卡的上座部佛教傳入泰國。13 世紀，素可泰王朝第三代國王蘭摩甘亨宣佈以上座部佛教為國教，一直延續至今。泰國是目前世界上唯一以佛教為國教的國家。泰王國三色國旗上的白色就是代表佛教。全國 95% 的居民信奉佛教。上自國王，下至百姓，幾乎人人都參加佛教儀式。每個男子一生中必須剃度出家一次，才能取得成人的資格，就連國王也不能例外。現在全國有 26 萬身披黃袍的僧侶，寺廟遍佈全國城鄉，一年到頭佛教節日不斷。僧侶不僅參與國家的政治活動和行政管理，而且掌管國民的基礎教育。他們備受社會尊敬，是受人愛戴的「黃袍教師」和「光頭醫生」。他們不從事

生產，以化緣為生。由於佛教特別興盛，泰國也有「佛教之國」、「黃袍佛國」之稱。遠在西元前 3 世紀至前 2 世紀，印度佛教上座部和婆羅門教就同時傳入柬埔寨。西元 3 世紀，又傳入了大乘佛教。西元 6 世紀，柬埔寨已成為東南亞佛教中心。西元 9 世紀至 13 世紀，是佛教和印度教（其前身是婆羅門教）同時興盛的時期。修建於 12 世紀至 13 世紀的聞名世界的吳哥寺建築，就是這兩個宗教混合的藝術結晶。14 世紀以來，泰國入侵，推行上座部佛教，此後並成為柬埔寨的國教，至 1976 年才被取消國教的地位。柬埔寨全國 90%的居民信奉佛教，現有僧侶 6 萬多人。佛教也很早就傳入了老撾，14 世紀從柬埔寨傳入上座部佛教，被國王奉為國教。16 世紀中葉，老撾成為東南亞佛教中心之一。19 世紀，因外來侵略，佛教削弱。20 世紀 30 年代以來，又開始復興。全國約一半居民信奉佛教。此外，西元 5 世紀，佛教說一切有部傳入印尼，並取代了婆羅門教的地位。西元 7 世紀，印尼成為東南亞的重要佛教中心。西元 8 世紀，大乘密教傳入印尼，曾被奉為國教。16 世紀，印尼伊斯蘭教化的過程完成，佛教趨於衰落。大乘佛教密宗和小乘上座部也傳入馬來西亞，後在西元 8 世紀時盛極一時。15 世紀因伊斯蘭教被定為國教，佛教急劇衰落。19 世紀，隨著華人佛教徒來到馬來西亞，佛教又有所恢復。

第二章
佛教傳入中國及其變化和發展

　　佛教自印度傳入中國後，經過逐漸適應，緩慢流傳，到東晉十六國時趨於繁榮，南北朝時出現了眾多的學派，隋唐時更是形成了八大宗派，至此佛教進入了鼎盛階段。盛極必衰，爾後，佛教在漢地逐漸衰落下去，但在西藏地區又出現了藏傳佛教──中國佛教的重要一支，流傳不絕。

　　在佛教的長期流傳、演變和發展過程中，中國的佛教學者和廣大僧人在封建國家政權的支持和制約下，從事譯經、注經、解經和創造學說體系等種種宗教理論活動，以及建寺造像、坐禪修持等種種宗教實踐活動，從而使佛教日益適應漢民族和其他有關少數民族的特點，佛教逐漸變成中國式的佛教。兩千多年來，佛教不僅擴大了中國思想界認識的廣度和深度，而且還豐富了中國人民的文化生活和信仰生活，並帶來了複雜的社會影響和多重的社會後果。

第一節　佛教初傳中國

　　印度佛教傳入中國內地的路線有兩條：一條是陸路，經由中亞細亞傳入我國新疆地區，再深入內地；另一條是海路，經由斯里蘭卡、爪哇、馬來半島、越南到達廣州，即通過南海路線傳入我國內地。自從漢武帝經營西域以來，陸路便成為東西交通的要道，商業貿易、使節往來十分頻繁。這條陸路包括南北兩道。南道是指由敦煌越過沙

漠，經鄯善進入塔克拉瑪幹沙漠南部、崑崙山北麓，到達於闐（今和田），再向西北前進到達莎車。北道是指由敦煌北上到伊吾（今哈密），經由吐魯番到龜茲（今庫車），然後再到達疏勒（今喀什市一帶）。東漢時來中國內地的安世高和支婁迦讖就是以這南北兩道為通道的。印度來華的僧人大多通過這南北兩道到達內地，走海路的較少，可能是由於海路開闢比陸路晚一些的緣故。史載，在南北朝時才有著名的譯經大師從海路來中國傳播佛教。

佛教最早傳入我國內地的準確年代，歷史上說法不一，且多屬想像臆斷，今已很難稽考。其中最主要的有兩種說法：一是東漢明帝永平十年傳入說。謂明帝在位時，曾派人赴西域訪求佛道，在大月氏國遇著沙門迦葉摩騰、竺法蘭，邀請他們來漢，並用白馬馱著佛像經卷共還洛陽。明帝又建白馬寺供兩位僧人居住。這是在古代佛教徒中流傳最廣的佛教初傳的史話。二是西漢安帝時傳入說。這種說法的主要根據是《三國志・魏書》卷 30《東夷傳》裴松之注引曹魏魚豢撰的《魏略・西戎傳》。傳中有「昔漢哀帝元壽元年（西元前 2 年），博士弟子景盧受大月氏王使伊存口授《浮屠經》」的記載。以上兩說，年代相差約 70 年，間隔尚近。若果綜合這兩種說法，則佛教的初傳當在兩漢之際，約西元 1 世紀時。

佛教作為外來的宗教傳入中國，首先需要得到統治階級的支援並在民間流行才能立足。東漢時，皇室信奉黃老之學和神仙方術，佛教的教理也被視為「清虛無為」而和黃老之學相提並論。釋迦牟尼佛則被認為是大神，佛教的齋懺等儀式也被視作和祠祀相類似，因而佛教為帝王所崇尚。如《後漢書・楚王英傳》載：「楚王（劉英）誦黃老之微言，尚浮屠之仁祠。」桓帝也奉佛，在宮禁中鑄黃金佛像，與老子像並列供奉，以祈求長壽多福。

在中國，佛教的傳播是與佛教的經典譯介同步進行的。佛典只有

譯成漢文才能被漢人閱讀和接受。此時來華的僧人都十分重視譯經工作，為佛教的傳播創造條件，打下基礎。據史載，東漢末年的佛典翻譯事業開始於安世高。安世高是從安息（今伊朗高原東北部）來的精通阿毗曇學和禪學的學者，他譯出《安般守意經》、《陰持入經》、《大十二門經》和《小十二門經》等大量經典，其中最主要的是禪經。另外，是從大月氏來的支婁迦讖（簡稱支讖），譯出了《般若道行經》、《般舟三昧經》和《首楞嚴三昧經》等，主要的是《大乘般若經》和禪經。安世高和支婁迦讖並稱漢代兩大譯師。此外來華的還有竺佛朔、安玄、支曜和康孟祥等，他們也各有傳譯。

印度佛教傳入中國的時代正是印度大乘佛教昌盛的時候，因此，印度佛教傳入中國的過程並不是和印度佛教的發展階段同步的。先前的印度小乘佛教是和大乘佛教同時傳入中國的。但最早傳入中國的主要是大乘佛教，尤其是般若學經典。後來隨著大小乘佛教譯著的增多，中國佛教也就面臨著一個如何對待大小乘佛教異同的問題，後來又終於開拓了使大小乘佛教融為一體的道路。

第二節　三國西晉佛教的初步流傳

在封建統治者的支持下，三國西晉時代佛教開始流傳開來。史載，魏明帝曹叡曾興建佛寺，陳思王曹植也喜歡讀佛經。吳國孫權曾建寺塔，號建初寺。在宮廷奉佛的影響下，佛教信仰也漸漸地流布到民間。據《釋氏稽古略》卷 1 載，西晉時以洛陽和長安兩京為中心，修建佛寺 180 所，有僧尼 3700 餘人。這說明佛教在政治中心城市已經立足，並具有一定勢力了。

三國時佛典翻譯事業也有了進一步的發展。此時譯師頗多，其中最著名的是支謙。支謙是支讖的再傳弟子，畢生從事譯經事業。譯出

的重要典籍有《維摩詰經》、《大明度無極經》和《太子瑞應本起經》等。他還為自己譯的《了本生死經》作注，是為經注的最早之作。其次，康僧會也譯出不少佛典，並注經作序。三國時譯經有一個特點，就是慣於用道家術語來表述佛教思想，表現了佛教與中國固有的文化相結合的趨勢。

西晉時，譯經仍然是佛教的主要活動。此時從事譯經的國內外沙門和居士十多人，其中最主要的人物是竺法護。據史載，竺法護是世居敦煌的月氏僑民，曾隨師西遊，通曉西域各國 36 種語言文字。他搜集了大量佛經，譯出了《光贊般若經》、《法華經》和《維摩詰經》等約 150 部 300 卷經典。他也是繼承東漢三國的傳統，著重翻譯大乘般若學的經典，闡發般若性空的學說。

三國魏廢帝嘉平二年（西元 250 年），中印度律學沙門曇柯迦羅遊化洛陽，譯出了戒律《僧祇戒心》，並舉行受戒。這是中國有戒律受戒的開始。自此之後改變了以往僧人只剪掉頭髮，沒有稟受歸戒的不守佛制的狀態。正因為這樣，曇柯迦羅也被爾後的律宗奉為初祖。與此同時的安息沙門曇諦（法實）也譯出了《曇無德（法藏）羯磨》一卷。這是屬於小乘上座部系統曇無德部的《四分律》，對於中國律宗獨尊《四分》的影響頗大。時人朱士行依《曇無德羯磨》登壇受戒，是為中國正式出家和尚的開始。朱士行還赴于田（今新疆南部）尋求經典，他是漢地和尚西遊的先導。

第三節　東晉十六國佛教的隆盛

東晉十六國時代，南北分立，北方更是四分五裂。有匈奴、羯、鮮卑、氐、羌「五胡」等建立的二趙、三秦、四燕、五涼、夏、成（成漢）十六國。南方則為東晉王朝所統轄。南北兩地的多數統治

者，尤其是北方少數民族的統治者，為了維護自身的統治都大力提倡
佛教；而長年的戰亂，民不聊生，生命難保的境遇也使勞動者希圖從
求神拜佛中解除苦難。上層統治者的支援、提倡，下層群眾的需要、
嚮往，為佛教的發展提供了肥沃的土壤，使佛教獲得了蓬勃的生機。
佛典的大量翻譯，中國佛教僧侶學術論文的紛紛問世，般若學不同學
派的競相成立，民間信佛者的劇增，這一切就匯合成中國佛教發展的
第一個高潮。

一　十六國佛教

北方十六國中提倡佛教最積極的是後趙、前後秦和北涼，其中又
以二秦為最。二秦的佛教是中國佛教發展史上極為重要的一頁。其重
要的代表人物是道安和鳩摩羅什。他們兩人的活動對後來佛教的發展
有極為深遠的影響。

前秦的首都長安，處於與西域往還的交通要衝，是我國北方的佛
教中心。前秦的最高統治者苻堅篤信佛教，為此還曾發兵攻陷襄陽以
迎請道安去長安主持佛事。道安（312-385，一作 314-385）早年師事
後趙名僧佛圖澄。史載佛圖澄曾用道術感化過後趙統治者石勒，阻止
了他的殘殺，並吸引眾多信徒，推動了佛教的發展。道安跟隨佛圖澄
十多年，在佛教理論方面打下了比較堅實的基礎。佛圖澄死後，道安
就逐漸成為北方的佛教領袖，影響很大。道安一生的主要佛教活動有
兩個方面：一是組織翻譯、整理和闡述經典，創立以「本無」為宗旨
的學派；二是弘化南北，建立僧團宣法傳教和培養弟子。關於第一方
面，道安在長安主持譯事，共譯出眾經 10 部 187 卷，並纂集佛經目
錄。史載其著作約有 60 種，現存各種經論序 16 篇和《人本欲生經
注》1 卷等。關於第二方面，道安非常重視親自講經說法，積極培養

弟子和擴大影響。他在河北和襄陽時都有弟子僧眾數百人，是當時我國南北方最龐大的僧團。在長安時，更領僧眾達數千人之多。道安有高足弟子十多人，其中慧遠是繼他之後的東晉佛教領袖。道安曾兩次分散徒眾四出傳教，使黃河及長江流域的佛教進一步流傳起來。此外道安還決定出家和尚無姓、沙門同姓釋子；勒定僧律，制定僧尼赴請、禮懺等儀式軌範，為佛教僧侶所共同遵循，為後來的叢林制度奠定了初步的基礎。道安自詡為「彌天釋道安」，表現了雅人深致。事實上從主譯、弘化、育才、整律各個方面來說，他真不愧為最早建設中國佛教的一位大師。

後秦佛教比前秦更為興盛。尤其是後秦主姚興，因得一代譯經大師鳩摩羅什而使譯經、教化事業都遠遠超越前代，在佛教史上具有劃時代意義。鳩摩羅什（344-413），龜茲人（今新疆庫車南）。其父棄相位出家，為龜茲王國師。鳩摩羅什 17 歲時隨母出家，同遊北印度，學習佛法，廣究大乘，尤其精通大乘中觀學說，深得般若性空義理的三昧。後在西域說法傳教，聲譽煊赫。由於道安一再勸說苻堅迎鳩摩羅什來華，苻堅果真派遣將軍呂光率軍攻龜茲，去迎請鳩摩羅什。但不巧的是呂光回涼州時，苻堅已經亡國。後來後秦主姚興又出兵涼州迎鳩摩羅什到長安，對鳩摩羅什備極恭敬，奉為國師，並請他主持佛經的翻譯。他曾譯出《阿彌陀佛經》、《大品般若經》、《小品般若經》、《法華經》、《維摩詰經》、《金剛經》、《大智度論》、《百論》、《中論》、《十二門論》、《成實論》等經論，約 35 部，294 卷。在此之前，佛經只有零星翻譯，到羅什才開始大量翻譯，大乘各部經典也都初步具有。不僅數量多，而且品質也高。在文體上一改過去樸拙的古風，而務求達意，譯文臻於成熟。鳩摩羅什所譯的經論，第一次有系統地介紹了般若空宗學說，對於大乘佛教理論在中國的移植和弘傳具有極為重要的作用。鳩摩羅什重視傳譯「論藏」。如《中論》等佛典的譯出，

對於佛教宗派的創立意義很大。鳩摩羅什除了在譯經方面的成就以外，另一個佛教業績就是結合佛典的翻譯講說眾經，培養出一大批佛門弟子。當時從四方前來長安的義學沙門達 3000 人，多趨於鳩摩羅什門下。其中如僧肇、道生、道融、慧觀、僧叡、道恒、慧嚴、曇影等都十分著名。僧肇、道生都是中國佛教思想史、哲學史的重要人物，僧肇以擅長中觀性空緣起學說而著稱，其著作後人編為《肇論》，道生則在般若學的基礎上深究涅槃佛性學說，開創了一代新風。

二　東晉佛教

　　南方東晉的佛教有兩個中心：一是慧遠主持的廬山東林寺，二是建康道場寺。慧遠（334-416）曾跟隨道安約 25 年，是道安最得意的高足和得力的助手。慧遠住廬山東林寺 30 多年。他在廬山開展了大量的多方面的活動。聚眾講學，撰寫文章，闡發因果報應說和神不滅論，調和儒家名教和佛教教義的矛盾，宣揚「儒佛合明」論等。這一切對後來佛教的發展都產生了深遠的影響。慧遠深感江東一帶佛經不全，禪法缺乏，律藏殘缺，於是派遣弟子法淨、法領赴西域取經。當他得知鳩摩羅什來長安時，便立即致書通好，交流學術，就經義往復問答，又請佛馱跋陀羅和僧伽提婆譯經，從而推動了佛教禪法、般若學、毗曇學等在南方的廣泛流傳。此外，慧遠還培養了一大批弟子，為江南佛教流傳奠定了雄厚的基礎。他還率領弟子劉遺民、周續之等 123 人，在精舍無量壽佛像前設齋立誓，共期往生西方佛國的極樂世界。慧遠的活動對東晉以來佛教在南方的發展起了十分重要的作用。

　　東晉首都建康佛教也很興盛。當時著名僧人佛馱跋陀羅（覺賢）、法顯等都以道場寺為據點，翻譯佛經，傳播佛教。佛馱跋陀羅精於小乘禪法、律藏，自印度來華後，先住長安，因與鳩摩羅什的見

解相違，遭到鳩摩羅什門人的排擠，最後和弟子慧觀等 40 餘人南下。先在廬山譯出《達磨多羅禪經》，後又在道場寺譯出《華嚴經》50 卷（後世作 60 卷），還與法顯合作譯《摩訶僧祇律》等。佛馱跋陀羅傳授禪法，尤其是譯出的《華嚴經》對佛教的貢獻是巨大的。

三　東晉十六國佛教活動的特點

東晉十六國在政治上雖然南北分立，然而兩地的佛教活動往來卻很頻繁，表現出同一時代佛教流傳的基本趨勢和共同特點。這主要是：

（一）佛典翻譯的重大成就

由於苻秦通西域，除鳩摩羅什和佛馱跋陀羅以外，經西域來中國內地的僧人絡繹不絕，而且大小乘各系的僧人都有，為各類的佛典翻譯提供了極為有利的條件。綜觀東晉十六國 100 多年的譯事活動，譯出的佛典主要有：

1. 大乘經論：大翻譯家鳩摩羅什譯出的大乘空宗的經論為隋唐佛教三論宗、天臺宗的創立提供了最重要的經典論據和思想基礎。佛馱跋陀羅譯出的《華嚴經》成為唐代華嚴宗的根本典據。

2. 小乘經論：在道安主持下，曇摩難提譯出了早期佛教最重要的經典《中阿含經》、《增一阿含經》，佛念傳譯了《四阿含暮抄》和《長阿含經》。至於僧伽跋澄譯出的《毗婆沙論》，慧遠請僧伽提婆譯出的《阿毗曇心論》和《三法度論》，都是重要的小乘論藏。鳩摩羅什譯出的《成實論》，是由小乘向大乘空宗過渡的著作，在此基礎上，後來又發展出成實論學系。

3. 大小乘禪經：如佛馱跋陀羅譯出的小乘《達磨多羅禪經》、鳩摩羅什編譯的大乘《坐禪三昧經》，對於後來的禪學的流行作用很大。

4.密教經典：帛尸梨蜜多羅譯出《大孔雀王神咒經》、《大灌頂經》等。

5.律典：在印度流傳小乘佛教 5 部廣律，我國此時先後譯出了 61 卷《十誦律》、60 卷《四分律》和 40 卷《摩訶僧祇律》三部，成為中國佛教律學的基本依據。

（二）西行求法運動的興起

印度、西域僧人的紛紛來華，激起了中國僧人西行求法的興趣和志願。出現了一些僧人長途跋涉，遠遊異國，廣求佛典的熱潮。此時西遊僧人中以法顯的成就最大。法顯（約 337-約 422）出家後深感當時佛典雖已次第譯出，但藏律殘缺、戒律未備。於是在後秦姚興弘始元年（西元 399 年）約慧景等 5 人從長安出發，渡流沙河，翻越蔥嶺，赴印度尋求戒律。前後經過 15 年，遊歷所經將近 30 國，後經獅子國（今斯里蘭卡）和印尼的爪哇島，泛海歸國。法顯孑然一身，歷經千難萬險，百折不回，帶回了當時所缺的大小乘三藏中的基本要籍。各部派「律藏」和《阿含經》的傳入，全仗他的功勞。他後來在建康道場寺與佛馱跋陀羅共同譯出《大般泥洹經》6 卷，首唱佛性和「一闡提」[1]不能成佛說，對當時佛教思潮發生了巨大的衝擊作用。又撰《佛國記》，也稱《法顯傳》，介紹印度和斯里蘭卡等國的情況，不僅對日後西行求法起了很大的指導作用，也為研究南亞次大陸各國古代的歷史、地理提供了極為寶貴的資料，這是法顯對亞洲文化的永久性貢獻。和法顯等人同時赴印度求法的還有另一批僧人，即寶雲、智嚴等 5 人，他們也都學有所成。在法顯西行四年後，又有智猛等 15 人去印度求法，對中印佛教的學術交流也起了一定的促進作用。

1　「一闡提」，梵文Icchantika的音譯，也譯「一闡提迦」等，指貪欲很盛、作惡多端、滅絕善性的人。

（三）祈求往生彌勒淨土和彌陀淨土思潮的出現

東晉時名僧們在信仰和行持方面都熱衷於死後往生「淨土」。道安曾帶領弟子在彌勒像前立過誓，發願往生彌勒淨土。彌勒淨土即「兜率天」。佛經謂此天有內外兩院，外院是欲界天（有食欲和淫欲的眾生所住的世界）的一部分，內院是彌勒寄居於欲界的淨土。佛經宣揚，如果皈依彌勒並稱念其名號，死後就可往生此天。隨後竺法曠又開創彌陀淨土（西方極樂世界）法門，支道林對所謂阿彌陀佛所在的西方極樂世界也是心馳神往的。他曾請畫家繪製了一幅阿彌陀佛像，虔誠地瞻仰禮拜，並自作《阿彌陀佛像贊》。他認為只要一心一意地念誦《阿彌陀經》，死後就能進入彌陀淨土。前文提過，慧遠更是熱衷彌陀淨土法門，曾率弟子立誓，共期往生西方極樂世界。慧遠的彌陀信仰對後世影響極大，以至被唐代淨土宗人推崇為初祖。道安祈求的是往生與世俗世界相聯繫的淨土，而慧遠等人則是祈求往生至善至美的極樂世界。他們都發自內心真誠地相信天國、佛國的存在，而且可以往生。這種要求超脫現實苦難往生淨土的願望，是印度佛教傳入中國後征服了在野的知識份子思想的一種表現。

（四）般若學「六家七宗」的形成和僧肇「不真空論」的
　　建立

自東漢末年支讖傳譯《般若道行經》等以來，逐漸形成兩晉佛教理論的主潮般若性空學說。由於《道行》、《放光》、《光贊》諸本《般若經》的文義不甚暢達，而魏晉又盛行注重有無（空）之辨的玄學，以至佛教學者往往用玄學的觀點去理解和闡釋《般若經》的思想，對所謂「空」的理解產生了種種異義，從而形成了「六家七宗」。「六家」是：（1）本無家——道安主無在萬象之前，空為眾形之始；竺法

深、法汰說從無生有，萬物出於無；（2）即色家——支道林說即色是本性空；（3）心無家——支湣度主對外物不起有無之心；（4）識含家——於法開謂世界萬物都是妄惑的心識所變現；（5）幻化家——道壹講「世諦之法皆如幻化」；（6）緣會家——於道邃認為世界萬物都由因緣和合而成，都無實體。本無家因分化出竺法深的本無異家，合稱「七家」，也稱「七宗」。就其基本觀點來區分，以本無、即色和心無三家最具代表性。般若學「六家七宗」的形成，反映了中國佛學獨立前進的足跡，它並不完全符合印度般若學空宗的本意，由於鳩摩羅什譯出《中論》、《百論》等典籍，系統地介紹了般若學，僧肇在充分理解、把握般若學經論含義的基礎上，撰寫了《不真空論》等文，明確地闡述了不真即空的空宗要義，批判了「六家七宗」的學說，從而把中國佛教般若學理論推向高峰。

第四節　南北朝佛教學派的湧現

　　南北朝繼東晉十六國的分立狀態，又持續分裂了一百六七十年。這是佛教進一步流傳發展的時代。其主要特點是以研究某一部分佛典為中心的各種學派紛紛湧現，各立門戶，獨尊一經一論，彼此爭鳴，呈現出空前繁榮的景象。

一　統治者的佞佛和滅佛

　　南朝歷代皇帝大都重視提倡佛教，其中以梁武帝最為突出，他始終高據皇帝寶座，貪戀世間的權勢和尊榮，又一味執著地追求出世間的解脫和「幸福」。他原來崇信道教，即位的第三年即發願捨道歸佛，把佛教幾乎抬高到國教的地位，並且多次捨身同泰寺為寺奴，然

後由群臣花巨金再把他奉贖回宮，以此自立功德，又充實寺院經濟。他還嚴格戒律，制斷酒肉，重視譯經，並親自講經說法，著書立說，圍剿神滅論。佛教依恃梁武帝專制主義皇權的支持和宣導，聲勢達到前所未有的喧赫程度。只是在梁武帝晚年因發生「侯景之亂」，佛教才一度受到打擊。陳代諸帝也效法梁武帝的成規，陳武帝、文帝也都以捨身佛寺的行動來提倡和利用佛教。據史載，南朝梁代佛教最興盛時佛寺多達 2846 所，僧尼多至 82700 餘人。

　　北朝統治者的大多數也都重視利用佛教，但也有少數人採取滅佛的政策。北魏道武帝信奉佛教，後來太武帝則多次限制、打擊佛教，甚至下令盡殺沙門，為中國佛教史上「三武一宗」滅法之始。至文成帝嗣位後，又明令重興佛教，並開鑿雲岡石窟，鐫建佛像。孝文帝也廣作佛事，大力提倡佛教。他還規立僧祇戶要奉獻穀物給僧曹，供作佛事之用。還令一些犯了重罪的人和官奴為佛圖戶，以充作寺院的雜役和從事耕作。此後北魏的宣武帝、孝明帝也都積極奉佛。由於統治者的大力提倡，朝野風從，至魏末僧尼已多達 200 餘萬人，寺廟 3 萬有餘。而且各寺院都擁有大量的土地財富，通過出租土地或役使依附農民，經營商業，發放高利貸等聚斂財富，逐漸形成了相對獨立的寺院經濟。此時佛教可謂盛極一時。北魏分裂後，東西二魏的統治者也都大興佛法，佛教仍繼續向前發展。取代西魏而興起的北周王朝，明帝也頗崇佛，但繼位的武帝則重儒術，他多次集眾討論儒、道、佛三教的優劣、深淺、異同，並令 200 餘萬僧、道還俗，還毀滅齊境的佛教。北魏武帝和北周武帝滅佛，都和儒、道、佛三教的鬥爭有關，和大量的僧徒影響了兵源有關，也和最高統治者個人的信仰有關。這些矛盾暫時緩和，佛教也就得以恢復。北周武帝一死，繼位的宣帝和後來的靜帝又都將佛教重新恢復起來。

二　各類佛典翻譯的進一步展開

　　南北朝時期的佛典翻譯從未間斷過。在南朝，以劉宋前期和梁末陳代譯事最盛，特別是大翻譯家真諦帶著經論梵本 240 篋從扶南（今柬埔寨一帶）來華，正當梁末陳初，戰亂相繼之際，他以堅強的毅力，在顛沛流離的生活中譯出了大量佛典，把南朝的翻譯事業向前推進了一步。此外，從中印度來華的求那跋陀羅也譯出了若干重要的典籍，對於傳播瑜伽行一系學說作出了重要貢獻。在北朝，被稱為譯經元匠的菩提流支，攜帶大量梵本從北印度經西域來到洛陽，較系統地譯出了大乘瑜伽行一系的典籍，影響很大。此外還有一些其他譯師也譯出了大量典籍。南北朝時期總計譯出佛典近 700 部，1450 卷。這些佛典與東晉時偏於大乘般若學典籍不同，而是廣泛地涉及印度佛教各個流派，特別是當時正在印度興起的大乘瑜伽行派的著作。此時重要而且影響大的譯著有：

　　（一）《攝大乘論》和《俱舍釋論》，無著和世親作。真諦在陳代譯出。這兩論對佛學理論發生了重大影響，從此南北攝論師輩出，進而開創了攝論學派。

　　（二）《十地經論》，世親撰。北魏時菩提流支和勒那摩提在洛陽譯出。後來一些僧人因沿襲和弘傳《十地經論》而成為地論師。

　　（三）《大般涅槃經》，北涼時曇無讖譯，40 卷。後劉宋初慧觀和謝靈運又以曇無讖的譯本為主，並對照法顯譯的《大般泥洹經》，增加品目，修飾潤文，改為 26 卷。

　　（四）《楞伽經》，求那跋陀羅在劉宋時譯出。相傳此經曾得到達摩、慧可等人的推崇，對於禪宗北宗的形成影響頗大。北魏時，菩提流支嫌求那跋陀羅譯本晦澀難懂，又為重譯，以求暢達，名《入楞伽經》。這兩個譯本的不同，成為了北方部分禪師異說的來源。

（五）《五分律》，30 卷，劉宋時佛陀什來到建康，應道生、慧嚴之請譯出。從而完成了漢地流行的四部廣律（《十誦》、《四分》、《僧祇》、《五分》）的傳譯。

三　各類經師、律師、論師蜂起

南北朝時的佛教學者都較重視講誦佛典，從而形成專攻某一經論之風，湧現出了若干知名的經師、律師、論師。他們「提章比句」，毫無創新之意；重師承關係，又無傳宗定祖的世系。這是基於對不同經論的講解而形成的不同觀點的學派。在南朝，開始是涅槃師代般若學者而出，到梁代涅槃學說盛極一時，同時三論師出並和成實師各立門戶。到陳代「三論」更受推重，形成奪「成實」之席並與「涅槃」合流之勢。在北朝，由於傳入了南朝的佛教學說，各種經師、律師、論師更多，其中以毗曇師、成實師、涅槃師、地論師、攝論師為最重要。

（一）南北朝共有的經師、論師

1. 成實師：研習和弘傳《成實論》的佛教學者。《成實論》，印度訶梨跋摩著。「實」指佛教「四諦」，即苦、集、滅、道四個真理。「成實」，即成立四諦的道理。其中心內容主要是講「我空」，如瓶中無水，人無自性。兼講「法空」，如瓶體無實，客觀世界無自性。並以此批判各部派，尤其是批判說一切有部的毗曇學，被認為由小乘向大乘空宗過渡的著作。鳩摩羅什為了初學者的方便而譯出此論後，其門徒劉宋僧導和北魏僧嵩對此深加研究並作注疏，形成了南北兩大系統——壽春（今安徽壽縣）系和彭城（今江蘇徐州）系，此後一直講習很盛，弘傳甚廣。成實師起初兼弘鳩摩羅什譯的「三論」，齊末轉

為偏弘《成實論》，並與《法華經》、《涅槃經》的思想合流，弘布於長江流域，盛極一時。對於「三論」、《涅槃》、《攝論》、禪學各系的學者產生了廣泛的影響。到隋代吉藏創立三論宗，判《成實論》為小乘後，成實論派趨於衰退，至唐初也就消失了。

2. 涅槃師：研習和弘傳《涅槃經》的佛教學者。東晉時法顯和佛馱跋陀羅譯出《大般泥洹經》6 卷，為《大般涅槃經》初分異譯。北涼時，曇無讖譯出大本《涅槃經》初、中、後三分，共 40 卷，稱《北本涅槃經》。劉宋初慧觀和謝靈運等又改為 36 卷，稱為《南本涅槃經》。此經主要宣揚「泥洹不滅，佛有真我；一切眾生，皆有佛性」，肯定人人都能成佛。但《大般泥洹經》又說「一闡提」無佛性。時竺道生剖析經旨，孤明獨發，指出「闡提是含生之類，何得獨無佛性？蓋此經度未盡耳！」（日本沙門宗撰《一乘佛性慧日鈔》引《名僧傳》）倡「闡提皆得成佛」說，被視為離經叛道而擯出僧眾。後《大般涅槃經》南傳，經中果稱闡提皆有佛性，和竺道生先前所說的相吻合。道生後在廬山講說，為南朝最初的涅槃師。道生又立「頓悟成佛」義，反對當時流行的「積學漸悟成佛」說。當時和道生同出羅什門下的慧觀則持漸悟說。由此形成了南方涅槃師的兩大系。在北方，慧嵩、道朗曾列席過曇無讖的譯場，道朗作《涅槃義疏》等，提出以「非真非俗中道」為佛性說，成為北方最早的涅槃師。此後南北兩地涅槃師圍繞《涅槃經》關於一闡提有無佛性，佛性是什麼，成佛的覺悟是頓還是漸等問題，展開了長期的爭論。對「涅槃佛性」的解釋，是南北朝時中國佛教學說的中心問題，形成了十二家的異說。此種爭論直至隋代仍相當激烈，入唐後，由於天臺、三論諸宗勢力的興起，涅槃師才邊爾衰落。

3. 毗曇師和俱舍師：毗曇師指研習和弘傳小乘說一切有部論書《阿毗曇》的佛教學者。東晉以來相繼譯出說一切有部《阿毗曇》多

種，主要是前秦僧伽提婆譯的《阿毗曇八犍度論》、《阿毗曇心論》和
劉宋僧伽跋摩譯的《雜阿毗曇心論》等。這些論書的基本思想是，通
過分析佛教概念，以論證人我是空，三世是實有，萬物由於因緣和合
生成而有永恆不變的實體。提倡《毗曇》始於東晉的道安、慧遠，而
自《雜阿毗曇心論》譯出後，毗曇學才開始興盛，並有「毗曇師」的
稱號。其中的佼佼者，南方的慧集，梁時在建康招提寺講《毗曇》，
聽眾常達千人。北方的慧嵩，常在彭城講學，有「毗曇孔子」之稱。
自梁末南方「成實」之學漸盛，而在陳真諦譯出《俱舍釋論》後，有
的毗曇學者又轉入俱舍學，成為俱舍師。南方毗曇學從此而衰落下
去。但北方的毗曇學直至隋初仍盛行不竭。至唐代玄奘重譯《俱舍
論》後，學人掀起了研究的高潮，而舊譯毗曇學轉趨衰歇，有些著述
也因無人問津而漸至湮沒失傳。

4. 攝論師：研究和弘揚真諦譯《攝大乘論》的佛教學者。《攝大
乘論》系印度大乘瑜伽行派的重要著作，無著撰。北魏佛陀扇多譯
出，但流傳不廣。後真諦在陳時又重譯，並譯出世親的《攝大乘論
釋》，真諦門下的慧愷、道尼、法泰等均大力弘傳。靖嵩從法泰學
《攝論》後，北歸彭城開講，門徒甚眾。隋初曇遷還應詔從彭城到長
安大弘《攝論》。攝論諸師的學說並不完全一致，然其主要理論是，
第八「阿梨耶識」[2]是妄識，為一切現象的根據；但此妄識中有一份
純淨的識。這樣，在八識之外，又將「阿梨耶識」中純淨的識立為第
九「阿摩羅識」（無垢識，亦即真如佛性），認為眾生只要努力發展
「阿梨耶識」中純淨的識，以對治妄識，就可以證入阿摩羅識而成為
佛。由此也就肯定一切眾生皆有佛性，皆能成佛。玄奘從印度回國
後，重譯《攝大乘論》，並作為瑜伽行派的眾多典據之一，這樣攝論

---

2 「阿梨耶識」：梵文 Ālayavijñāna 的音譯，亦譯為「阿賴耶識」。意譯為「藏識」，指
含藏、派生一切現象的內在根據、潛在功能。

師的舊義也就失去其重要意義，而專弘《攝論》的攝論師自然也趨於衰歇了。

（二）南朝特有的論師、律師

1.三論師：研究和弘揚「三論」的佛教學者。「三論」指《中論》、《百論》、《十二門論》，是大乘空宗的重要論典，闡發非有非無、亦有亦無的中觀學說。自姚秦時，鳩摩羅什譯出此「三論」以後，門下僧肇等人都深有研究。然三論學的興起，是始於梁代的僧朗，後經僧詮、法朗的弘傳，至隋代的吉藏更形成了宗派。

2.十誦律師：研究和弘揚《十誦律》的佛教學者。《十誦律》係小乘說一切有部的根本戒律書，由卑摩羅叉補充校改後，在江陵開講，由此興起了「十誦」之學。南朝時弘傳此學的有僧業、智稱、僧祐等。齊梁時曾盛極一時。

（三）北朝特有的經師、論師、律師

1.地論師：研究弘揚《十地經論》的佛教學者。這是北朝時對佛教影響最大的學派，它以萬法唯心學說區別於長期流傳的般若性空論。《十地經論》世親所著。此書對《華嚴經・十地品》作了論解，對菩薩修行的十個階位（地）和教義進行了新的發揮。北魏時的勒那摩提和菩提流支譯出此論，因兩人所習並不盡相同，從他們傳承《地論》的門下發生了異解，形成了南北兩道，稱相州（今河南安陽市北）南派和相州北派。南道以勒那提摩的弟子慧光為代表，其後的重要學者有法上和淨影寺慧遠等。北道以菩提流支的弟子道寵為代表，其後學者有志念等。南北兩道爭論的焦點是「當常」與「現常」的問題。「常」，即佛性或涅槃的異名。也就是佛性是先天本有的（「現常」），還是始起後有的（「當常」）。南道認為「阿梨耶識」就是「自

性清淨心」、「如來藏」、「真如」。如來藏具足一切功德，是一切現象產生的根據，由此主張眾生的佛性是本有，即先天而有的。但由於此識「隨妄流轉」，生出世俗世界，眾生應當努力修持，離染顯淨，方可成佛。這是南道的「現常」說。北道不同，它認為「阿梨耶識」是無明識，是產生一切現象的根據，一切功德都是後生的，佛性也是後有的，成佛要累世修行，即主「當常」。北道系統的主張因和攝論師的阿賴耶識通真妄的說法相近，但不如攝論師條理縝密，也不如攝論學說盛行，所以被統一於攝論師。這樣南北兩道的對峙又演變為地論師和攝論師之爭。迄至唐初，佛教界還為之議論紛然。玄奘就是因這些疑難問題得不到解決而決心赴印度求法的。南道系學說後來也有所變化，其基本觀點後來為華嚴宗學者所資取，對華嚴宗的形成有較大的影響，但一旦為華嚴學者所資取，也就沒有獨立宣揚的餘地了，於是南道一系也就此銷聲匿跡。

2.四論師：研究和弘揚《大智度論》、《中論》、《百論》、《十二門論》的佛教學者。此派將《大智度論》和「三論」並重。著名學者有北齊的道場（長）和東魏曇鸞等。道場和曇鸞後又都歸宗淨土。

3.四分律師：研究、奉行和弘揚《四分律》的佛教學者。北魏時法聰、道覆專弘此律。後慧光作《四分律疏》，使此學大盛，弟子多人。

4.楞伽師：以《楞伽經》為印證的禪師。《楞伽經》，全稱《楞伽阿跋多羅寶經》。現有三種漢文譯本，通行的是南朝宋的求那跋陀羅譯本，4卷。「楞伽」，山名；「阿跋多羅」的意思是「入」，謂佛入此山說的寶經。經文宣揚世界萬物唯是「自心所現」，在修持上以「忘言忘念，無礙正觀」為宗，即重視慧念，而不在語言。相傳禪師菩提達摩以4卷《楞伽》授慧可，慧可後有弟子僧那禪師、僧璨禪師等多人，後來直接發展為禪宗北宗。

四　南北兩地佛教的不同特點

魏晉南北朝時期，南北兩地，尤其是北方地區，由於長期戰爭，兵禍頻繁，政權更迭，一些學士名僧先後在漢魏之間、兩晉之際和劉宋立國前後三次南渡，導致佛教人才南流，學術重心轉徙到南方。南北朝時南北政權的對立、地域阻礙，更促使兩地不同佛教學風的形成。這種不同的顯著表現就是南文北質：南朝偏尚理論，以玄思拔俗為高；北朝崇尚實行，禪風特盛。

南朝佛教繼承東晉佛教的傳統，偏尚玄談義理。史謂「江東佛法，弘重義門」（《續高僧傳》卷 17《慧思傳》），「佛化雖隆，多遊辯慧」（同上書，卷 20《習禪篇五》），正是反映了這個特點。在南朝，「涅槃」、「成實」和「三論」等學說都十分流行，關於涅槃佛性、頓悟漸悟等問題，辯論非常激烈。此時，般若學的主流地位雖為涅槃學所取代，但般若學仍在流行，到陳代，武帝、文帝和宣帝都推重極富於思辨的「三論」，後來導致隋代吉藏創立三論宗。同時，佛教界和無神論者在因果報應和神滅神不滅等理論問題上也展開了爭論，就其規模之大和論戰之激烈來說，在中國古代思想史上是罕見的。

北朝統治者多粗獷少文，佛教名僧也不崇尚空談義理，與南朝佛教相比，禪學、律學和淨土信仰較為發達，尤以禪觀最為興盛。《洛陽伽藍記》卷 2《崇真寺》載，自崇真寺比丘慧嶷入白鹿山隱居修道以後，「京邑比丘皆事禪誦，不復以講經為意」。除了楞伽師以外，著名禪師相繼而出。如北魏玄高通禪法，從學者達百餘人。此外，來華的曇無毗、勒那摩提、佛陀扇多也都弘傳禪法。北齊僧稠曾在多處講學，傳授禪法，聲譽甚隆。後來道宣把他和達摩並稱。又如天臺宗的先驅者慧文、慧思也提倡定慧，為南北禪家所重。北周僧實禪師，周太祖對他極為尊崇，並從受歸戒。至於一般的弘修禪法的僧人就更多

了。北方佛教律學勢力也超過南方，北齊慧光被奉為四分律學之祖。
宣傳淨土信仰的曇鸞也活動於北魏。北朝名僧的學風對於佛教一般僧
人和民間信徒影響很大，以至於大家都偏重行業。這種風氣的一個突
出表現是重視鑿窟雕像。如北魏開鑿的雲岡、龍門等石窟，規模宏
偉，技巧工精。由於鑿窟雕像需要投入大量的人力、財力和物力，北
方僧人和在家信徒還建立一族一村的佛教組織「義邑」，一些達官貴
人和僧人也建立叫做「法社」的佛教組織，聯合從事佛教活動。佛教
在組織方面，北方也超過了南方。

應當指出，南北朝佛教的差異是相對的，它們也有共同點。南朝
佛教也主張修持，但是只在劉宋初一度盛傳禪法，迄至劉宋末就趨衰
落了。而禪法在北方則持久不衰。北朝佛教也有重視義理的，但是只
以小乘的毗曇學和成實學為盛，而南方則盛行大乘學說，還由於般若
性空思想的根深蒂固，和涅槃佛性學說的空前盛行，以至宣揚唯心緣
起思想的《楞伽經》和《解深密經》都不得流行。

第五節　隋唐宗派佛教的創造和繁榮

中國佛教經過四五個世紀的流傳後，進入了宗派的形成和發展的
大成時期。隋唐時代南北政治統一，國家經濟繁榮，國際文化交流活
躍，佛教也順著組織異說求同求通的趨勢，綜合南北思想體系，由學
派進而演變成若干新的宗派。宗派和學派不同，它有各自獨特的教
義、不同的教規，並和財產的繼承權相關而更加強調傳法世系。具有
本地風光的隋唐佛教宗派的先後創建，形成了中國佛教史上劃一時期
的顯著特色。

一　統治者對於佛教的利用、提倡和限制

　　隋文帝統一南北對立的局面之後，立即改變北周武帝滅佛的政策，轉而採取大力恢復和扶持佛教的方針。史載他曾鼓勵度僧，一時新度的僧人多達 50 餘萬（見《續高僧》卷 10《釋靖嵩傳》）。他還設置各級僧官以管理僧尼的事務。隋煬帝也篤好佛教。他為晉王時曾請智顗為授菩薩戒。尊稱智顗為智者，並為智顗創建天臺宗提供有利條件。他即位後還自稱是菩薩戒弟子，度僧、建寺、造像，組織譯經，竭力護持和宣傳佛教。但是，隋煬帝也曾下令沙門敬王者，並明令無德的僧尼還俗，拆毀多餘的佛寺，限制佛教的發展。

　　唐代統治者也十分重視對於佛教的整頓和利用。唐高祖因太史令傅奕的一再疏請，曾下令沙汰佛教，後因發生宮廷爭位的變故而未及實行。唐太宗重視佛教的譯經事業，為從印度求法歸來的玄奘組織了大規模的譯場。他還下詔在全國「交兵之處」建立佛寺，悼念陣亡戰士，以安撫人心。後來，武則天利用佛教《大雲經》，把自己篡奪政權神化為是符合彌勒授記的。她諭令「釋教宜在道法之上，緇服（僧人）處黃冠（道士）之前」（《唐大詔令集》卷 113），還直接支援法藏創立華嚴宗。稍後，唐玄宗曾一度沙汰僧尼，但又信仰新傳入的密教，促使密宗的形成。不久發生安史之亂，慧能的弟子神會北上洛陽，幫助政府徵收度僧稅錢，補助軍費，而獲得傳播佛教的便利。他乘機宣揚師父慧能的學說，使慧能創立的禪宗南宗在北方取得穩定的地位。但是，唐代中葉以來，徭役日重，「富戶強丁多削髮以避徭役，所在充滿。」（《資治通鑒》卷 211《唐紀・玄宗開元二年》）人們紛紛以寺院為逃避之所。寺院又乘均田制破壞之機，侵佔民田，擴充莊園；寺院還設法逃避賦稅，並且利用經營工商業、開當鋪、放高利貸等，多方牟利。辛替否描繪唐睿宗時佛寺佔有社會財產的嚴重狀況

說:「十分天下之財而佛有七八。」(《舊唐書》卷 101《辛替否傳》)一時佛寺幾乎壟斷了社會財富。這樣,雖然佛教具有使人們安分守己的作用,但是,寺院經濟和國家利益的矛盾日益加深和尖銳化,導致唐敬宗、文宗以來,王朝就有毀滅佛教的意圖,繼文宗的武宗終於付諸實現,命令各地拆毀寺廟,勒令僧尼還俗。從會昌二年到五年(西元 842-845 年),總共拆毀寺廟約 4600 所,僧尼還俗 26 萬多人,解放奴婢 15 萬人,沒收大量的寺院土地。這是一次對佛教的空前沉重的打擊,對以後佛教的命運關係極大,絕大多數佛教宗派從此一蹶不振。就中國佛教史來說,唐代安史之亂和會昌滅佛,是使佛教發生變化的兩大轉機。安史之亂以後,慧能禪宗將神秀一系禪宗擠垮了。自安史之亂起,李唐政權漸趨沒落,也導致和佛教的經濟矛盾的激化,由此而來的會昌滅佛事件,宣告了佛教鼎盛階段的基本終結。

二 佛典翻譯的重大成就

隋唐時代的譯經基本上由國家主持。國家設譯經館或指定寺宇,或組織譯場,延請譯人翻譯。隋代闍那崛多和達摩笈多等譯師同中國沙門彥琮等人,共譯出經論 59 部,262 卷。唐代的譯經成績最為可觀。如我國僧人玄奘以深厚的學養,作出了大量的精確的譯傳,所譯有 75 部,1335 卷,涉及唯識、般若、毗曇各方面,成就輝煌。又如義淨譯出 61 部,260 卷。不空譯出 104 部,134 卷。唐代在譯籍的數量和品質兩個方面都超過前人,總計譯出佛典 372 部,2159 卷。至此,印度大乘佛教的要典基本上都已翻譯了過來。

隨著譯籍的增多,需要統一整理編目,以便誦讀、繕寫和寺院的藏書。隋代由彥琮等人把《法經錄》重新編為《仁壽眾經目錄》。唐代在此基礎上又加工增訂編成好幾種目錄,其中開元十八年(西元

730 年）僧智編成的《開元釋教錄》20 卷，入藏目錄共收 1076 部，
5048 卷，後成為一切寫經、刻經的權威性的準據。

三　智顗和天臺宗

　　天臺宗是在隋代形成的、我國創立最早的一個佛教宗派。因創始
人智顗住在天臺山（今浙江省天臺縣），故後世稱之為天臺宗。又因
此宗教義以《法華經》為依據，所以也稱法華宗。據該宗學說系譜，
初祖上推至印度龍樹，二祖北齊禪僧慧文，三祖慧思，四祖智顗，以
後是灌頂、智威、慧威、玄朗、湛然，九祖相承。而實際上創始人是
四祖智顗。

　　智顗（538-597），俗姓陳，潁川（今河南許昌）人，係梁元帝時
散騎常侍孟陽公陳起祖的次子，世家出身，門第甚高。他因目睹南北
朝時王朝頻繁更迭，親屬離散，顛沛流離，哀歎人生無常而遁入空
門。18 歲出家，23 歲從慧思受業。慧思既重禪法（定），又重佛教義
理（慧）。智顗從學禪法，修行法華三昧。約 30 歲時學成。後去金陵
講《法華》等經，並傳播禪法，博得朝臣的敬服。8 年後去天臺山建
草庵，一住 10 年。陳宣帝將天臺縣賦稅割給他，為其所在寺院提供
經濟來源。後智顗應陳後主之請，重返金陵。此時他對佛教的教義和
觀行已構成了一套自己的教法，樹立了新的宗義。陳亡後，他遊化
荊、湘二州。留居廬山。後應晉王楊廣之請到揚州為其授菩薩戒，從
上受「智者」之號，故又稱「智者大師」。隋文帝、隋煬帝都十分關
注和尊重智顗。他在隋煬帝的同意下獲得大量水田，同時智顗也一再
表示「擁護大隋國土」。智顗平生造寺 36 所，親自度僧多人。卒後，
楊廣按其遺願在天臺山造寺，並賜「國清寺」之額。

　　智顗以《法華經》為釋迦牟尼佛的最後的說法，也就是最高權威

的經典，敬奉為宗要。他以《大智度論》為指針，吸收南朝三論師和涅槃師的思想，並繼承和發展慧文、慧思的「一心三觀」（一心中觀緣起法空、假、中三諦）的觀行方法，來組織自己的學說體系。智顗的思想主要體現在陳隋之際他所開講、後由弟子筆錄成書的《法華玄義》、《法華文句》和《摩訶止觀》，即所謂「天臺三大部」中。此外，所謂「天臺五小部」，即《觀音玄義》、《觀音義疏》、《金光明經玄義》、《金光明經文句》和《觀無量壽佛經疏》，也體現了他的思想。其學說特點是確立定（止）、慧（觀）雙修原則，並強調教觀雙運，解行並重，由「一心三觀」進而發展為空、假、中三諦相即相通，互融互攝的「三諦圓融」說，以及在短暫的心念活動即具有世間和出世間的一切現象的「一念三千」說。智顗的門人灌頂著有大量的經疏，廣弘該宗思想。後來因唯識宗、華嚴宗聲勢很大，天臺宗就相形失勢，黯然不彰。至九祖湛然，他以中興本宗自任，進一步提出「無情有性」的理論，以為草木磚石也有佛性。湛然傳弟子道邃、行滿，道邃後有廣修。廣修晚年遭逢武宗會昌滅法，天臺宗聲勢驟衰。

四　三階教

三階教，因主張佛教分為三階，故名。又因主張普遍信奉一切佛法，也稱「普法宗」，為隋代信行所創立。信行（540-594），俗姓王，魏郡（治所在今河南安陽市）人。少年出家，博涉經論，重視行持。隋開皇初（約西元 581 年）被召入京，建立三階道場，宣揚三階教。他以所著《三階佛法》為主要依據，把全部佛教按「時」、「處」（所依世界）、「機」（根機，指人）分為三類，每類又各分為三階：第一階是正法時期，「處」是淨土佛國，只有佛、菩薩修持大乘一乘佛法；第二階是像法時期，「處」是穢土，人是凡聖混雜，流行大小乘

（三乘）佛法；第三階是釋迦牟尼死後 1000 年的末法時期，「處」也是穢土，人是「邪解邪行」。信行認為當時已進入末法時期，眾生不應滿足於只念一佛、誦一經，而應普歸一切佛（「普佛」），普信一切佛法（「普法」）。宣傳皈依普佛、普法，為末法眾生唯一得救的法門。

三階教在行持方面，提倡以苦行忍辱為宗旨，乞食，一日一餐。反對崇拜偶像，不主張念阿彌陀佛。認為一切眾生都是真佛，所以路見男女一概禮拜，稱為「普敬」。死後實行「林葬」，即將屍體置於森林，供鳥獸食用，稱之為以食佈施。還經營「無盡藏」（儲蓄信施之款），勸信徒施捨錢糧由寺院庫藏，然後佈施或借貸給貧苦信徒，也供修繕寺塔之用。這樣也就建立了本派的獨立的經濟基礎。

信行的弟子有本濟、淨名等多人，在長安建有化度、慧日、光明、慈門、弘善五寺。盛行一時。但三階教創立後，屢遭朝廷的禁止和佛教其他宗派尤其是淨土宗人的攻擊。隋開皇二十年（西元 600 年）朝廷明令禁止。唐武后證聖元年（西元 695 年）還明令判為異端。唐玄宗開元元年（西元 713 年）廢止無盡藏院，斷絕其經濟來源。但是三階教的潛在勢力依然存在，在民間又流行了 300 餘年，至唐末湮沒無聞。

五　吉藏和三論宗

三論宗是隋代形成的宗派。因以印度中觀學派的《中論》、《百論》、《十二門論》為主要典據而得名。又因主張「諸法性空」，也稱「法性宗」。因天臺宗、華嚴宗也自稱「法性宗」，故又稱此宗為「空宗」。三論宗實際上是印度中觀系統的流派，龍樹、提婆學說的直接繼承者。

「三論」自鳩摩羅什譯出後，師徒相傳，研究者群起，僧肇「在

羅什門下為解空第一」（吉藏《百論疏序》），所以後被三論宗創始人
吉藏尊為「玄宗之始」，並常以什肇並稱。什肇的學說原流傳於北方，
劉宋時曾入關研習「三論」的僧朗於梁時來到江南，住建康城郊攝山
等地宣揚「三論」大義。後又有僧詮、法朗依次相傳，遂有「攝嶺相
承」的三論學派。此後發揚攝嶺相承的學說而建立宗派的是吉藏。

　　吉藏（549-623），俗姓安，祖先為西域安息人，故有「胡吉藏」
之稱。先世因避仇而遷居南海（今廣州），後又遷金陵（今南京）。吉
藏生於金陵，年少時即隨法朗出家學「三論」，19 歲學有成就。陳末
隋初，江南大亂，吉藏在各廢寺廣搜文疏，流覽涉獵，學識大增。隋
朝取得百越（今浙江、福建一帶）後，他到會稽（今浙江紹興）嘉祥
寺講法，受學者多至千餘人，被稱為「嘉祥大師」。後應隋煬帝之
請，赴長安住日嚴寺，完成「三論」的注疏，並撰代表作《三論玄
義》，樹立自己的宗要，創立了三論宗。此宗中心理論是以真俗二諦
為綱，從真空的理體方面揭破一切現象的虛妄不實，宣傳世間、出世
間等一切萬有都是眾因緣和合而生，是無自性的，也就是畢竟空無所
得；但為引導眾生而用假名來說有，這就是「中道」，就是一切無所
得的中道觀。吉藏門下有慧遠、智顗、碩法師等。碩法師門下的元康
在唐太宗時曾奉詔入長安講「三論」，著述頗多，今僅存《肇論疏》
三卷。此時天臺宗、唯識宗盛行，三論宗流行不久便趨衰頹。

六　玄奘和法相唯識宗

　　法相唯識宗是唐代玄奘及其弟子窺基創立的宗派。因用許多佛教
範疇對世界一切現象進行概念的分析、解釋，宣揚「萬法唯識」的唯
心論，故名。又因他們二人常住慈恩寺，窺基還世稱慈恩大師，故也
稱慈恩宗。還因以《瑜伽師地論》為根本教典，又名瑜伽宗。《解深

密經》、《成唯識論》和《瑜伽師地論》，即一經二論是此宗的最基本的典籍。

　　玄奘（約 600-664）對於經、律、論三藏無所不通，被稱為「三藏法師」，這在當時的中國是前無一人的。俗稱的唐三藏、唐僧，是對他的最高讚譽，最大的尊稱。玄奘俗姓陳，本名禕，河南洛州緱氏縣（今河南省偃師縣南境）人。幼年因家境貧寒隨二兄住洛陽淨土寺。13 歲時，洛陽度僧，被破格入選。後因隋末農民軍紛起，遂與兄同赴長安、成都、荊州、趙州、揚州，後再折返長安。因他遍訪各地名師，窮盡各家學說，被推選為莊嚴寺十大德之一，玄奘深感當時各地佛理異說不一，他尤其對唐初流行的攝論師和地論師兩家關於佛性之說不能統一，亟想求得解決。此時恰逢印度波頗蜜多羅來華，宣揚當時那爛陀寺的宏大的講學規模，介紹當時一代宗師戒賢所授的《瑜伽師地論》是總賅三乘學說的最高體系。於是玄奘便立下西遊取經的壯志，正式表請赴印，未准。貞觀三年（西元 629 年），因北方災荒嚴重，朝廷准許道俗自行四出謀食。玄奘便乘機西行，出玉門，涉流沙，度蔥嶺，越雪山，歷盡艱難險阻，輾轉進入北印度境內。玄奘自長安出發，沿途且行且學，約經 4 年抵中印度摩揭陀國王舍城的那爛陀寺——當時印度佛教的最高學府。全寺僧眾 4000 餘人歡迎他的到來，被推為通三藏的十德之一，極受優遇。玄奘在那爛陀寺從戒賢學《瑜伽師地論》等佛典，非常勤奮。為了更廣泛地參學，5 年後離開那爛陀寺，遍遊印度各地，4 年後回那爛陀寺，後應戒賢法師之囑為寺眾講《唯識抉擇論》，並溝通大乘中觀學派和瑜伽行派兩大派系的爭論，用梵文撰《會宗論》3000 頌，博得印度僧人的高度贊許。又應戒日王之請，為折服南印小乘正量部論師般若毱多《破大乘論》的學說，用梵文著《制惡見論》1600 頌。後來戒日王還在曲女城為玄奘設立大會，命五印度沙門、婆羅門以及其他各種學派的學者都來參加。

到會的有 18 個國王，各國僧人 3000 多人，那爛陀寺僧 1000 餘人，婆羅門教及其他學派 2000 餘人。大會以《會宗論》、《制惡見論》的論點標宗，任人出難破駁，經 18 天會終，結果竟無一人能提出改動一字，從此，玄奘更受到大小乘佛教徒的一致推崇，尊他為「大乘天」和「解脫天」。聲譽之隆，千古一人。此時玄奘所學已經大成。實際上他知識之廣博已大大超過他的老師戒賢三藏，成為當時印度大乘學系的最高權威。他對印度大乘佛教及其前進不墜起了重要作用。

玄奘身在異域，心在故國。雖然印度國王和學人一再懇留，但他還是毅然東歸，於貞觀十九年（西元 645 年）正月返回長安。史載，玄奘西遊取經往返 17 年，途經 110 個國家、地區，行程 5 萬里，帶回大小乘佛典 520 篋，657 部。玄奘回國會見唐太宗時，力辭太宗要他還俗從政的建議，然卻應太宗的要求撰《大唐西域記》[3]，玄奘回國後的主要興趣和精力全部放在翻譯佛教經典方面。在朝廷的大力支持下，玄奘有計劃、有系統地主持翻譯，經過 19 年的艱苦努力，譯出瑜伽學、阿毗達磨學和般若學的大量經論。如小乘要典《大毗婆沙》200 卷，瑜伽學集大成的《瑜伽師地論》100 卷，中觀學派根本經典《大般若經》600 卷等。由於玄奘所譯的是那爛陀寺最盛時期所傳承的佛學理論，並且譯筆嚴謹、品質很高，因此被後人通稱為「新譯」，實際上是在中國譯經史上開闢了一個新紀元。

玄奘門下人才濟濟。最著名的是神昉、嘉尚、普光和窺基，有「玄門四神足」之稱。而真正繼承法象，直紹玄奘所傳並能加以闡揚的只有才氣橫溢的窺基。窺基係唐開國將軍鄂國公尉遲敬德之侄，17

3　又名《西域傳》、《西域行傳》、《玄奘行傳》、《別傳》。全書記述他所經歷和傳聞得知的138個國家、地區城邦的情況，保留了有關西域、阿富汗、巴基斯坦和印度諸故國的史跡、風土、名勝以及民間傳說等極為豐富多彩的寶貴資料，具有很高的學術價值。

歲奉敕為玄奘弟子。他著述宏富，有「百部疏主」之稱。窺基的《成
唯識論述記》為後世唯識學者奉為圭臬。由於窺基撰寫了大量的闡發
有關經論的疏、記，有力地推動了法相唯識宗的建立。也可以說，事
實上法相唯識宗的規模是由他一手建立並壯大起來的。

　　法相唯識宗繼承印度大乘有宗，即從無著、世親相承而下直到護
法、戒賢、親光的瑜伽行系的學說。其基本理論是用邏輯的方法論證
外境非有，內識非無，即「唯識無境」說；十分重視「轉依」即轉變
思想的認識，視認識上的由迷轉悟為修持目的；主張五種姓說，認為
有一種無性有情者永遠不能成佛，改變了過去「眾生皆有佛性」的看
法。此宗是印度無著、世親學說的直接繼承者。但因此宗的理論過於
煩瑣及不合潮流等原因，窺基以後慧沼、智周又傳承兩代，僅三傳就
由極盛轉向衰微了。

七　律宗

　　律宗是依據小乘法藏部（曇無德部）《四分律》並加以大乘教義
的闡釋而形成的宗派。因專事宣揚佛教戒律中的「四分律」，又稱
「四分律宗」。還因創宗者道宣居陝西終南山創立戒壇，制定中國佛
教的儀制，而名為「南山宗」、「南山律宗」。

　　東晉以來，印度小乘部派佛教的四部廣律在我國流傳。南北朝
時，由於國家對佛教僧侶的管理日趨嚴格，佛教中也就相應地出現了
講求律學的律師。南朝有十誦律師，北朝有四分律師。到唐代國家統
一，佛教內部也需要實行統一的戒律以加強自己的組織，在這種情況
下道宣創立了律宗。

　　道宣（596-667），世稱「南山律師」。本姓錢，吳興（今浙江湖
州）人，一說丹徒（今屬江蘇）人。10歲出家，20歲從智首受具足

戒。道宣泛參廣學，重點鑽研律學。他承接北朝慧光到智首的系統，專事《四分律》的弘揚。同時因參加玄奘的譯場，深受唯識宗的影響，所以又用大乘教義解釋《四分律》。作《四分律戒本疏》、《四分律刪補隨機羯磨疏》和《四分律刪繁補闕行事鈔》等律學著作。其學說主要是心識戒體論。所謂戒體是指弟子從師受戒時所發生而領受在自心的法體，也即由授受的做法在心理上構成的一種防非止惡的功能。道宣說《四分律》通於大乘，以「阿賴耶識」所藏種子為戒體。他把戒分為止持、作持兩門：「止持」是「諸惡莫做」的意思，規定比丘 250 戒、比丘尼 384 戒；「作持」是「諸善奉行」的意思，包括受戒、說戒和衣食坐臥的種種規定。他說《四分律》從形式上看屬於小乘，從內容上看當屬大乘。道宣門下有受法傳教弟子千人，其再傳弟子道岸又請得唐中宗墨敕，使最後奉持《十誦律》的江淮地區改奉南山的《四分律》。這樣全國佛教的戒律就基本上趨於統一了。

但是，由於對《四分律》的理解和運用不同，與道宣同時，還有揚州日光寺法礪（569-635）的相部宗、長安西太原寺東塔懷素（625-689）的東塔宗。它們各成一派，長期爭論，不得統一。唐大曆十三年（西元 778 年）代宗敕令三系學者代表集會，討論僉定統一流行的戒律。雖由國家出面調和異義也未見成效。不過由於南山宗的暢行，其他兩宗也就無法振作了。我國佛教由於道宣律宗的流行，僧人在修習大乘三學時，仍重視遵行上座部戒律的止作二持。

八　法藏和華嚴宗

華嚴宗，因推尊《華嚴經》為佛說的最高佛典，用它來統攝一切教義，即依《華嚴經》立宗，故名。又因武則天賜號其創始人法藏為「賢首」，後人稱法藏為「賢首大師」，故又稱「賢首宗」。還因此宗發揮「法界緣起」的旨趣，也稱為「法界宗」。

　　華嚴宗學說的傳承系統，一般作杜順（法順）——智儼——法藏——澄觀——宗密。智儼（602-668）撰《華嚴經搜玄記》、《華嚴一乘十玄門》、《華嚴孔目章》等，綱要性地闡發了「華嚴」經文。法藏（643-712）原籍西域康居，本人生於長安。他先從智儼學《華嚴經》，深得智儼的賞識。後參加 80 卷《華嚴經》的新譯，對經文的理解更為透徹。接著為武后講解新《華嚴經》，據說講至「華藏世界品」時，「地皆震動」，武后特下敕褒獎。又被請到長生殿講經，指殿前金獅子為喻，武后豁然領解，後整理為《華嚴金師子章》。又為教誨不懂得「無盡法界帝網重重」，圓融無礙義理的人，取鏡十面，上下八方安排，相去一丈餘，面面相對，中間置一佛像，燃燈照耀，互影交光。法藏還為唐睿宗授菩薩戒，成為皇帝的門師。中宗曾給他三品大官的獎賞，又給他造五所大華嚴寺。著作約百餘卷，其中主要是關於「華嚴」的著述，如《華嚴經探玄記》、《華嚴一乘教義分齊章》等，都有自己的新解。

　　法藏以《華嚴經》為依據，又吸收玄奘新譯的一些理論，完成了判教，充實了觀法，建立了宗派。他宣揚「法界緣起」理論。認為本體是現象的根據、本原，一切現象均由本體而起。由此說明一切現象和本體之間，現象和現象之間都是圓融無礙的。佛教各宗派的教義也是圓融無礙的。「圓融無礙」是觀察宇宙、人生的法門，也是認識的最高境界。

　　法藏的理論後一度曾為上首弟子慧苑所修改，以致未得到廣泛傳播。但不久澄觀（737-838，一說 738-838）以恢復華嚴的正統為己任，批評了慧苑的判教理論和緣起學說，重新發揮法藏的教義。其後，宗密（780-841）融會禪宗和華嚴宗兩系的思想，宣傳禪教一致論，確立了華嚴宗新的發展軌道。宗密死後，隨即發生武宗會昌滅佛事件，華嚴宗受到了沉重的打擊，寺院被毀，經論失散，轉趨衰落。

九　密宗

　　密宗也稱「密教」、「祕密教」、「真言乘」、「金剛乘」等。因自稱受法身佛大日如來深奧祕密教旨的傳授，為真實言教，而真言奧祕，不經灌頂，不經傳授，不得任意傳習及顯示別人，故名。密宗是用咒語（陀羅尼）作為修習方便為特徵的宗派。密教原是印度 7 世紀以來大乘佛教部分派別與婆羅門教——印度教相結合的產物，因當時中印交通發達，很快便傳入我國。唐玄宗開元四年（西元 716 年），善無畏帶來傳承印度密教胎藏界密法的《大日經》，與弟子一行譯出；開元八年（西元 720 年），金剛智及其弟子不空傳入《金剛頂經》，由不空譯出，開始傳習印度密教金剛界密法。後來，傳習這兩種密法的善無畏、金剛智經過彼此互相傳授，融合充實，在中國創立了密宗。

　　密宗認為世界萬物、佛和眾生都由地、水、火、風、空（空際）、識（意識）「六大」所造。前「五大」為「色法」，屬「胎藏界」，是大日如來的顯現，表現「理性」方面，即本來具有的覺悟，但隱藏在煩惱中而不顯，故名「胎藏」。識為「心法」，屬金剛界，與胎藏界不同，表現「理德」方面，任何法不能破壞它，而它卻能摧毀一切煩惱，故名。色心不二，金胎為一。二者攝宇宙萬有，而又都具眾生心中，所以佛與眾生也都沒有根本差異。眾生修持密法如能達到身、口、意「三密相應」，就能使自己身、口、意「三業」清淨，而與佛的身、口、意相應，這樣就可以「即身成佛」。由於密宗修習三密相應（瑜伽），還名「瑜伽密教」。此宗的儀軌極為複雜，需經導師（「阿闍梨」）祕密傳授。因具最濃厚的神祕色彩，而為當時唐王朝統治者所特別愛好，一時形成了王公貴族紛紛信奉密宗的風尚。然在不空後，經數傳也就衰落了下去。

十　淨土宗

淨土宗，因專修往生阿彌陀佛淨土法門，故名。唐代善導創立。宋代以來的佛教學者據不可靠的資料，傳說東晉廬山慧遠曾邀集 18 人，成立「白蓮社」，發願往生西方淨土，而奉慧遠為淨土宗的初祖。因此，此宗又名「蓮宗」。淨土宗的成立是彌陀信仰思潮發展的結果，其立宗的端緒應上溯到北魏時代的曇鸞（477-543）。曇鸞在山西玄中寺提倡淨土法門。他撰有《往生論注》等，依照龍樹的《十住毗婆沙論·易行品》創立「難行」、「易行」二道之說。宣揚世風混濁，沒有佛的幫助，靠「自力」解脫很困難，靠「自力」解脫的教義是「難行道」，而憑藉佛的願力（「他力」）往生淨土是「易行道」。曇鸞認為一心專念「南無阿彌陀佛」名號，臨命終時就可往生淨土。唐初道綽（562-645）在玄中寺見記載曇鸞事蹟的碑文而受到啟發後，專心修習淨土法門，每日口誦「南無阿彌陀佛」，大力提倡憑藉阿彌陀佛往生西方極樂世界的淨土法門是唯一的出離之路。他的弟子善導（613-681），後到長安光明寺傳教，撰《觀無量壽經疏》和《往生贊》等，闡述立宗的理論根據，組成了完備的淨土宗的宗儀和行儀，正式成立了淨土宗。史載，當時從善導教化的人不可勝數，有的竟誦《阿彌陀經》10 萬遍至 50 萬遍，念佛日課 1 萬聲至 10 萬聲，淨土信仰得到了極大的發展。

淨土宗的典據是三經一論，即《無量壽經》、《觀無量壽佛經》、《阿彌陀經》和世親《往生論》。此宗的理論是以修持者念佛行業為內因，以彌陀的願力為外緣，內外相應，往生西方極樂世界。此宗強調不一定要通達佛經，廣研教乘，也不一定要靜坐專修，只要信願具足，一心稱號念佛，即口稱佛名，就可進入佛土。念佛法門原有三種：一是稱名念佛；二是觀想念佛，即觀佛 32 種相，80 種好；三是

實相念佛，即觀法身非有非無中道實相之理。盧山慧遠法師是提倡後兩種念佛法門的，到了曇鸞便兼弘三種念佛法門，後經道綽到善導，更轉為只側重稱名一門了。

淨土宗創立前，隋唐佛教各宗派，或由於唯心主義理論比較深奧，或由於儀軌極端繁雜，因比較多地流行於宮廷和上層知識份子之間，而淨土宗理論簡單，法門簡易，更適合於在民眾中傳播，所以在統治階級的支持下普遍地流行了起來。

十一　慧能和禪宗

禪宗，因主張以禪定概括佛教的全部修習而得名。還因自稱「傳佛心印」，以覺悟所謂眾生心性的本原佛性為主旨，又名「佛心宗」。因唐代北方的神秀主漸悟和南方的慧能主頓悟，形成了不同派別，而有「南北宗」、「南北禪宗」之稱。後來慧能創立的南宗取代神秀的北宗，成為中國禪宗的主流。南宗所傳習的不是自古以來所修習的次第禪，而是直指心性的頓修頓悟的祖師禪。後來南宗禪先分為南嶽懷讓、青原行思兩系。後在唐末五代年間，南嶽一系分出溈仰、臨濟兩宗，青原一系分出曹洞、雲門、法眼三宗，合稱禪宗五家，也號稱五宗。

相傳南朝梁武帝時，南印度的菩提達摩到金陵見武帝，因兩人見解不同答問不契，又渡江北上，在北魏傳授禪法，以《楞伽經》宣揚的世界一切事物由心所造的思想為印證。達摩傳法（還有袈裟）給慧可，慧可又傳僧璨。這三個人後來分別被禪宗奉為初祖、二祖、三祖，稱為「楞伽師」一派。唐初道信繼僧璨的衣法，但在楞伽禪法外又參用了般若法門，世稱四祖。道信門下有法融，因住金陵牛頭山而成為牛頭禪一系，傳承數代而終結。道信的直傳弟子是五祖弘忍

（601-674）。他在黃梅雙峰山東的馮茂山傳法 40 多年，常勸僧俗奉持《金剛經》，宣揚世界一切事物都虛幻不實，人對現實世界不應執著。他的這種說法被尊稱為「東山法門」。弘忍門下多至 700 人，其中著名的是神秀和慧能，後分別開創「北漸」、「南頓」兩派。神秀（約606-706），原是弘忍門下的上座，有兩京法主、三帝國師之稱。弟子普寂、義福等在長安傳授禪法。北宗強調「拂塵看淨」，力主漸修，要求打坐「息想」，起坐拘束其心。曾盛極一時。

　　慧能（638-713）世稱禪宗六祖大師。本姓盧，先世河北范陽（今北京南）人，父親因謫官至嶺南新州（今廣東新興縣）。慧能在新州出生後數年父親去世，家境貧寒，後靠賣柴贍養老母。據傳，一天他在市井中聽客店有人誦《金剛經》，有所領悟，於是往馮茂山見弘忍。弘忍命他在碓房舂米。8 個月後，弘忍召集弟子，要每人作一偈呈上，以便根據每人對禪理解的深淺傳衣付法。上座神秀作偈雲：「身是菩提樹，心如明鏡台，時時勤拂拭，莫使惹塵埃。」被奉為佳作，一時傳誦全寺。慧能聽到後，也請人寫一偈：「菩提本無樹，明鏡亦非台，佛性本清淨[4]，何處惹塵埃！」弘忍認為見地透徹，就在夜間祕密地把法衣傳給他，並叮囑他急速南下隱居，待時機成熟再出來行化。於是慧能到廣東曹溪（今曲江縣東南），在懷集一帶隱遁 15 年才南下到廣州法性寺（今光孝寺）。據傳，當時有兩個僧人辯論風幡，一說是風動，一說是幡動，爭論不休，相持不下。慧能便插嘴說：不是風動，也不是幡動，而是心動。僧人聽了十分詫異。寺院主持宗印法師便請他至上席，相問佛法，慧能對答如流，並乘機出示黃梅衣缽，隨之應請，為僧人開示禪法。不久，慧能回曹溪寶林寺（今南華寺）。又應請在韶州大梵寺講堂為眾說法，後來門人法海將其錄為

4　此據敦煌本《壇經》，通常此句為「本來無一物」。

《壇經》。此經的中心思想是注重性淨，強調自悟。認為人人本來是有心性（佛性）的，徹見此心性就能成佛。也就是提倡單刀直入，求得開悟，頓見心性，自成佛道。慧能提倡頓悟法門，又結合世俗信仰而推崇《金剛經》，以擺脫煩瑣名相的思想束縛，又不專主坐禪，認為一切時中行住坐臥，都可體會禪的境界。這就和神秀一系信奉的《楞伽經》所主張的漸悟相反，從而形成了南北宗的對立。慧能一派的禪宗主張，不立文字，教外別傳，不重禪定，強調頓悟，不僅和包括神秀在內的以往禪學不同，而且和印度佛教以及中國其他各個學派不同，是世界佛教史上尤其是中國佛教史上的一次空前的大變革。

慧能的門人很多，嗣法弟子中最著名的有懷讓、行思、神會。神會後來北上河南宣傳慧能禪法，在滑台（今河南滑縣）大雲寺舉行大會，論定達摩一宗的法統，評定南北是非，力爭正統，指責神秀及其弟子普寂都沒有得弘忍的傳衣，不是正系，批評北系禪為「師承是旁，法門是漸」，造成了慧能是達摩以來的直接繼承者的印象，致使南宗禪的勢力大增，北宗禪的勢力漸弱。但神會的一系（後來形成荷澤宗）並不太盛，在唐末繁衍流傳廣遠的是南嶽懷讓和青原行思兩系。

懷讓（677-744），少年出家後隨慧能學習 15 年，後往南嶽傳法。弟子中最著名者是道一（709-788）。道一本姓馬，後世稱為馬祖。年幼出家，後到南嶽結庵而居，常日坐禪。《景德傳燈錄》卷 5 載：懷讓見問道：「大德[5]坐禪圖什麼？」道一答：「圖作佛。」懷讓就拿一塊磚來在道一庵前的石頭上磨。道一問：「師磨磚作什麼？」懷讓答：「磨作鏡。」道一驚異地問：「磨磚豈得成鏡耶？」懷讓反問：「磨磚既不能成鏡，坐禪豈得成佛耶！」道一更為驚異，就向懷讓請教，日後深得堂奧。後往福建、江西一帶建立叢林，聚徒說法，弟子眾多，

---

5 「大德」：對和尚的尊稱。

禪宗至此大盛。馬祖的著名弟子懷海（720-814）後在洪州百丈山（今江西省奉新縣西）創立禪院，並制定「禪門規式」，規定禪宗寺院的僧職、制度和儀式，成為後代「叢林清規」的模式。馬祖弟子甚多，其中靈祐（771-851）嗣法後，長期住潭州溈山（今湖南省寧鄉縣境內）弘道多年。靈祐的弟子慧寂（814-890）後在袁州（故治在今江西省宜春）仰山接化，師資相承，別開一派。他們主張眾生和萬物都有佛性，人若明心見性即可成佛。「實際理地不受一塵，萬行門中不舍一法。若也單刀趣入，則凡聖情盡，體露真常，理事不二，即如如佛。」（《景德傳燈錄》卷9）世稱「溈仰宗」。懷海又一弟子希運（？-855）住高安（今江西省宜豐縣）黃檗山，其弟子義玄（？-867）後在鎮州（今河北省正定縣）滹沱河畔建臨濟院，別成一大宗派，稱「臨濟宗」。此宗重視當面問答，針對不同物件進行說教，特別是採用棒喝，對所問不作正面回答，以大棒或大喝來暗示和啟發問者，以迅速的手段或警句使學人「省悟」，機鋒[6]十分峻烈。其「宗風」的特點是「大機大用，脫羅籠，出窠臼，虎驟龍奔，星馳電激」（《人天眼目》卷2）。中唐以來此宗最為盛行。

行思（？-740）吉州廬陵（今江西省吉安縣）人。從慧能得法，後回吉安，住青原山靜居寺弘法。同門希遷（700-790）在慧能去世後，來青原從行思，得法後往南嶽的南寺，結庵於寺東的大石上，時人稱為「石頭和尚」。當時希遷和道一分別為江西和湖南兩地禪學的中心人物，稱並世二大士。希遷傳惟儼，惟儼傳曇晟，曇晟傳良價（807-869），良價住筠州洞山（今江西宜豐）傳法。弟子本寂（840-901）得法後住曹山（今江西宜黃）傳法。良價和本寂別倡新說，宣傳理事不二、體用無礙的思想，「家風細密，言行相應，隨機利物，

6　「機鋒」：指問答迅捷，不落跡象，含蓄有深意的語句。

就語接人」（《人天眼目》卷 3），稱「曹洞宗」。希遷還傳道悟，再經
崇信、宣鑒、義存，義存弟子文偃（？-949）住韶州雲門山（今廣東
乳源縣北）光泰禪寺弘法，奉行佛性普現萬有，真理不可名說，應隨
機教化學人的說教方式。宗風「孤危聳峻，人難湊泊」（《人天眼目》
卷 2），世稱「雲門宗」。義存的別系經師備傳桂琛，桂琛傳文益。文
益（885-958）在金陵（今南京）清涼寺行化、闡揚「對病施藥，相
身裁縫，隨其器景，掃除情解」（《人天眼目》卷 4）的禪風。學者雲
集。文益去世後，南唐中主李璟給以「大法眼禪師」的稱號，由此世
稱其開創的宗派為「法眼宗」。

結合傳統說法，禪宗的傳法世系，可列簡表如下[7]：

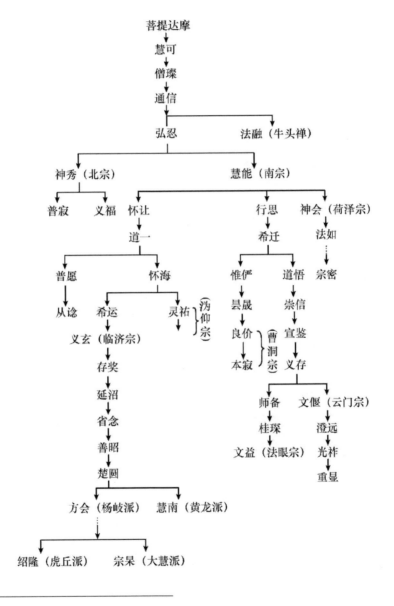

　　唐代禪宗帶有鼎新的精神，主張不疑不悟，小疑小悟，大疑大悟。禪宗還導化於山區地帶，宣揚砍柴挑水，即境開發。山區民情樸質，因此禪宗容易征服人心，在民間得以廣泛流傳，逐漸成為中唐以來佛教的主流。

第六節　五代以來佛教在衰微中延續

　　五代以來，佛教總的情況是大勢已去，開始由高峰向下跌落。同時，由於各個朝代的佛教政策不相一致，因此，佛教在各個地區的興衰情況並不相同，各個宗派的變化也不平衡，這樣又表現出佛教不同宗派在不同時代的不同特點。

一　五代以來佛教發展的基本趨勢

　　五代的 50 餘年間，南北分裂。北方屢興兵革，社會動盪不安。總的說來，國家對佛教採取嚴格限制的政策。後周世宗顯德二年（西元955 年）還對佛教嚴加整頓，實行淘汰。佛寺半數以上被廢棄。銅製佛像全部被沒收，用來鑄錢以充國庫。這樣北方佛教更見衰弱。南方情況卻不同，各國相安無事，社會穩定，王朝熱心護佛，以南方為根據地的禪宗、淨土宗和天臺宗分別獲得程度不同的發展。

　　宋代，包括北宋、南宋兩代共 320 年。宋太祖趙匡胤即位後，一反前代後周的政策，採取保護佛教的措施。他曾派遣沙門行勤等 157人去印度求法，放寬度僧名額，寺院得以舉辦長生庫和碾磑、商店等謀利事業，寺院經濟又有所發展。同時又與政府財政收入形成越來越大的矛盾，導致北宋後期徽宗強令佛教與道教合流，改寺院為道觀，並使佛號、僧尼名都道教化，給佛教以沉重的打擊。但不久佛教又恢

復了元氣。宋代南遷以後，王朝對佛教採取了利用和限制的政策，使佛教得以維持，尤其是禪宗和淨土宗較為流行。天臺宗也有一定的發展，華嚴宗也曾一度中興。

　　與北宋、南宋大體上相應的遼和金兩代，統治中國北部地方約330年。遼代的帝王採取保護佛教的政策，在聖宗、興宗、道宗三朝佛教臻於鼎盛。刻經（如北京房山雲居寺續刻的石經）、建塔、開鑿石窟，風行一時。遼代以五臺山為中心的華嚴宗最為發達。金代的王室也崇奉和支持佛教，所以佛教也相當發達，最為流行的是禪宗。但章宗以後，朝廷為了籌措軍費，濫發空名度牒[8]，促使佛教濫雜腐化，日趨衰退。

　　元代百餘年間，自元世祖忽必烈始就崇奉喇嘛教，奉西藏地區的名僧為帝師，規定每個帝王必須先就帝師受戒，然後才能登基。由於王朝對佛教的大力支持，寺院經濟畸形發展，既擁有大量土地，又經營工商業，當時各地的當鋪、酒店、碾磑、漁場、貨倉、旅館及商店，相當一部分是由寺院經營的。元代除喇嘛教外，禪宗也在流傳。此外，除傳統的宗派外，在江南還有白雲宗、白蓮宗。白雲宗因北宋末創立者清覺（1043-1121）居杭州白雲庵而名。此宗奉《華嚴經》為最高教義，排斥禪宗，主張儒釋道三教一致，重視忠孝慈善。信徒持素食，被稱為「吃菜」的道民，俗稱為「白雲菜」。「白蓮宗」是南宋初沙門茅子元所創，他在上海青浦縣西建「蓮宗懺台」，自稱「白蓮導師」，勸人奉信淨土教義，提倡念佛，勵行菜食，信徒號為「白蓮菜人」。這兩宗的創始人都被認為是「傳習魔法」、「妖妄惑眾」而發配到邊遠地區，後又被赦。元代白蓮宗又滲入其他宗教觀念，與彌

8　「度牒」：封建政府發給出家者的證明書，出家者需交納錢財，而持此牒可免賦稅、徭役。

勒信仰相混合，演化為白蓮教，成為民間的祕密宗教。元末農民起義曾加以利用。到明清時代，兩宗均遭嚴禁。

明代共 276 年。開國皇帝明太祖原來出身於僧侶，鑒於農民利用祕密宗教起義的歷史事實，他特地對佛教進行了整頓，限制了佛教的發展。這時出現了在家居士研究佛教的風氣，宋濂、李贄、袁宏道、瞿汝稷、焦竑、屠隆等，都撰有佛學著作，對佛教的復興產生了一定的影響。

清代 268 年。清王朝繼承了明代的佛教政策，不同的是又重視喇嘛教。明末遺民出家為僧的頗多，如方以智、八大山人（朱耷）等。清代官私刻經事業頗盛。如楊文會居士（1837-1911）在南京創立金陵刻經處，對清末佛教文化的復興起了重要作用。光緒三十三年（1907）他還創辦了佛教學堂——祇洹精舍，歐陽漸、太虛等均是其入室弟子。楊文會信奉淨土、華嚴，暮年深探法相學，後為弟子歐陽漸居士所闡揚，對於民國時代的佛學產生了一定的影響。

二　五代以來佛教諸宗的歷史演變

五代以來，佛教各宗派中主要是禪宗在流行，其次是淨土宗，再就是天臺、華嚴、律諸宗的宗緒未絕。在此後的長期間裡，出現了各宗派互相融合的趨勢，尤其是禪宗和淨土宗結合在一起，禪宗和淨土宗又分別和其他宗派合為一體，如「天臺禪」、「華嚴禪」、「念佛禪」等。

（一）禪宗

前面已經提到慧能禪宗的根據地在南方山區，地理條件優越，因此五代時仍有較大的發展。青原一系又分化出雲門宗和法眼宗，流行

於江、浙、閩、粵一帶。連同潙仰宗、臨濟宗、曹洞宗，禪宗五家從此完全建立起來。在宋代，禪宗仍然是佛教諸宗中最為流行的宗派。但宋初禪宗五家內的潙仰宗已不傳，曹洞宗和法眼宗也都委靡不振，盛行於各地的是臨濟宗和雲門宗。北宋時臨濟宗人楚圓門下慧南（1002-1069）和方會（992-1049）分別開創了黃龍、楊岐兩派，與臨濟宗等五家合稱七宗。黃龍派因慧南住隆興府（府治在今江西南昌）黃龍山，故名。楊岐派因方會住袁州（州治在今江西宜春）楊岐山普明禪院，故名。兩派同時盛行於南方。至南宋黃龍派趨向衰落，楊岐派成了臨濟宗的正統。楊岐派的大慧宗杲提倡看話禪。即把用以判斷是非的前輩祖師的言論（「公案」）中的某些語句當做「話頭」（即題目）來參究，影響十分深遠。雲門宗人雪竇重顯著《頌古百則》，大振宗風。又雲門宗人靈隱契嵩一反當時禪教一致的常見，重新強調禪為教外別傳，同時他又作《輔教篇》，竭力調和儒佛的矛盾。雲門宗至南宋時代即趨衰弱。此外曹洞宗人正覺雖與宗杲交誼頗深，但提倡靜坐看心的默照禪，反對看話禪，從而引起與宗杲的相互非難。此後雖然臨濟宗比較盛行，曹洞宗也在流行，但總的說來，禪宗在學說思想方面是日趨停滯了。

（二）淨土宗

宋以來天臺宗等各個佛教宗派都聯繫淨土信仰而提倡念佛的修行，各宗都有淨土之說，純粹的淨土信仰很少了。這樣，一方面推動了淨土信仰的流行，另一方面典型的淨土宗也就由於和其他各宗相涉而失去其獨立的面貌了。這也是宋代以後淨土宗的基本特徵。

（三）天臺宗

唐代會昌滅佛以後，天臺宗典籍散失一空。五代時，吳越王錢弘

俶派遣使者向高麗訪求天臺宗教典，得到智顗的大部分著述和其他若干論疏，由此一宗典籍大備，而在江浙一帶呈中興的氣象。宋代知禮和慶昭、智圓爭論智顗《金光明玄義》廣本的真偽問題，分為山家、山外兩派。知禮以《玄義》廣本為真，在觀心法門方面持「妄心說」，即以妄心為觀境的對象。慶昭、智圓以《玄義》略本為真，並受法華、唯識學說的影響，主張「真心觀」，即以心性真如為觀察對象。兩方爭論持續七年未能統一。知禮的弟子梵臻、尚賢、本如稱為四明三家，弘揚知禮的學說，自號為「山家」，而把慶昭、智圓等人貶為「山外」。後來山家派影響超過山外派，代表天臺一宗盛行於南宋。明代智旭為天臺最後的一大家。

（四）華嚴宗

唐後期會昌滅佛後，華嚴宗一直比較沉寂。至宋初，長水子璿繼承了唐代宗密一系的教禪一致的思想，重興華嚴宗。弟子有淨源等。後來高麗王子義天到中國來師事淨源，帶來了唐代華嚴宗人有關《華嚴經》的大量章疏，極大地幫助了華嚴宗的復興。南宋時華嚴宗也比較活躍。宋以後，華嚴宗的一些典籍仍為一些佛教學者所重視，不過此宗流傳的勢頭是愈來愈弱了。

（五）律宗

自五代起南山律宗盛行於江浙一帶，中心移至杭州。北宋時允堪曾作闡釋道宣《行事鈔》的《會正記》，後來繼承這一系的稱為「會正宗」。允堪的再傳弟子元照取天臺學說來講律，也作《對事鈔》的注釋，稱《資持記》，但對一些行儀和《會正記》的解釋不同，於是另立「資持宗」。此宗後來獨盛，傳承久遠。

第七節　藏傳佛教的形成和發展

藏傳佛教是中國佛教的重要一支。因主要在藏族地區形成、流傳和發展，是西藏語系佛教，故名。喇嘛教是藏傳佛教的俗稱。「喇嘛」，是藏語音譯，意為「上師」，是對僧侶的尊稱。喇嘛教是佛教與西藏原有的本教長期相互影響、相互鬥爭的產物。由印度傳入西藏並廣為傳播的是包括顯宗和密宗的大乘佛教，其中密宗尤為興盛。喇嘛教是在佛教教義的基礎上，吸收了本教的一些神祇和儀式，形成了顯密共修、先顯後密的獨具特色的喇嘛教。主要教派有寧瑪派（紅教）、薩迦派（花教）、噶舉派（白教）、格魯派（黃教）等。

一　藏傳佛教的「前弘期」和「後弘期」

西藏喇嘛教的歷史發展，通常分為兩個時期，自西元 7 世紀佛教在西藏興起至達瑪（西元 836-841 年在位）大肆滅佛為「前弘期」。此後佛教中斷 100 多年，西元 978 年，佛教又開始在西藏復興，為「後弘期」的開端。

「前弘期」始於松贊干布時代，中經赤松德贊的弘揚，到赤熱巴中時達到高峰，前後約 200 年。西元 6 世紀，西藏地區已進入奴隸社會。西元 7 世紀時，山南的雅南部落領袖松贊干布統一了青藏高原各部族，建立了以拉薩為中心的統一的吐蕃王朝。松贊干布的奴隸制政權在政治、經濟、文化等方面執行對外開放的政策，從而為佛教的輸入創造了有利的條件。松贊干布先後娶的尼泊爾墀尊公主和唐文成公主，首次把佛教聖像和經典帶入吐蕃。松贊干布為兩位公主分別建造了惹摩伽寺和大昭寺，供奉佛像。他還組織力量，用藏文翻譯佛經。由於王室的興佛，佛教的偶像崇拜和神權觀念在吐蕃獲得初步的流傳。

　　佛教的流傳，受到信奉本教的權臣貴族的強烈抵制和反對。本教是古代藏族人民最初信奉的一種原始宗教，是一種萬物有靈的信仰，崇拜天、地、日、月、星辰、土石、水澤、草木、禽獸等，重祭祀、跳神、占卜的儀式，在吐蕃王朝前期一直居於統治地位。松贊干布去世（西元 650 年）後，佛教發展緩慢，後來在赤德祖贊（西元 704-755 年在位）時，信仰本教的王公大臣以自然災害為藉口，製造了驅僧事件，佛教的發展受到較大的破壞。赤德祖贊死後，其子赤松德贊（西元 755-797 年在位）幼年繼位。一批崇本反佛的勢力又乘機演出大規模的滅佛事件。赤松德贊成年後，翦除了反佛勢力的代表人物，大力弘揚佛教。他下令：本教書籍除少數祈禳法外，一律廢毀；所有臣民都奉行佛法。他派人前往尼泊爾邀請當時佛教中觀派的代表人物靜命大師（寂護），入藏宣傳教理。還派人請印度密宗金剛乘發源地鄔仗那國蓮花生大師，利用密宗同本教巫師進行鬥爭。蓮花生每戰勝一些本教巫師，就宣佈本教某某神祇已被降服，封之為佛教的護法神，並吸取本教的巫術、祭祀等基本儀式，以本教的形式宣揚佛教的內容。赤松德贊還於西元 766 年建立西藏第一座正規寺院——桑耶寺，並開始剃度藏族僧人，建立僧伽制度；同時廣譯佛教典籍，顯密經論，大體具備。至此，佛教在西藏已初具規模，壓倒本教，而居於統治地位。

　　赤松德贊去世後，牟尼贊普和赤德松贊先後繼位，佛教持續發展。至赤祖德贊（西元 815-836 年在位）時，王室興佛達到頂點。僧人參加吐蕃政治，大小朝政由佛教上層人物決定。行政制度也以佛教經律為準則。還規定了七戶百姓供養一個僧人的政策，對於侮慢佛、法、僧「三寶」的人，處以重刑。赤祖德贊極度崇佛引起了本教勢力的不滿，西元 836 年本教貴族乘赤祖德贊酒醉而縊殺之，並擁立達瑪上臺執政。達瑪在位五年，大事滅佛，佛教尤其是顯宗受到極其沉重

的打擊，只是密宗因採取祕密單傳，還一直流傳下來。達瑪滅佛標誌著「前弘期」的終結。

達瑪執政期間，連年風霜成災，水旱交作，瘟疫蔓延，在奴隸起義的衝擊下，吐蕃王朝土崩瓦解了。隨後達瑪子孫各據一方，各自為政，建立封建農奴制統治。後來各地封建領主又逐漸重新扶植佛教來為自身的統治服務，這樣，在 10 世紀末葉，佛教又分別從上路（阿裡）和下路（多康）傳回衛藏地區，西藏佛教再度復興，進入了「後弘期」。此後，在不同封建領主掌握下的佛教勢力逐漸形成了不同的教派，各派的修行方式、傳承世系不同，彼此各樹一幟。最早形成的是寧瑪派，其次是噶當派、薩迦派、噶舉派、希解派、覺宇派、覺囊派，以及影響最為深遠的格魯派等。下面簡要介紹其中一些最重要的教派。

二 寧瑪派、薩迦派和噶舉派

（一）寧瑪派（紅教）

「前弘期」印度僧人蓮花生應邀來西藏傳授密咒，後形成密教一派。當時並沒有派名。「後弘期」佛教其他派別形成後，稱之為「寧瑪派」。「寧瑪」有「古」和「舊」兩個意思。所謂「古」是指這一派的教法是從西元 8 世紀蓮花生大師傳下來的，比其他教派要早 300 年左右；所謂「舊」是指此派以宣傳吐蕃時期所譯的舊密咒為主。寧瑪派就是奉蓮花生為祖師，宗信舊密咒，與當時奉行「新法」的其他教派不同的教派。因此派僧人戴紅帽子，故俗稱為「紅教」。寧瑪派的特點是，不重戒律，專持密咒。以弘傳無上瑜伽部密法為「解脫」、「成佛」之道。此派發展比較分散，與地方實力集團關係不太密切。但後來在清初五世達賴喇嘛的支持下，一度達到極盛。

（二）薩迦派（花教）

「薩迦」是地名，即今後藏日喀則薩迦縣，同時也是喇嘛教寺名。「薩迦」，藏語意為「白土」，因在白色土地上建立的寺廟，故名薩迦寺。創始人宮曲贊普（1034-1102）從卓彌譯師習新密咒，於 1073 年在後藏薩迦地方建寺傳教，稱「薩迦教」。又因此派寺廟圍牆塗有象徵文殊、觀音和金剛持菩薩的紅、白、黑三色條紋，俗稱為「花教」。

薩迦寺主一直由宮曲贊普一家世代相傳。此派不禁娶妻，但規定生子後不能再接近女人。其教義是強調拋掉一切「惡業」，苦修苦行，悟解人身和宇宙萬物都非實有，這樣就可以斷除一切煩惱，真正領悟佛法，獲得佛教智慧，達到涅槃境界。

此派在元朝時勢力極盛，第五代祖師八思巴（1235-1280）曾為元世祖忽必烈灌頂，被尊為「帝師」。他還創制蒙古文字，被封為「大寶法王」，後又被任命為西藏法王兼藏王，統轄西藏政教大權，由此正式開創了西藏「政教合一」的制度。

元末，薩迦派的地位為噶舉派所取代，僅保留了薩迦地方的政教權力。

（三）噶舉派（白教）

「噶」，藏語是口授，即師長的言教的意思。「舉」，藏語意為密法的傳承。因最重視師長的親語教授和傳承，故稱「噶舉派」。又因該派僧人身著白色裙子和襯衣，故俗稱「白教」。

11 世紀時，由瑪爾巴（1012-1097）創立。他曾三次親赴印度學習密法，自謂證得「萬有一味」的境界。後由弟子米拉日巴繼承，再

傳達薄拉結，融合噶當派[9]教義，成為很有勢力的重要教派。此派教義主要是繼承印度佛教大乘中觀月稱派的學說，重在以經教證性空，也就是修持時把「心」專注於一境，然後觀察安於一境的「心」是在身內還是身外，若能發現無處可尋，就能明白「心」並非實有，而是空的，也就是達到所謂「空智解脫合一」的境界。此派支系眾多，其中帕木竹巴、噶瑪巴等支系的上層曾先後受元明兩代王朝的敕封，繼薩迦派執掌西藏地區的政權。由於派系眾多，釀成長期的互相爭奪，造成西藏地方的混亂局勢。明崇禎十三年（西元 1640 年），固始汗進藏，盡取前後藏政權，噶舉派失去政治勢力。清代格魯派得勢，噶舉派中僅止貢、主巴、噶瑪、達瓏四支系尚保有一定的宗教勢力。

三　格魯派（黃教）

「格魯」，是藏語善規的意思，因表示該派教義最為完善，故名格魯派。也因該派在噶當派教義的基礎上建立，故稱「新噶當派」。又因該派創始人宗喀巴創建和常住嘎登寺弘法傳教，還稱「嘎登派」。還因該派以甘丹寺為主寺，也稱「甘丹派」。該派喇嘛戴黃帽，又俗稱「黃教」。格魯派是西藏喇嘛教中最大、最有實權和影響最為深遠的一個教派。

15 世紀初，宗喀巴（1357-1419）在噶當派教義的基礎上，對其他

9　噶當派：「噶」，藏語意為佛語。「當」，藏語意為教授、教誡。認為一切佛語都是指導信徒修行的成命，故名。西藏「後弘期」佛教初期，學密法的輕顯教，重戒律的反密法，教法修持次第十分混亂，顯教、密法、律學分歧很大。阿里王為此迎請印度僧人阿底峽入藏弘法。阿底峽作《菩提道燈論》，闡明顯密教義的一致和修行應遵循的次第，並到西藏各地傳法。阿底峽弟子仲敦巴（1005-1064）建熱振寺為根本道場，宣揚阿底峽所傳教義，後形成一個派別。在十二三世紀時傳播甚廣。後併入格魯派。

教派進行改革後而創立了格魯派。宗喀巴原名「羅桑扎巴」，生於青海湟中。藏語稱湟中一帶為「宗喀」，「巴」是藏語的語尾之一。宗喀巴原意是宗喀地方的人。宗喀巴的父親元末官「達魯花赤」，信奉佛教。宗喀巴 7 歲時從著名喇嘛敦珠仁欽出家，學習各種教法 10 年。16歲前往西藏進一步深造。在前後藏各地投師求法，研習各派顯密經論，造詣頗深，他針對當時喇嘛教戒行廢弛、僧侶生活放蕩等腐敗情況，進行了改革。他囊括佛典，網羅眾家，並確定以佛教大乘中觀月稱一派為正宗，主張以「中觀見」為中心，宣揚：由於自性空，才能緣起有；因好是緣起有，所以自性空。由此生死涅槃乃至一切萬有都是假「名」而立，都是非有非無的。他撰《菩提道次第廣論》和《密宗道次第廣論》等著作，闡明顯教密法兩宗修行次第，提倡學行並舉，顯密並重，僧眾嚴格恪守戒律，僧人不娶妻，禁飲酒，戒殺生。他規定了一套嚴密的寺院組織系統、僧人學經程式和考試、升遷制度[10]，形成喇嘛的不同等級。他自己和徒眾著割截衣，擎缽持杖，清淨少欲。因以往持律僧侶都戴黃帽子，宗喀巴也改戴黃帽，形成了一代宗風。管轄衛藏大部地區的帕木竹巴統治集團的代表人物扎巴堅參等人，於明永樂七年（西元 1409 年）資助宗喀巴於拉薩創辦和主持大祈願會（即傳召大會），並為他興建甘丹寺，推動了格魯派的形成。

　　宗喀巴弟子很多，他去世後，格魯派勢力繼續擴大，修建了哲蚌、沙拉、扎什倫布等寺院。由於禁止喇嘛娶妻，為了解決宗教首領

---

10 格魯派提倡顯密兼修，先顯後密。作為一個學僧要完成顯密二宗的全過程，必須先入顯宗「紮倉」（經學院），編入預備班，稱為「貝恰瓦」，意為讀書人。貝恰瓦先在導師指導下學習一些最基本的佛學知識，然後由導師推薦升入正班。學僧按年資逐年升級。哲蚌寺有15級，沙拉寺、甘丹寺有13級。升到最高一班時，經導師推薦和本人申請獲准後，有資格參加格西學位的考試。考取格西學位後即完成顯宗方面的修習，然後升入上下密院，進修密宗道，主要內容是密集、勝樂、大威德三金剛以及其他一些次要的金剛和護法神修法。這也是一個漫長和艱難的過程。

的繼承問題，格魯派採用以靈魂轉世說和寺廟經濟利益相結合為基礎的活佛轉世相承的辦法。1546 年格魯派大本營哲蚌寺首席主持人根登嘉措去世，上層當權喇嘛從前藏堆龍地區找來出身於吐蕃老貴族瑪氏家族、年僅三歲的鎖南嘉措，迎至哲蚌寺坐床，作為根登嘉措的轉世靈童，繼承寺主職位，為格魯派寺廟集團的繼承首領。為了對抗敵對教派的排斥，該派還聯絡移牧到青南地區的蒙古族軍事力量，並向青海、蒙古地區傳法。1578 年，鎖南嘉措和著名的蒙古族土默特部的首領俺答汗在青海會見，後者尊稱他為「聖識一切瓦齊爾達喇達賴喇嘛」。「聖識一切」，漢語，謂學識淵博，無所不知；「瓦齊爾達喇」，梵文，意為金剛菩薩，表示堅強不朽；「達賴」，蒙語，意為大海；「喇嘛」，藏語，意為上師。意思是無所不知的堅強的像大海一樣偉大的高僧。後來，格魯派寺廟集團便按此稱號追認宗喀巴的最末一個弟子根敦朱巴為第一世達賴喇嘛，根登嘉措為第二世達賴喇嘛，鎖南嘉措為第三世達賴喇嘛。1642 年，達賴五世阿旺·羅桑嘉措，在戒師、扎什倫布寺主羅桑卻吉堅贊的襄助下，憑藉青海蒙古固始汗的兵力，一舉消滅了噶舉派的藏巴汗，建立格魯派「政教合一」的地方封建政權。清順治九年（西元 1652 年），達賴喇嘛親赴北京朝覲，次年受清廷冊封為「西天大善自在佛所領天下釋教普通瓦赤喇怛喇達賴喇嘛」，取得藏蒙佛教各派總首領的稱號，並確立了達賴喇嘛系統在西藏的政教地位。此後歷世達賴喇嘛轉世，必經中央冊封，成為定制。1645 年，固始汗為分散五世達賴喇嘛的政教權力，贈給五世達賴的戒師羅桑卻吉堅贊以「班禪博克多」的尊號。「班」，梵語，意為「精通五明的學者」；「禪」，藏語，意為「大」；「博克多」，蒙語，意為智勇兼備的人物。意思是學識淵博的智勇兼備的偉人。永駐扎什倫布寺。羅桑卻吉堅贊去世後，五世達賴為他也選定「轉世靈童」羅桑意希，建立了格魯教的另一個轉世系統。羅桑卻吉堅贊被稱為班禪四世，前

三世是追認的，羅桑意希為班禪五世。康熙五十二年（西元 1713 年），清朝中央政府冊封班禪五世羅桑意希為班禪額爾德尼。正式確定了班禪額爾德尼的地位。「額爾德尼」，滿語，意為珍寶。「班禪額爾德尼」，意是智勇雙全的珍貴的大學者。從此，達賴和班禪成為格魯派兩大活佛轉世系統，代代相傳，同為格魯派教主。在清王朝的大力支持下，格魯派成為喇嘛教的正統派和西藏地方執政的教派，並在蒙藏地區廣泛流行。

　　清乾隆十六年（西元 1751 年），清朝改革西藏政治制度，廢原封郡王，設置駐藏大臣，並授予七世達賴政治權力，建立噶廈[11]，由噶倫[12]四人（一僧三俗）主持噶廈，秉承駐藏大臣與達賴喇嘛的意旨，共同管理西藏地方行政事務，遂成定制。由此格魯派寺廟僧侶統治集團和世俗貴族聯合統治西藏的典型的「政教合一」制度，更臻於完備，一直延續到 1959 年解散。

---

11 噶廈：藏語，意為「發佈命令的機關」，即原西藏地方政府。
12 噶倫：藏語，原西藏地方政府主要官員。依清官制為三品，職權甚重。

第三章
佛教的各類典籍

　　佛教典籍，通常稱為佛經、藏經。「藏」的梵文原意是盛放各種東西的竹篋。佛教學者藉以概括佛教的全部經典，有近乎「全書」的意思。「經」是縱線的意思，取其能貫穿攝持各種佛教義理的意義。也是仿照儒家用「五經」、「六經」名其著作，以示尊崇。藏經，廣義地說，又稱「三藏經」。三藏包括「經藏」，即以佛祖釋迦牟尼口氣敘述的典籍；「律藏」，即戒律，約束言行的規定；「論藏」，即從理論上解釋、發揮經的著作。佛教典籍分經、律、論三部，故稱「三藏經」。藏經，狹義地說，專指三藏之一的「經藏」部分，其中包括相傳為釋迦牟尼所說而由後世門徒結集的經典，和歷代以「如是我聞」[1]形式創制的經典。佛經亦稱「契經」，以示契合道理和眾生的要求。三藏經卷帙浩繁，為形容其量多、量全，也稱「眾經」、「群經」、「一切經」、「大藏經」。我國隋唐時代以來，多稱佛典為大藏經，簡稱「大藏」。佛教還稱自己的典籍為「內典」，稱佛教以外的，即所謂世俗的、「外道」的典籍為「外典」。

　　大藏經原指漢文佛教典籍，現泛指一切文種的佛典叢書。除漢文大藏經外，有巴利文的南傳大藏經，以及藏文、蒙文、滿文、西夏文和日文的大藏經。其中最重要的是漢文、藏文和巴利文的大藏經，尤其是漢文大藏經最豐富、最完備。佛教發源於古印度，但佛教典籍在

1　「如是我聞」：「如是」，經中的佛語；「我聞」，說經者自言，即「我所聽到的」。「如是我聞」，即「我聞如是」。

全世界只有漢譯本保存得最多，漢譯本是現存各種譯文大藏經中的巨擘，在各種大藏經中居於重要地位。

佛教典籍中最主要的是印度佛教學者的著作，其次是中國佛教學者的著述，此外，還有朝鮮、日本等國佛教學者的論著。大藏經經過印度多次經典結集，中國等地僧人的撰述，不斷增補編修，從貝葉綴縷，到翻譯、抄寫、石刻，進而雕印成書，浩浩兩萬多卷，洋洋數千萬言，成為人類歷史上最博大浩繁的一部大叢書。佛教經典內容非常豐富，它廣泛地包含了佛教以及有關文化——政治思想、倫理、哲學、文學、藝術、習俗的論述。因此，它不僅是研究佛教的重要典籍，也是研究古代東方文化的重要資料。

第一節　佛典的結集

釋迦牟尼在世宣傳佛法時，只是口授身傳，並沒有文字記錄的經典，弟子奉持佛法也是各稟師說。釋迦牟尼去世後，他的弟子為了避免佛教教義日久散失，也為了防止其他「外道」異說滲入佛法，使後世佛門弟子永遠有所遵循，於是有結集佛典之舉。所謂結集，按照我國通常的解釋，含有編輯的意義。但梵文結集的原意是僧眾大會，是集體會誦經典。其儀式是，先召集眾比丘依戒律法組織大會，會上選出最有威望的比丘一人為上座，他登上高座述佛所說，眾比丘無異議，即算是全體通過，公認為與釋迦牟尼在世所說相符。印度民族慣於記憶和口頭祕傳。佛經最早的結集，只是通過答問的形式，把釋迦牟尼所說的教法編成簡短的語句，以便佛門弟子們能夠共同背誦。後來流傳書寫的做法，將共同認可的佛法書之於貝葉（貝多羅樹葉）上面，並用來傳之後世。可見，佛經並不是釋迦牟尼的著述，而是集體的創作。相傳在釋迦牟尼去世後的 400 年間，共進行了 4 次結集，形

成了小乘佛教經典。

第一次結集：在佛滅即釋迦牟尼去世後三四個月，由他的大弟子摩訶迦葉主持，選出五百比丘（也稱羅漢），在王舍城附近的畢波羅窟中結集經典。由多聞第一即最有學問的阿難比丘背誦釋迦牟尼在世時所說的法（經藏）；又由持戒第一即以嚴守戒律著稱的優婆離誦出釋迦牟尼制定的僧團戒律（律藏）。他一共誦了 80 次，所以名為《八十誦律》。這次結集，佛教史上稱為第一次結集。又因其結集有五百比丘參加，也稱「五百結集」。這次結集只是口誦，並沒有寫本，但後來的經典寫本，又以此為始基。

第二次結集：約在佛滅百年後，由長老耶舍（陀）比丘主持，在毗舍離城波利迦園召集七百比丘解決戒律的疑問。因為對戒律的理解各有不同，結果分為兩派：一派多係長老，名「上座部」；一派人數眾多，名「大眾部」。此後百年內大眾部又分為八部。

第三次結集：約在佛滅 200 多年以後，孔雀王朝的阿育王定佛教為國教，佛教因而日益興盛，但同時也有外道之徒混入佛教徒中歪曲佛教的教義。這時以目犍連子帝須為上座集合一千比丘，在華氏城結集，目的是為了清除摻雜進來的非佛教教義。帝須在會上闡發佛理，抨擊異說，自此以後有了經、律、論三藏。這次結集後始有巴利語和梵語的記條。約過 100 年上座部又分出十部。

第四次結集：在佛滅後 400 年，於迦濕彌羅城（罽賓城）舉行。對此次集結的說法有兩種：一是北傳佛教記載，在貴霜王朝迦膩色迦王時，脅尊者召集五百羅漢，以世友菩薩為上首，結集佛語，編集和注釋三藏。二是集五百羅漢和五百菩薩，以迦旃延羅漢為上首，馬鳴菩薩為筆者，造論發揮佛說。

以上是佛教小乘經典形成的簡況。至於佛教大乘經典的形成，雖有結集和祕密結集的傳說，但都沒有史料的確鑿說明。大乘經典是經

時久遠漸次而成的。這其中雖有釋迦牟尼的教義，但更多的是後人敷衍而成。許多以「如是我聞」形式創制的典籍，雖然都標榜是親自聽釋迦牟尼所說，其實都是後代作者的發揮。在古代的印度，個人是不被重視的，有的佛教著作連作者的姓名都不署，而是假託釋迦牟尼所作。相當多的佛教文獻實際上是世世相傳，代代修訂，漸進積累的結果。

第二節　佛典的翻譯

我國翻譯印度的佛教典籍大體上有漢譯、藏譯、傣譯三個系統。

一　漢文譯經

我國漢譯佛典的翻譯方法，大體經歷了從「口授」即口頭誦出到經本的翻譯的過程。初期譯經基本上是根據譯人口頭誦出的經本內容翻譯，如東漢時的安世高、支婁迦讖就如此。甚至東晉時的僧伽跋澄、僧伽提婆、曇摩耶舍、弗若多羅、曇摩流支等也還是憑記憶口誦經本，然後再書寫成漢文。佛經原本是後來尤其是南北朝以來才廣泛傳到中國的。佛經原文是由各種文字寫成的。印度佛經以梵文經典占主要部分；再是曾在印度西北部和中亞細亞通行的佉留文，這種文字後來因梵文的復興而被淘汰，佉留文的經本自然也就失傳了。第三種是由印度南部地方口語幾經演變而成的巴利文。由於印度佛教是經過西域傳入中國內地的，因此當地的安息文、康居文、于闐文、龜茲文的佛典文本，也成為漢譯佛典的原本。西域各地語言的佛典又稱為「胡本」。六朝以來，對佛典原文已有胡、梵的區別，重梵本而輕胡本。漢譯佛經翻譯，大約可分為五個時期：

　　第一個時期，自東漢至西晉。這個時期翻譯佛經並沒有計畫性，遇到什麼翻譯什麼。譯經者大多為西域僧人，他們大多不懂漢文，只得請漢人作譯經的助手；而助譯的漢人又不懂外文。這就給翻譯帶來很大的困難。此時譯出的經不少，但多是零品斷簡，不成系統，而且翻譯的文體也沒有確立，譯本詞不達意，品質不高。這個時期算是探索階段。

　　第二個時期，東晉二秦。這一時期的譯經工作有一定進展。開始由一兩人的對譯趨向於多人的合譯，即集體翻譯，分工也較細緻、具體。譯經者主要是印度和西域的僧人，大多數並不懂漢文，但個別的人，如譯經大師鳩摩羅什，中文雖不精通，然可通曉文義，有助於提高譯文的品質。鳩摩羅什主譯佛典標誌著譯經事業已開始進入成熟期。此時又由於興起西行求法之風，如中國的僧人法顯、智猛、智嚴也都通梵文、各自都有譯本，標誌了漢人獨立翻譯的開始。這個時期翻譯的佛教各類經典較為全面，成績可觀，並為佛教門戶壁壘的確立奠定了基礎。此時的佛教學者還都重視總結翻譯的經驗教訓，如道安指出了翻譯中存在的「五失本三不易」問題，即五種偏向和三個不易翻譯的問題。「五失本」指：（1）句法倒裝；（2）好用文言；（3）刪去了反復詠歎的文句；（4）刪去了段落中解釋的文句；（5）刪後段復牒前段的文句。「三不易」指：（1）既須求真，又須喻俗；（2）佛智懸隔，契會實難；（3）去古久遠，無從博證。（詳見《出三藏記集》卷 8《摩訶般若波羅蜜經抄序》）強調翻譯要不失本，力求符合原文本意。道安主張直譯，稍後的鳩摩羅什主張意譯。《高僧傳》卷 2《鳩摩羅什傳》說：「什每為（僧）叡論西方辭體，商略同異，云：『天竺國俗，甚重文制，其宮商體韻，以入弦為善。凡覲國王，必有贊德；見佛之儀，以歌歎為貴。經中偈頌，皆其式也。但改梵為秦，失其藻蔚，雖得大意，殊隔文體，有似嚼飯與人，非徒失味，乃令嘔

噦也！』」意思是說，印度很注重辭體華美，佛經中偈頌是四句一組的詩歌，可以配合音樂唱誦。譯梵為漢，雖存大意，但辭體不相類，偈頌的音律也不同了。這好比嚼飯喂給人吃，不僅失去味道，而且使人噁心嘔吐。說翻譯猶如「嚼飯與人」，這是絕妙的比喻，也是鳩摩羅什在翻譯過程中遇到的困難和艱辛的體會。

第三個時期，南北朝。佛典要籍至東晉時代已初步譯出，此後佛教學者的興趣和精力轉向研究、會通，創立學派。對佛典的翻譯相對來說不及東晉二秦時重視了。而翻譯的重點也由經典轉向論典，如真諦的所譯就體現了這種特色。

第四個時期，隋唐。佛典翻譯到了隋唐時才真正成熟，其突出特點和基本標誌是由精通教義、通曉梵漢語言的中國僧人擔任主譯。同時翻譯制度也日臻完善，譯經的目的性明確，系統性增強。唐代貞觀年間由唐玄奘主持譯事，這是中國佛教譯經史上的鼎盛時期。玄奘既具有極高的佛理造詣，又兼通梵漢語言文字，譯出了大量很有水準的佛典，他的譯經被稱為「新譯」。史載，玄奘譯經「意思獨斷，出語成章。詞人隨寫，即可披玩」（《續高僧傳》卷 4，《大正藏》第 50 卷第 455 頁上）。

苻秦時道安在關中曾組織過譯場，以後姚秦王朝更設立了國立譯場，請鳩摩羅什主持譯事。此後譯場日益增多。至唐代玄奘更設立龐大的譯場，由朝廷派欽命大臣在譯場作監護大使。唐代佛經譯場譯經的程式和分工大約是：（1）譯主。即譯場的主持人，翻譯的負責人。也稱譯家，負責解決翻譯過程中出現的疑難問題。（2）證義。又稱「證梵義」。地位僅次於譯主。與譯主評量梵文，以正確理解梵文經卷的原意，並評判譯文的意義與梵文有何不同，以便修正。（3）證文。也稱「證梵本」。聽譯主高聲誦讀梵文，以驗明誦讀是否有誤。（4）書字。也稱「度語」，還稱「譯語」、「傳語」。根據梵文原本，

用中文譯出相應的梵音，即音譯。（5）筆受。又稱「執筆」，將梵音譯成中國的語言文字。如書字寫梵音「素怛覽」，筆受即譯成中國經卷的「經」字。（6）綴文。又稱「次文」。因梵漢的語言習慣與句子結構不同，需要有人根據情況調整文句的結構，順理文詞。（7）參譯。又稱「證譯」。將譯出的漢文再翻回梵文，兩相對照以明正誤。（8）刊定。又稱「校勘」、「銓定」、「總勘」。刊削冗長和重複的句子，使文句更為簡練、準確。（9）潤文。又稱「潤色」。負責潤色文辭。（10）梵唄。唱經人按照新譯出的經文的音韻高聲誦唱，以檢驗其是否順口悅耳。從以上譯經的過程可見，當時的漢文經本是經過十分嚴肅認真的工序的產物，是集體智慧和眾人勞動的結晶。玄奘對翻譯工作還規定了「五不翻」的原則：「（一）祕密故，如陀羅尼；（二）含多義故，如薄伽梵具六義；（三）此無故，如閻浮樹，中夏實無此術；（四）順古故，如阿耨菩提，非不可翻，而是摩騰以來，常存梵音；（五）生善故，如般若尊重，智慧輕淺。」（周敦頤：《翻譯名義集原序》，見《翻譯名義集新編》）玄奘的此項規定強調忠實審慎，不勉強譯意，飽含了譯者的苦衷和經驗。

第五個時期，宋代。這是漢譯佛經的尾聲。唐宋五代戰亂頻仍，譯經事業瀕於廢絕。趙宋一代又有所興起，太宗設立了譯經院，組織譯經，譯出的典籍以密宗的居多。宋初統治者鑒於密宗典籍中有的內容過於淫蕩，也對譯經加以限制，所以盛況遠不如隋唐。而自此以後漢譯佛典的事業也就告終結了。

從我國漢譯佛典的歷史來看，絕大部分漢譯佛典完成於魏晉南北朝和隋唐時期。其間鳩摩羅什、真諦、玄奘和不空被稱為「四大翻譯家」。有姓名記載的佛典翻譯家有 200 多名，共譯佛典 2100 餘種，6000 餘卷。印度佛教典籍被系統地介紹到中國，從而極大地推動了佛教在我國的傳播和發展。

二　藏文譯經

　　西藏地區自西元 7 世紀傳入佛教後到 12 世紀，這期間翻譯了大量的佛教典籍。藏文譯經主要是根據梵文原本，梵文所缺則據漢文、于闐文本轉譯以補不足。14 世紀後半葉，蔡巴噶舉的袞噶多吉編訂了「甘珠爾」，日喀則夏魯寺的布頓 · 仁欽朱編訂了「丹珠爾」，從而構成了藏文大藏經的兩大組成部分。其中的「正藏」稱「甘珠爾」，意思是佛語部、佛的言教部分，收入了經、律和密咒三方面的著述，相當於漢文藏經的經、律兩部分內容，共 107 篋，1055 部。「副藏」稱「丹珠爾」，意思是論部。包括經、律的闡明和注疏、密教儀軌，即讚頌、經釋和咒釋三部分，共 224 篋，3522 部。此外還有「松繃」，是為藏族僧侶的著述。藏文大藏經的內容約 4/5 是漢文大藏經中所沒有的，尤其是密宗部分。清代時藏文佛典還被譯為蒙文、滿文，刻成蒙文大藏經和滿文大藏經。

三　傣文譯經

　　印度巴利語系佛教約在 13 世紀初葉經緬甸傳入我國，流傳於雲南省西雙版納和德宏的傣族地區。由於方言的不同，用來譯經的文字有三種：西雙版納傣文（傣仂文）、德宏傣文（傣哪文）和傣繃文。佛經內容分經、律、論三藏和藏外典籍四大部分。其中經藏最多，有5372 部，論藏只有 7 部，屬於小乘佛教的上座部思想體系。
　　佛典的翻譯是中國文化思想史上的重大事件。佛教典籍以宗教信仰的思想體系，完全不同的語言、文化系統，從遠隔千山萬水的異域印度傳來，給中國文化輸入了新因素，帶來了新刺激。佛典卷帙浩繁，它的發展如洶湧波濤，全面地衝擊著中國傳統文化，使中國文化

發生了空前劇烈的變動。佛教典籍以其特有的作用而烙印在中國漢以來的漫長歷史之中，留待人們去總結、評說。

第三節　中國僧人的撰述

隨著佛典翻譯和介紹的增多，中國僧人對佛教義理領會逐漸加深，自兩晉南北朝以來，中國佛教學者更是勤於創作，以自己的著述不斷地豐富和發展了「三藏」的內容。中國僧人的撰述成為佛教典籍中極為重要的組成部分，其中包含了區別於印度佛教、反映中國佛教特點的著作，這些著作在佛典整體中居於十分顯著的地位。

中國僧人的漢文佛典撰述，據當代著名佛教研究專家呂澂先生所作的編目有 582 部，4172 卷[2]，其中包括現存的唐代以前的大部分撰述和唐代以後的重要撰述，也包括流行於我國的少量的高麗、新羅學人的著作。從撰述的體裁來分，有章疏、論著、語錄、史傳、音義、目錄、雜撰、纂集等。從撰述的數量來看，章疏部分居首位，數量最多，反映了佛教徒的崇信經典、熱衷解注經典的性格。其次是論著部分，反映了隋唐佛教宗派學者的創作熱情和獨特見解，體現了佛教中國化的風格。史傳部分的數量也相當可觀，反映了中國僧人重視歷史記載的長處。在所有的撰述中，唯一稱為「經」並流傳後世的是唐代禪宗實際創始者慧能的《壇經》。這是禪宗學人對抗印度佛教，突出中國祖師學說的一種表現。中國佛教學者所撰的佛教典籍，是研究中國佛教史、歷史、哲學史、文學史、藝術史等的非常重要不可或缺的史料。要了解中國佛教，當然首先應當了解印度佛教，但關鍵還在於研究中國佛教，只有深入研究中國僧人的著作，才能真正把握中國佛

2　詳見呂澂：《新編漢文大藏經目錄》，124-154頁，濟南，齊魯書社，1980。

教的思想脈搏和思想本色。因此，中國僧人的論著、語錄和部分章疏應當引起我們的高度重視。例如，慧遠的《沙門不敬王者論》、《三報論》和《明報應論》，僧肇的《肇論》，吉藏的《三論玄義》，智顗的《法華玄義》、《摩訶止觀》，窺基的《成唯識論述記》、《因明入正理論疏》和《大乘法苑義林章》，智儼的《華嚴經搜玄記》，法藏的《華嚴經探玄記》、《華嚴一乘教義分齊章》、《華嚴金師子章》，湛然的《金剛錍》，慧能的《壇經》，宗密的《原人論》、《禪源諸詮集都序》，普濟編的《五燈會元》，賾藏主編的《古尊宿語錄》，延壽的《宗鏡錄》，契嵩的《輔教篇》，宗杲的《正法眼藏》，等等，都是重要的佛典名著，需要我們深入研究、分析、批判、總結。

此外，梁僧祐編著的《出三藏記集》、編纂的《弘明集》和唐道宣纂集的《廣弘明集》和《法苑珠林》，也是極為重要的佛教思想資料。還有三朝的《高僧傳》，即梁慧皎的《高僧傳》、唐道宣的《續高僧傳》和宋贊寧的《宋高僧傳》，這些不僅是研究中國佛教史必不可缺的重要資料，也是研究中國歷史的重要史料。

第四節　寫經、刻經和排印本藏經

佛典的流傳伴隨著寫刻印刷歷史前進的腳步，大致經過了由寫經到刻經，再到排印經本的演變過程。

一　寫經

在新版印刷術發明以前，佛經的弘布流通，只得靠紙墨抄繕，卷帙寫傳，即以抄寫本的形式流傳於各大寺院和民間。由於抄寫並非易事，所以六朝以來，大的寺院盛行一種建造經藏以珍藏寫本經卷的風

氣。據現存記載的粗略統計，僅從陳武帝令寫一切經 12 藏起，至唐高宗顯慶時西明寺寫一切經為止的 100 年間，皇室和民間的寫經就達 800 藏之多，數量十分驚人。寫經事業大約一直延續到南唐保大年間（943-957）才終止，其數量當更為可觀。但可惜的是，這批古人辛辛苦苦抄寫成的藏經絕大部分沒有流傳下來。現在於敦煌石窟中發現的六朝隋唐寫經雖然已是殘編零卷，也堪稱舉世的瑰寶了。這些寫經對於研究宗教、哲學、語言、文物以及考古等都具有極高的史料價值。

二　刻經

中原古代刻經有兩種形式，經過了兩個階段。一是石刻，二是木刻。石刻就是將佛教典籍鐫刻在石上，刻在石上的佛經也稱石經。石刻最早出現於西元 6 世紀中葉的北齊高氏王朝統治時期，其代表作有山東泰山經石峪的《金剛經》、山西太原風峪的《華嚴經》、河北武安北響堂山的《維摩詰經》等。到了隋代石刻佛經仍然在繼續發展。最為著名的是幽州大房山，即今北京房山區雲居寺的石刻佛經。自隋煬帝大業年間始一直持續到明天啟年間，前後千餘年共刻經石 15000 餘塊，刻佛經 1122 部，3572 卷。雲居寺石刻佛經的創始人靜琬在唐貞觀八年（634）的題刻中說：「此經為未來佛□難時，擬充底本，世若有經，願勿輒開。」刻經的碑版封在石洞和地穴之中。這是佛教徒鑒於北魏和北周兩個王朝均曾利用政權力量焚毀經像、消滅佛教的歷史教訓，巧妙地利用北方的自然條件，刻經石上，埋藏地下，以使佛經流傳久遠，佛法永存。雲居寺的石刻佛經以其稀世珍本，獨特的形式，豐碩的內容，成為我國珍貴的文化遺產。

隨著木刻印刷術的發明和進步，唐代已有少量的木刻本佛經問世。現存的唯一實物是刻於唐懿宗李漼咸通年間（西元 860-874 年）

的《金剛經》。扉頁有「祇樹給孤園」本刻版畫，卷末有「咸通九年四月十五日王玠為二親敬造普施」18 個字的題記。可惜這一極其寶貴的文物早已流失到國外去了。根據現有資料，全部大藏經木刻本的雕造，是始於宋太祖趙匡胤開寶五年（西元 972 年），此後直至清代，約 1000 年間，先後共有 10 餘次官私木刻版本大藏經的雕造，這些版本的大致情況是：

（1）《開寶藏》：因在宋太祖開寶年間雕刻，故名。又因在益州（成都）刻成，也稱「蜀版」。它的印本已成為我國後來一切官私刻藏以及高麗、日本刻藏的共同準據。現僅存數卷殘本。

（2）《契丹藏》：始刻於遼興宗耶律宗真景福元年（西元 1031 年），歷 30 餘年完成。近年在山西應縣的木塔中發現了 12 卷，另有《開寶藏》的殘卷，它們同是我國的稀世珍寶。

（3）《崇寧藏》（福州東禪院本）：刻於北宋末葉，其版式為後來許多版本仿取。現僅殘存 20 多卷。

（4）《毗盧藏》（福州開元寺本）：刻於兩宋之際，現國內僅在山西殘存一冊。

（5）《圓覺藏》：南宋初年雕刻完畢，因在湖州思溪（今浙江吳興）圓覺寺院雕刻，故名。現國內僅存有零散版本。

（6）《資福藏》（思溪本）：南宋中葉在思溪資福禪寺刻造竣工。入經 1459 部，5940 卷。現北京圖書館藏 5300 餘卷。

（7）《趙城藏》：金代刻造，元初又補刻過。以前未見傳世記錄，1933 年於山西趙城縣廣勝寺發現。入藏（編入藏經）6900 餘卷，現存 5600 餘卷。此藏不僅保存了宋刻官版藏經的本來面目，還補充了許多重要的著作，因而價值極高。

（8）《磧砂藏》：始刻於南宋末年，完成於元代，歷時近百年。刻版地點在平江府陳湖（今江蘇吳縣陳湖）磧砂延聖院（後改名磧砂

禪寺），故名。陝西和山西均有保存，但略有殘缺。1931-1933 年曾根據陝西藏本影印過 500 部，缺佚者以《資福藏》本等補入。

（9）《普寧藏》：元初刻造，雲南、山西、陝西等省均有保存。

（10）《弘法藏》：相傳為元代官版藏經，然迄今尚未發現有流傳下來的印本。

（11）《洪武南藏》（初刻南藏）：明太祖朱元璋敕令刻造。現存的孤本藏在四川省圖書館，稍有殘缺。

（12）《永樂南藏》：一般稱之為《南藏》，為明成祖朱棣永樂年間在南京重刻的洪武本藏經，但略有改動。現全國各圖書館多有保存。

（13）《永樂北藏》：明成祖繼永樂十七年（西元 1419 年）刻成《永樂南藏》後，又於永樂十九年（西元 1421 年）在北京刻經，至明英宗正統五年（西元 1440 年）竣工。永樂南北兩個藏經的版本因多次地大量刷印分賜全國各大寺廟，所以是保存下來的全藏中最多的版本。

（14）《嘉興藏》：明末清初刻造。初在山西五臺山開雕，因氣候寒冷，刊刻不便，後遷至浙江余杭縣徑山等地繼續刊刻，最後由嘉興的楞嚴寺集中經版刷印流通。所以本藏既名《嘉興藏》，又名《徑山藏》。此藏特點是摒棄了以往沿用的折疊式版本，而改為輕便的線裝書本式；再是全藏分為《正藏》、《續藏》、《又續藏》三部分。《正藏》為《永樂北藏》的覆刻本，《續藏》和《又續藏》系收藏外典籍而成。《嘉興藏》版本格式的改進和吸收藏外佛教典籍的特點，對後來的刻經和佛藏的編纂都發生了較大的影響。

（15）《清藏》：又名《龍藏》，系清代初年的官版藏經。在木刻藏經中，它是我國藏經版片至今基本上保存下來的唯一的一種。

在國外，漢文大藏經雕版本有朝鮮的《高麗藏》和日本的《弘安藏》、《天海藏》和《黃檗藏》（鐵眼本）。其中的《高麗藏》多用「蜀

版」、「契丹版」和《高麗藏》初刻本（《高麗藏》因被焚毀，曾刻造過三次）對校勘正，雕印而成，史料價值頗高。

三 排印經本

隨著印刷術的不斷進步，近代漢文大藏經的流通多採用排印版本，現共有六種：（1）《頻伽藏》。1909-1913 年排印，是由上海頻伽精舍以日本弘教書院編印的《弘教藏》為底本，並略加變動而編成的。（2）《普慧藏》。1943 年編印的藏經（未完），內中有一部分是其他各藏未曾收入的佛教典籍和日譯本轉譯的南傳大藏經中的部分典籍。以上兩種是國內排印的。以下四種是日本排印的。（3）《弘教藏》。（4）《卍字藏》。（5）《卍續藏》。此系廣泛收羅中國和日本所存而歷代又未曾入藏的佛教典籍彙編而成。（6）《大正藏》，全稱為《大正新修大藏經》。1924-1934 年編印。全藏 100 卷，其中正篇 55 卷，續篇 30 卷，別卷 15 卷（圖 12 卷，總目錄 3 卷）。正篇入經 2236 部，9006 卷。續篇第 56-84 卷，系日本佛教學者有關經疏、論疏及闡發各宗派的著述，第 85 卷收入南北朝和唐代古逸與疑偽經及疏釋等 189 種。它是目前比較完備的藏經，雖然錯字病句頗多，然而共收入佛典 3053 部，11970 卷，為國際上有關學者所常用。

20 世紀 80 年代末，我國在國務院古籍整理出版規劃小組的領導下，由任繼愈教授主持編纂的《中華大藏經（漢文部分）》，搜集巨集富，它將中外各版漢文藏經中所收錄的佛教典籍，按內容體系全部收入，總數達 4200 餘種，23000 餘卷。分正、續兩編，分裝 220 冊。它以世界上僅存的善本中的孤本——《趙城藏》為底本，採用《房山石經》、《資福藏》、《磧砂藏》、《普寧藏》、《永樂南藏》、《嘉興藏》、《高麗藏》8 種有代表性的版本進行校勘，影印出版，為佛教界、學術界提供了完整、豐富的佛教研究資料，具有重要的史料價值。

第五節　佛典的目錄和結構

　　佛典目錄記錄佛典的書名、著者和內容等情況，是指導閱讀、檢索佛典的重要工具。佛典目錄的編排有一定的次序，反映了佛典的內容結構。

一　佛典目錄

　　佛典的目錄也稱「經錄」。因為在東晉以前的佛教學者也稱律和論為經，故名。後來由於對經、律、論三藏的區別有了進一步明確的認識，唐代以後就不再稱「經錄」而改為「聖典目錄」、「法寶目錄」、「釋教錄」、「內典錄」了。

　　隨著漢譯佛教典籍的日益增多，一些佛教學者便開始編纂佛典目錄。這一方面是為了尋檢的方便，另一方面也是為了避免散失錯亂，便於統一組織編定佛典。在譯本的抄寫流傳的漫長過程中，有失譯（沒有譯人、譯時可考的）、有譯（有譯人、譯時記載的）、單譯、重譯（同一佛典譯兩次或多次）、異譯（一種佛典幾次翻譯，其譯本互有不同）、全譯、抄譯、大經和別生經（從大部中提出單行）的種種區別，還有疑經、偽經的出現，這一切都需要經過一番去偽存真、編定考證的工作。所以，自東晉以來，歷代幾乎都有漢文佛典的目錄之作。據不完全估計，直至清代末年就有 50 多種，目前流傳下來的有 30 餘種。

　　從較為可靠的材料來看，最早製作佛典條目的是東晉名僧道安。他編的目錄被後人稱為《綜理眾經目錄》，簡稱《安錄》。原本已佚，然而從《出三藏記集》中還可窺其一斑。《出三藏記集》為梁僧祐所作，簡稱《祐錄》。「出」即翻譯，「記集」即記載東漢至梁所譯經、

律、論三藏的目錄、序記和譯者傳記等。這是我國現存的第一部經目，共 15 卷，分集記、名錄、經序和列傳 4 個部分，具有很重要的史料價值。

與僧祐編定《出三藏記集》的同時，佛教信徒梁武帝敕譯經學者修撰佛典目錄，經審定後流通。這樣，偽經傳播和私本濫製都受到了限制。從此編定佛典的權力歸屬於帝王，並有欽定目錄。從梁武帝到清乾隆年間欽定編錄共有 17 次，其中以下 3 次最為重要：

（1）隋文帝開皇十四年（西元 594 年）編定的《眾經目錄》，因由法經等人編纂，又稱《法經錄》。此經錄共分九類，體裁大備。共編入佛典 2257 部，5310 卷。

（2）唐玄宗開元十八年（西元 730 年）編定的《開元釋教錄》，略稱《開元錄》。智升編纂，共 20 卷，分總錄和別錄兩大類，各 10 卷。以編次嚴謹，記載翔實，校核精細著稱。記載由漢至唐所譯目錄和譯人傳記，共編入藏經 1076 部，5048 卷，480 帙。後來智升還創造了一種將入藏目錄以千字文編號的方法，編定了《開元釋教錄略出》4 卷，便於檢索。《開元錄》不僅成為爾後諸家目錄的藍本，而且也為後來雕印藏經提供了依據，對後來佛典的流傳影響極大，是古代最為重要的一部佛典目錄。

（3）元世祖至元二十四年（西元 1287 年）編定的《至元法寶勘同總錄》，由慶吉祥等和西藏僧人八思巴對勘蕃本（西藏本）和漢文藏經，注明二者的異同、有無、多寡，並用漢字標注佛典題目的梵文音譯，具有一定的學術價值。

中國古代佛典目錄不斷改進，不斷完善，有其重要的歷史價值，但同時也存在若干缺點。後來日本的《大正新修大藏經》就突破了漢文大藏經原來編次的格式，向前邁進了一步，但也仍有不足之處。鑒於以往漢文大藏經編次的缺陷，如部類的區分不很恰當，弄錯了經本

的失譯與有譯，以及譯撰混淆而誤收了疑書、偽書等，呂澂先生在 20
世紀 60 年代編纂的《新編漢文大藏經目錄》，將目錄分為五大類：經
藏、律藏、論藏、密藏、撰述。此錄分類簡明，全部編號，核定譯
名、異譯、譯人，注明根據。這是科學地編纂大藏經新目錄的一個重
要進展。

二　佛典結構

漢文佛典目錄將眾多的佛教文獻分門別類地加以編排，反映了佛
典的體系及其內容的構成。經錄通常從形式上把佛典分為五類：經、
律、論三藏和密藏、雜藏。

經藏：這裡的「經」並不泛指一切佛典，而是特指「三藏」之一
的「經藏」部分。經藏分為大小乘諸經兩個子目，子目中又分為若干
部，如大乘經中通常分為般若部、寶積部、大集部、華嚴部、涅槃部
五大部，以及五大部以外的重譯經和單譯經；小乘經通常分為阿含部
和單譯經。這些經分別闡明了大小乘佛教信仰的根據、途徑、方法、
境界的學說，表示了大小乘佛學各方面的特質。

律藏：分大乘律和小乘律，就戒規和受戒儀式等作出詳盡規定。

論藏：從派別方面分大乘論和小乘論，也有從內容方面分為釋經
和宗經兩個部分。釋經論是解釋佛經的論典，宗經論是闡發各宗各派
學說的論著。

密藏：一般分為金剛頂、胎藏、蘇悉地和雜咒四部分。

雜藏：分為印度撰述、中國撰述及其他子目。

以上是佛教界從信仰觀念出發所作的關於佛典結構的形式分類。
按照一般文化知識的觀點，浩如煙海的佛典可以分為六個方面：

（1）關於釋迦牟尼的生平和傳教的故事，以及菩薩和高僧的傳

記等，這類佛典是為了樹立榜樣，供廣大信徒效法，並擴大宣傳和影響。

（2）關於僧團組織和戒律的規定，以此作為指導僧眾生活和約束僧眾行為的規範，藉以維持僧團的秩序。

（3）關於教派歷史的敘述，即闡述派別分化的歷史和各派演變的歷史。

（4）關於學習佛教基本知識的工具書和入門書，即介紹佛典音義、解釋名詞概念和佛典目錄一類的著作。

（5）關於佛教理論的著作，其中闡發佛教對於人生和宇宙的根本看法，對反佛教思潮的批判，以及佛教內部的相互批判等內容。

（6）關於僧人的修行實踐、修持形式和修養方法，包括祕密儀軌方面的著作。

從撰寫的目的來分，以上六類佛典又可歸結為兩大類：一是為了對外宣傳和推廣的，二是供僧人內部閱讀的。例如，「三藏」中的「經」，大多是為了宣傳和推廣所用，著名的《阿彌陀經》、《妙法蓮華經》、《大集經》、《寶積經》、《華嚴經》、《般若經》等就是如此。佛祖傳記和「譬喻」故事，包括《百喻經》等也是如此。至於「律」則是供佛教信徒學習和實行的，經咒也是對內的，但應用起來卻往往對外，以擴大宣傳效果。還有「論」，多數也是對外宣傳的，有一部分則是內部辯論的專著，也有只供僧人內部參考的。

第四章
佛教的基本教義

　　佛教的基本教義，是指佛教龐大蕪雜的宗教思想中，最重要、最核心的思想、理論、學說和信仰。它大體上包含了相互密切關聯著的兩個方面：一是關於人生方面，闡述人生現象的本質，指出解脫人生苦難的途徑和人生應當追求的理想境界，這是關於倫理宗教理想的學說，是整個佛教教義的基礎，最為重要；二是從探索人生問題出發，繼之探索人與宇宙交涉的問題，由此而開展尋求宇宙的「真實」，形成了「緣起」、「無常」、「無我」（「空」）的世界觀，這是最富哲學色彩的宗教理論，也是倫理宗教理想的哲學基礎。

第一節　佛教的倫理宗教理想

　　佛教的倫理宗教理想，是以釋迦牟尼提出、後人加以發揮的「四諦」說為基礎的。「四諦」即苦諦、集諦、滅諦、道諦。「諦」是真理的意思。「苦」，是痛苦；「集」，是原因；「滅」，是寂滅，佛教追求的理想境界；「道」，是途徑、方法。四諦就是闡述四種真理：人生的痛苦現象、造成人生痛苦的原因、指明解脫人生痛苦的理想境界和解脫痛苦、實現理想境界的途徑。這也就是佛教人生哲學的基本觀點。

一　人生的本質和價值

1　人在宇宙中的地位

　　佛教提出了宇宙的有情識的和證悟得道的生命體共分十類的說法，十類名為「四聖六凡」。「四聖」是聲聞、緣覺、菩薩和佛。聲聞是指聽聞釋迦牟尼言教的覺悟者，緣覺是指獨自觀悟佛說因緣道理而得道者，菩薩是後補佛，佛是修持取得最高成就的大徹大悟者。這四者雖然修持成就的大小、覺悟程度的高低有所不同，但都屬於覺悟者，都已超脫生死輪回，是為「聖」者。和「四聖」不同的是「六凡」。「六凡」，也稱「六道」、「六趣」、「眾生」、「有情」，是沒有超脫生死輪回、沒有獲得解脫的凡庸者。具體說，「六凡」是指：

　　（1）天：因天然自然，清淨光明，非人類世間所能比擬，故名。指一般的神，也稱「天神」。天又分若干層次，四天王是最接近人世的，三十三天即忉利天是較高層次的天，這些天神都是護持佛法的護法神。天是六凡中最優勝高妙的，但還有升進與墮落，沒有超脫生死輪回。

　　（2）人：人類。

　　（3）阿修羅：梵文音譯，略稱「修羅」。意譯為「非天」，是魔神。佛教說阿修羅的能力像天，但因多怒、好鬥，失去了天的德性，被攆出了天界。

　　（4）畜生：也稱「傍生」，謂傍行的生類。指飛禽走獸，以及蜎飛蠕動、水游地藏的一切動物。

　　（5）鬼：因恐怯多畏，名為鬼。依賴子孫的祭祀，或拾取人間遺棄的實物而生活。鬼的種類很多，如大財鬼、小財鬼、多財鬼、少財鬼等。鬼中的藥叉（夜叉）羅剎是有大威德者，而餓鬼是鬼中處境

最糟的鬼，常受饑渴，千年萬載也不得一食，即使得到了也立即為猛火燒成灰燼。鬼類中餓鬼最多，所以通常講的鬼也就是指餓鬼而言。

（6）地獄：這是六凡中地位最低、最為痛苦的受罪處。作惡多端、罪行累累的就在這裡受罪。佛教通常描繪地獄裡面烈火熊熊，佈滿熾熱的銅床鐵柱，墮落在地獄裡的要受火梵燒。地獄有三類，第一類是根本地獄，其中又分八熱地獄和八寒地獄。如八熱地獄中的第八阿鼻地獄，也稱無間地獄，罪人受苦永無間斷，最為痛苦。第二類是近邊地獄，第三類是孤獨地獄，在山間曠野、樹下空中等處。

佛教宣揚人類是六凡中的一凡，在宇宙中的地位很低，表現了蔑視人生的基本立場。但人在六凡中又居於較高的第二個層次，比較接近天神，若果相信佛教，努力修持，就能經過「天」再上升進入「四聖」圈，獲得解脫。這是佛教許諾給人比畜生等有較大的成佛的可能性，表現出對人的重視和期待。總的說來，蔑視人生是佛教的重要特徵。

2 人的本質

人是什麼？佛教認為，人身是五蘊和合而成的集合體。「蘊」，也作「陰」，聚積的意思。五蘊是指構成人的五種要素，成分：色、受、想、行、識。「色」物質，此指肉體。具體說，包括地、水、火、風「四大」。皮肉筋骨屬於地大，精血口沫屬於水大，體溫暖氣屬於火大，呼吸運動屬於風大。四大和合，組成人的身體。「受」，指感官生起的苦、樂、喜、憂等感情、感覺（名曰「情」）。「想」，是理性活動、概念作用（名曰「智」）。「行」，專指意志活動（名曰「意」）。「識」，統一前幾種活動的意識。色是物質現象，受、想、行、識是精神現象，人有肉體，也有精神活動，人是物質現象和精神現象的綜合體。佛教宣揚，人是五蘊和合而生，五蘊是分散而滅，成

壞無常，虛幻不實的。人猶如流動不息的水流和自生自滅的火焰，並沒有固定的實體存在：五蘊最終要分離而消散，人根本就沒有一個真實的本體存在。因此，人的本質是「空」的。這裡所講的「空」，不僅是指人死亡後五蘊散滅是空，而且在未死亡時，也只是五蘊和合，也是空的。後者也是佛教最為強調的空的真正意義所在。應當承認，佛教所講的人是物質現象和精神現象的統一體，是有道理的，但由此推論出人的本質是「空」的觀點，是不正確的。

3 人生的價值

佛教理論的基本出發點，是斷定人生為「苦」，人的生命、生存就是「苦」。所謂「苦」，主要不是專指感情上的痛苦，而是泛指精神的逼迫性，即逼迫惱憂的意思。佛教認為，一切都是變遷不息的、變化無常的，廣宇悠宙，不外苦集之場。由於人不能自我主宰，為無常患累所逼，不能自主，因此，也就沒有安樂性，只有痛苦性。佛教通常講的苦，有二苦、三苦、四苦、五苦、八苦，乃至 110 種苦等無量諸苦。所謂二苦，是指內苦和外苦。內苦又包括兩個方面，即身體生理病痛和感情、意志、思想等自相矛盾的心理活動。外苦是指來自外界的各種災難禍殃。所謂三苦，一是苦苦，謂遭到苦事而感覺痛苦，如受饑渴寒熱等逼迫而產生的苦；二是壞苦，遇到樂事變遷，如由富貴變為貧賤而產生的痛苦；三是行苦，「行」是遷流的意思，人由於事物遷流不息不能久留而引起的痛苦。四苦是指生、老、病、死。五苦是將生、老、病、死合為一苦，再增列怨憎會苦、愛別離苦、求不得苦和五取蘊苦而成。八苦則是將五苦中的生、老、病、死重新分為四苦，再加後四苦而成。八苦是最常見的說法，其具體內容是：

（1）生苦：人未出生，十月住胎，儼如關在黑暗的地獄裡，母親喝熱湯，就要備受煮燒。出生時，冷風觸身，猶如刀剮。住胎出

胎，都受逼迫。形成人身即出生之後也是苦，老、病、死等眾苦又接踵而至。

（２）老苦：人至老耄，髮白齒落，肌肉鬆弛，五官失靈，神智昏迷，生命日促，漸趨死亡。

（３）病苦：一是身病，從頭到腳，從裡到外，「四大」不調，眾病交攻，十分痛苦；一是心病，內心憂愁悲切，十分苦惱。

（４）死苦：一是生命無常，命終壽盡而死；一是因意外事故或遭遇災難而死。

（５）怨憎會苦：人們對主觀和客觀兩方面都有所不愛，對於怨仇憎惡的人或事，本求遠離，但是，冤家路窄，仇人相遇，互相敵對的人往往會聚集在一起，憎惡的事偏偏要紛至遝來。

（６）愛別離苦：人們對主觀和客觀兩方面都有所喜愛，但是偏要分離，難以相愛。如父子、兄弟、夫婦、朋友，情愛融洽，歡樂相處，然而終不免父子東西，兄弟南北，夫婦分居，骨肉分離，甚至禍起非常，造成生離死別的莫大痛苦。

（７）求不得苦：人們的要求、欲望、喜愛，往往得不到滿足，求之而不能得，甚至所求愈奢，愈不能得到，痛苦愈大。

（８）五取蘊苦：也稱「五蘊盛苦」、「五盛蘊苦」。這是一切痛苦的匯合點，即所有痛苦都歸結到五蘊的苦。五蘊與「取」（指一種固執的欲望、執著貪愛）聯結在一起就產生種種貪欲，稱為「五取蘊」。這裡，「取」即執著是關鍵。有了五取蘊就會產生苦，生、老、病、死、怨憎會、愛別離、求不得七苦天天向著五蘊襲來，人的身心盛貯眾苦，稱為「五蘊盛苦」。佛教宣揚求不得苦是前六種痛苦的總原因，而求不得之所以成為苦，又是由於五取蘊的原因。在八苦中，五取蘊苦既是其他苦的根源，又是一切苦的聚集。中國和尚更是附會說，人的面容就是「苦」字形：眼眉是草字頭，兩眼和鼻子合成十

字，嘴就是口字。

八苦分為兩大類，前四苦是自然生理現象，也就是說，人生的過程就是連續產生不同痛苦的過程。第五苦至第七苦，即和憎恨的事物聯結在一起的厭煩、和所喜愛的事物離別的悲傷、不能滿足所求的痛苦，是著重就社會現象、社會生活、人與人的關係講的。佛教把前面七種苦最後歸結為五取蘊苦，是為了說明：五蘊就是苦，執著、貪欲就是苦，也就是人的生命就是苦，生存就是苦。

佛教還在時間和空間兩方面把人生的苦加以擴大化、絕對化，宣傳人生的過去、現在和未來三世皆苦。人生所面對的世界也是苦，「三界無安，猶如火宅」，人間世界是火宅，是無邊苦海。芸芸眾生，囚陷於熊熊火宅之中，備受煎熬；沉淪在茫茫苦海之中，盡受苦難。

人生是苦的命題，是佛教人生觀的理論基石。人生、人的感受有苦也有樂，有不苦也有不樂。佛教認為人生就是苦，一切感受都是苦，樂也是苦的一種特殊表現。正是由於佛教創立者把人生塗抹為苦難的歷程，視大千世界，紅塵滾滾，從而奠定了超脫世俗的基本立場。

佛教把人生看為痛苦的過程，宣揚一切皆苦、苦海無邊的觀點，首先是反映了當時古印度東北地區的奴隸社會乃是一座人間地獄的殘酷現實，奴隸主的庸俗貪欲、粗暴情欲、卑下物欲，種姓制度所造成的嚴重不平等，給廣大人民帶來了無限的苦難。其次，也反映了當時古印度生活水準和醫學水準的低下，熱帶地區死亡率高，人們的健康沒有保障。佛教的人生是苦的觀點，實質上是奴隸制所造成的痛苦的一種曲折反映，是人民在社會和自然的雙重壓迫下悲痛呻吟的表現。同時，也應當強調指出，佛教對人生價值所作的判斷是消極的、片面的。它不僅抹殺了人生歡樂的一面，而且把生理的痛苦和社會的苦難相提並論，並且把生理的痛苦置於首位，這就片面誇大了生理的痛苦，掩蓋了社會苦難和階級壓迫的嚴重性。它把勞動者和剝削者說成

是有同等的痛苦，也就模糊了奴隸社會階級對立的嚴峻事實。它歪曲了社會苦難的實質內容，抹殺了階級壓迫和剝削是造成人民苦難的基本原因這一重要事實。

二　人生痛苦的根源

（一）十二因緣說

　　人的痛苦從何產生？人的生命由何而來？人的命運由何而定？關於這些問題，釋迦牟尼不同意當時印度思想界所說的，即人生的一切都由神的意旨所主宰的觀點；也不同意那種一切由前世決定，後天不能改變的觀點，他也反對那種人生的一切都無因無緣的觀點。釋迦牟尼認為，這些都是對自己的行為不負責任的論點，他主張一切事物都是由因緣和合而成，都決定於因果關係，同樣，人的痛苦、人的生命和人的命運，也都是自己造因，自己受苦。

　　前面剛提到過，佛教把人生痛苦的根源歸結為「五取蘊」，也就是說，人生痛苦的直接原因是有「生」，生是苦的開端，生命是受苦的實體。由此，佛教又從人生過程的角度，把人生劃分為許多部分，這些部分互相結合為無止境的痛苦鎖鏈，並由此進一步闡明人生的痛苦現象及其根源。關於這方面，佛經中記載的有五分、九分、十分和十二分等說法。「分」也稱為「緣」，如五分即是五緣。其中論述得較多的是北方所傳的十二分，也稱「十二因緣」或「十二有支」，是為後來大乘佛教所肯定的。十二因緣即無明、行、識、名色、六處（六入）、觸、受、愛、取、有、生、老死。十二因緣的具體內容和相互關係是：

　　無明緣行：「無明」，即無知，對佛理無知。例如，人生是無常

的、終歸要死滅的，而人往往企求它「常」。人生是由「五蘊」和合而成，沒有自體的，而人往往相信有「我」——永恆的不變的自體（實體）是實有的。這都是無明的表現。「行」指意志活動。「無明緣行」，是說由於無知而有種種世俗的意志活動生起。

行緣識：「識」指托胎時的心識，精神活動。由意志活動作牽引力，使識向與意志活動相應的處所投生。

識緣名色：「名」指心，精神；「色」指色質，肉體。「名色」就是指胎中的精神和形體。「識緣名色」，是說在母胎中身心得到發育。

名色緣六處：「六處」也作「六入」，指眼、耳、鼻、舌、身、意[1]，即五種感官和心（合稱「六根」）。這裡指胎兒由身心混沌狀態發育出不同的認識器官，也就是胎兒即將誕生的階段。

六處緣觸：「觸」指觸覺。這裡指胎兒出生後，六種認識器官與外界事物相接觸而產生觸覺。相當於幼兒的階段。

觸緣受：「受」指感受。由於年齡增長，心識漸次發達，認識器官與外境相接觸時，能夠領受外界的反作用，而產生苦、樂、不苦不樂三種感受。相當於童子階段。

受緣愛：「愛」指渴望、貪愛、貪欲。人進入青年階段，對於外界事物就會由感受進而產生貪愛。

愛緣取：「取」指追求執取。成年以後，貪欲轉盛，對外界可享受的一切，周遍馳求，執著不放。

取緣有：「有」指「業」，即思想行為。由於追求執著而有種種思想行為。這些思想行為是能產生未來果的善惡業，故名為「有」。

有緣生：「生」指來世之生。由於前面的愛、取、有所生起的迷惑和所造的善惡業，必然產生果報，從而導致來世的再生。

---

[1] 「意」：此指對五官所受的印象作統一思慮的器官，即古代所說的「心」。

　　生緣老死：由生必有老死。

　　上述十二個環節，輾轉感果，所以稱為因，互為條件，所以稱為緣，合稱十二因緣。十二因緣是說明眾生生死流轉的因果聯繫的，它強調十二個環節按順序組成因果迴圈鏈條，任何一個有情識的生命體，在沒有獲得解脫前，都依此因果律，「生生於老死，輪回周無窮」。十二因緣是生命現象的總結，也是生命痛苦的原因。小乘佛教認為，在十二因緣中，前兩個因緣即無明和行是作為現在生存的原因，是屬於過去（前世）造「業」所招的果；中間八個因緣即從「識」至「有」是就現在的存在說的，其中識、名色、六處、觸和受是由過去的無明和行所招的現在五果，愛、取、有是現在的三因，即招未來果的原因；而最後兩個因緣即生和老死則是屬於未來，表示由於此生貪著生存即愛、取、有所招的下一生的果。這樣，十二因緣包含了過去、現在、未來三世，有兩重因果，稱為三世兩重因果。後來，大乘佛教又發展為兩世一重因果說，也就是以十二因緣的前十個因緣為過去的因，後兩個因緣為現在的果；或者以前十個因緣為現在的因，後兩個因緣為未來的果，合為兩世一重因果說。

　　據佛教史記載，釋迦牟尼在快得道成佛時，從逆觀十二因緣，即從後往前推，從老死逐漸逆觀到無明，得出了這樣的結論：人生現象的真正原動力和人生痛苦的最後總根源是「無明」，即對人生實相的盲目無知。如果能正確認識人生的實相，認識十二因緣的實相，就能滅盡無明，沒有無明也就沒有行，直到沒有生和老死，一切痛苦也就都沒有了。這也就達到了超脫生死的涅槃境界。

　　應當肯定，十二因緣所揭示的眾生生死流轉的因果關係是不符合客觀實際的。雖然，十二因緣說的某些部分，如自「六入」起相繼引起觸、受、愛、取，也一般性地反映了人的感覺、感情、欲望、行為的產生過程，由生到老死也反映了生命體的變化過程，但是，從總體

來說它是一種唯心主義的虛構。為什麼這樣說呢？首先，在十二因緣的因果關係的分析上，如以無明為人的生命不斷迴圈的起點，以識和有為來世轉生的原因，必然會導致靈魂不滅論。早期佛教主觀上並不認為識是靈魂，識確實和靈魂也有區別，但是識作為一種精神活動，和名色結合而形成人的生命，識作為名色的依賴者、原因，識能向相應處投生，這就很難和靈魂劃清界限了。識和有具有相互彰明的意義。有是指思想行為，即業，其作用是能引起來世的果報，轉生為另一種生命形態，這裡把有作為來世轉生的原因和條件，邏輯地包含了轉生的實體內容，因而和靈魂說也是相通的。其次，在十二因緣說中，除強調認識上的無明是始因以外，還片面強調愛欲的惡的性質和作用。早期佛教反對人們求生和繁殖生命的天性和樂趣，反對貪求財富、權勢和名望，這種主張在當時古印度雖然具有十分複雜的社會意義，但是它把剝削者的貪得無厭和勞動者的正常生活要求混為一談，統稱為貪欲，而且視為人們的一種心理活動狀態，並以此作為眾生輪迴流轉的原因，是錯誤的。最後，生和死雖是互相依存的，生也必然轉化為死，但不能籠統地說生是死的直接原因，互相依存的關係不等於因果關係，死的直接原因是疾病和衰老等。

（二）業報輪迴說

釋迦牟尼還把十二因緣和業力、輪迴的思想聯繫、統一起來，用業報輪迴說，來說明眾生的不同命運。

釋迦牟尼時代，在印度的思想界中有輪迴說與反輪迴說兩種尖銳對立的學說。所謂輪迴，「輪」是車的輪盤，「迴」指車的轉動。輪迴是比喻眾生的生死流轉，永無終期，猶如車輪旋轉不停一般。當時主張輪迴說的主要有三種觀點：第一，婆羅門教宣傳梵神是創世主，人的靈魂是梵賦予的，梵是「大我」，人的靈魂是「小我」。靈魂屬於心

臟。人若能在森林中修習禪定，淨化靈魂，以苦行排除各種物質欲望，並以祭祀向梵贖罪，那麼死後靈魂就能和梵同住，否則下世就會落到比現世更為低下的境界。第二，瑜伽派反對靈魂從梵神轉變而來的說法，認為人的靈魂是獨立的、不依附於神的，稱為「神我」。如果一個人在現世縱任欲樂，下世神我就會墮到更加痛苦的去處，相反，如果靜修瑜伽行的禪定，身如枯木，心如死灰，制止神我所起的愛欲，死後就可超出輪迴，獲得解脫。第三，機械命定論者認為，不僅今生的苦樂禍福、吉凶壽夭是由過去的業所規定的，而且今生舉手投足等一切行動也是由過去的業所規定的。人應當聽任命運的安排，等到過去的宿業消滅了，靈魂也就隨之得到解脫了。反輪迴說是古代唯物主義順世派的主張，此派認為，人體是由地、水、火、風「四大」元素構成，人體產生感覺思想。死時形體復歸於「四大」，同時也停止了感覺思想。死後沒有靈魂，更沒有輪迴。釋迦牟尼的觀點與上述各種觀點不同，他把靈魂不滅、輪迴不斷的主張，稱為「常見」外道，認為是一種將靈魂和輪迴視為恆常實有的錯誤理論；又把否定靈魂和輪迴的主張，稱為「斷見」外道，說它是一種斷滅心身的錯誤理論。他從主體的行為和道德責任的角度出發，吸取和改造了其他流派的思想，把業力說和輪迴說結合起來，闡發了業報輪迴的主張。

釋迦牟尼宣揚業力是眾生所受果報的前因，是眾生生死流轉的動力。眾生的行為和支配行為的意志，從本質上說就是業力。「業」是行動或作為的意思。作一件事先有心理活動，是意業；後發之於口，是口業；表現於身體上的行動，為身業。釋迦牟尼認為，眾生的身、口、意三業往往是由無明即無知決定的。眾生是無我、無常的，沒有自體，終歸要消滅的，眾生卻要求它有我，要求它恆常不變。眾生的行為往往就是這種無知的表現。眾生由於這種無知而發生的行為，就是痛苦的總根源。業，體現著力量和作用，功德和過失。釋迦牟尼認

為業力的影響是不會消除的，眾生所作的善業和惡業都會引起相應的果報。比如，當人的生命終結時，其一生動作或行為的總和（這一總和在許多方面等於是個人的性格）會作為一個整體產生結果，並且決定轉生的生存者的性格。由於業的性質不同，所得的報應也就不同，來世就會在不同的境界中輪回。佛教宣傳，眾生在善惡因果的嚴密關係中，修善的隨福業而上升，作惡的隨罪業而下墮。如此上升下墮，死此生彼，生生延續，世世升沉，不斷在苦海中沉浮，在「六道輪回」中流轉，永無了期。只有皈依佛教，棄惡從善，虔誠修持，才能跳出六道輪回的樊籠，求得超出生死的解脫。

業報輪回說強調個人作「業」的作用，強調一切都是自作自受，這和由上帝從外部主宰人的命運的說法不同，客觀上對人們的行為有一定的勸誡和約束作用；主張人們的活動會帶來一定的後果，得到報應，這在一定條件下、一定範圍內、一定意義上也有其合理的一面。比如，人們從事善良的正義的事業會得到歷史的肯定，而為非作歹，禍國殃民，則會受到歷史的懲罰。但是應當說，這是有條件的，不是無條件的。在階級社會裡，個人的命運主要是決定於所處的階級地位。在剝削階級居統治地位的社會裡，榮華富貴是剝削階級的特權，卑下貧賤則是被剝削階級的命運，在階級地位不發生變化的條件下，這種格局是很難改變的。在階級社會裡，行善者蒙禍，行惡者得福，是司空見慣的現象。佛教在倫理道德上籠統地宣揚善得福報、惡得禍報的善惡禍福一致論，至多只是對個人良心的安慰而已。佛教把現世的禍福歸結於前世所作的業，而現世所作的業要待死後由神明裁判，這種神學虛構實際上也等於承認現實中的善惡與禍福是不一致的。

三　人生的理想境界

　　佛教把人生的趨向歸結為兩條相反的途徑：一是人生的需求常常和環境不協調而產生種種痛苦，人們又不了解它的原因，找不出解決的辦法，只好隨波逐流，聽任命運的安排，陷入不斷輪回之中，稱為「流轉」；二是對「流轉」的生活採取相反的方法，破壞它，變革它，使之逆轉，稱為「還滅」。這就是所謂人生行事的兩個相反系列。後者就是為了追求達到人生的最高理想境界。

　　早期佛教借用婆羅門教的涅槃概念來標明佛教的最高理想境界。涅槃是梵文 Nirvāna 的音譯，也譯為「泥曰」、「泥洹」。其意譯，鳩摩羅什譯為「滅」或「滅度」，唐玄奘則譯為「圓寂」。所謂滅、滅度，是指滅煩惱、滅生死因果。所謂圓寂，圓者圓滿，不可增減；寂者寂靜，不可變壞。圓寂是說涅槃體周遍一切，真性湛然。中國在玄奘以前，多用滅或滅度，玄奘以後，多用圓寂。涅槃的分類很多，通常分為有餘涅槃（有餘依涅槃）和無餘涅槃（無餘依涅槃）兩種。有餘涅槃是指斷除貪欲，斷絕煩惱，即已滅除生死的因，但作為前世惑業造成的果報身即肉身還在，仍然活在世間，而且還有思慮活動，是不徹底的涅槃。無餘涅槃是相對於有餘涅槃而言，是比有餘涅槃更高一層的境界。在這種境界中，不僅滅除生死的因，也滅盡生死的果，即不僅原來的肉體不存在了，而且思慮也沒有了，灰身（死後焚骨揚灰）滅智，生死的因果都盡，不再受生，是最高理想境界。這兩種涅槃有區別也有聯繫，無餘涅槃是有餘涅槃的繼續和發展。

　　大小乘佛教對於涅槃的解說，差別頗大。也就是說，佛教的人生理想論有一個歷史的演變過程。

　　小乘佛教的涅槃學說是消極的。它視人生為大苦難，由此出發，認為人體消滅了，人生的痛苦也就終結了。因此它把經過修持，消除

煩惱，並在死後焚骨揚灰，不留痕跡的消滅狀態，作為追求的目標，就如同燈光火焰被吹熄了一樣。至於人們修道成阿羅漢，死後進入涅槃，在這之後是什麼情況？是存在還是不存在？小乘佛教認為這是人類的心靈和語言難以討論和描述的問題，這個問題猶如只供旅行者漫遊的森林，一台僅供世俗娛樂而無益的木偶戲，只能產生爭論、糾纏和痛苦，而無助於獲得覺悟和證得涅槃。

大乘佛教中觀學派創始人之一龍樹，反對小乘佛教以無餘涅槃當做追求的最高境界，他突破小乘佛教的思想模式，從新的角度提出新的主張。他認為涅槃和世間的本性是一致的，兩者都是「空」，也都是不可言說的「妙有」，是完全統一的。他批評小乘佛教不懂得這個道理，厭惡和離棄世間，去追求超世間的涅槃，這樣也就永遠不能真正達到涅槃。龍樹認為眾生所追求的目標應該是正確認識一切事物的「實相」（本來面目），並加以運用，也就是要去掉一切戲論，「顯示實相」。實相是涅槃的內容，涅槃境界就是對實相的認識和運用。這種涅槃也稱為「實相涅槃」。

實相涅槃的內容有兩個要點：一是從實相看，世間事物是流轉生滅的，而涅槃是超出流轉生滅的，但世間一切現象是畢竟空，以空為實相，涅槃的本性也是畢竟空，兩者都是空，由此可以說，世間事物的實相就是涅槃的內容，還可以說世間與涅槃是一回事，即由實相把兩者統一起來了。這就是龍樹所說的：

> 涅槃與世間，無有少分別；世間與涅槃，亦無少分別。涅槃之實際，及與世間際，如是二際者，無毫釐差別。（《中論‧觀涅槃品》）

龍樹認為，人們如果沒有真正的智慧，就會對事物產生顛倒分別，從

而招致人生的無窮痛苦；相反，如果能夠真正體會一切事物本來和人們的主觀執著無關，沒有一般人認識所勾畫的那樣的實體，即體會到空（無自性），還事物以本來的清淨的面目，也就達到了涅槃境界。二是強調為了達到實相涅槃必須永遠不能停頓。因為一切事物是互相聯繫的，人也是如此。人是整體，不只是個體，不能單獨行動，而要全體都行動起來，自利利他，甚至要以他為己，把自己融合在眾生的汪洋大海中，才能獲得真正的解脫。這樣在趨向涅槃的道路上，也就會覺悟到有許多事要做，普度眾生的事情永遠做不完，絕不能中間停下來。由於發願要普度眾生，即使自身的覺悟已達到佛的境地，可以進入無餘涅槃了，也決不進入。這就是所謂以大智故，不住生死；以大悲故，不住涅槃。這也稱為「無住涅槃」。

龍樹一系根據世間的實相就是涅槃的內容的理論，認為按照世間的實際而行動就是和涅槃相應，而這種踐行趨向涅槃是一個過程，是一個逐漸由染汙轉為清淨、駁雜轉為純粹的過程。這方面的道理後來為無著、世親一系的瑜伽行派所闡揚，並另創一格。無著、世親提出了「轉依」的範疇以代替解脫。也就是通過轉變認識，以影響行為，進而改變客觀環境。人們在修持過程中，若果使清淨的概念、認識逐漸代替染汙的概念、認識，進而使整個認識改變，並帶來了行為的改變，行為的改變又帶來環境的改變。這樣人生也就從染轉淨，逐漸轉變，終至染盡淨滿，身心面貌完全改觀，也就實現了轉依，達到了涅槃境界。這是繼中觀學派之後的又一個重要的涅槃學說。

大乘佛教的一些派別，還反對小乘佛教否定常、樂、我、淨為人生的基本要求的看法，強調涅槃境界具有常、樂、我、淨四種美好屬性，甚至有常、恒、安、清涼、不老、不死、無垢、快樂八種行相，主張追求和找到人生真正的常、樂、我、淨，這又為人生理想開闢了另一條新的宗教途徑。

小乘佛教以「虛無絕滅」為涅槃的內容，這是無視人生在宇宙中的地位和意義，否定人生應有的積極奮鬥的精神，表現了對人生的悲觀估計和消極無為的態度。大乘佛教中觀學派以一切事物的實相為涅槃的內容，而實相被歸結為非有非無的畢竟空，這是拐彎抹角地否認客觀世界的真實性。他們以悟解客觀世界的不真實為最高的精神境界，不能不說是一種神祕主義的唯心論。但是中觀學派把世間與涅槃打成一片，取消現實世界與彼岸世界的鴻溝，縮短人與佛的距離，這實際上又增加了涅槃學說的現實內容。大乘佛教學者主張研究為世間服務的知識，如天文、地理、醫學、工藝等，這不僅影響了佛教的方向，也影響了文化的發展。

四　人生解脫的途徑

佛教對於獲得人生解脫，達到最高理想境界的途徑和方法，論述很多，各派尤其是大小乘的講法也不盡一致，下面著重就比較典型的八正道、三學和六度的內容，作一簡要的介紹。

（一）八正道

前面已提到，釋迦牟尼時代，印度各派信徒出家修道，早已蔚然成風。釋迦牟尼不相信苦行主義的自我虐待，認為單純的禁欲是無價值的，也是徒勞無益的；他也反對縱欲主義，認為這更不能擺脫痛苦的糾纏。他提出了不苦不樂的主張，共八項，稱為「八正道」。八正道即八種合乎正理的成佛途徑，也稱「八聖道」。其具體內容是：

1. 正見：離開邪非的正確見解，也就是具有佛說的四諦知識，遠離唯神、唯我、唯物等主張。簡單地說，正見就是佛教智慧。
2. 正思維：也作「正思」、「正志」。指離開世俗的主觀分別，離開

邪妄迷謬，作佛教的純真智慧的思索。

3. 正語：純正淨善的語言，合乎佛法的言論。也就是不妄語，不慢語，不惡語，不謗語，不綺語，不暴語，遠離一切戲論。

4. 正業：合乎佛教要求的正當的活動、行為、工作，也就是不殺生，不偷盜，不邪淫（或不淫），不作一切惡行。

5. 正命：正當的生活，即按佛教的標準謀求衣食住的必需品，遠離一切不正當的職業，如詐現奇特、自說功德、星相占卜等，都應反對。

6. 正精進：也作「正方便」。謂正確的努力，止惡修善，向解脫精進。也就是要努力防止噁心生起，已經生起的要使它斷除；要努力使善心生起，並使它發展臻於完善。要按照佛教的標準辨別善惡，去惡從善，並強調自覺努力，反對懈怠與昏沉。

7. 正念：正確的念法，即憶持正法、明記四諦等佛教真理。

8. 正定：正確的禪定，即正身端坐，專心一志，身心寂靜。專注一境，遠離散亂之心，思想集中，深入沉思，以佛教的智慧觀察整個世界，猶如一池清水，其中魚群和石礫都清晰可見，洞察人生的真實，領悟四諦的意義，從而獲得身心的解脫。

八正道又可以分為兩大類：一是精神生活，以正見為主，正思、正念、正定為輔；二是物質生活，以正命為主，正業為輔。正語、正精進是雙關的。正見和正命分別為佛教信徒的精神生活和物質生活的主要點，在八正道中具有重要意義。八正道為佛教徒的修持方法確立了原則，奠定了基礎。

（二）三學

八正道可以歸結為戒、定、慧三學，其中正語、正業、正命屬於「戒」，正念、正定屬於「定」，正見、正思屬於「慧」。正精進是就

學佛的態度而言,是全面的,但正精進也是慧的一種表現,可以歸屬於「慧」。戒、定、慧三學相互聯繫,通常被認為是學佛者修持的全部內容。大小乘佛教對於三學的態度並不一致。小乘佛教嚴格區分戒、定、慧,大乘佛教則將戒和定都歸屬於慧,三學合成一體。小乘佛教講戒和定是作機械的規範,大乘佛教則是靈活地運用戒和定,提倡方便。

1 戒學

戒,作為三學之一,是指佛教為出家和在家的信徒制定的戒規,借以防非止惡,從是為善。按其內容又分為止持戒和作持戒兩大類。所謂止持戒,「止」,防止,止息,意指防非止惡的各種戒,如五戒、八戒、十戒和具足戒等。所謂作持戒,「作」,修習善行,意指奉持一切善行的戒,如二十犍度[2]等。止持戒和作持戒分別止惡作善,相輔相成。戒和律二字經常連用,稱為戒律。戒律一般地說也是指為出家和在家信徒制定的一切佛教戒規。但律和戒也有區別,單言律是指專為出家比丘、比丘尼制定的禁戒,是所謂能制伏諸惡的,在家佛教信徒不得聞知。

五戒,即前文已講過的不殺生、不偷盜、不邪淫、不妄語和不飲酒。後來因考慮到一般在家信徒被俗務所纏,難以天天堅持五戒,為此而規定每個月有六天齋日,在此六天內要遠離一切聲色塵囂,遵守五戒,此外再加上三戒,合為八戒。增加的三戒是:(1)不作任何賞心悅目的娛樂活動和不任意裝扮自己。也就是不觀聽歌舞音樂,不看戲劇,也不著花香,不敷擦油膏,不修飾自己。(2)不坐不睡高廣華

2　「犍度」:聚的意思,即按類編集的戒條。「二十犍度」主要是關於僧團的修法儀式和僧人生活的禮儀制度的規定。

麗的大床。（3）不食非時食。也就是正午過後不再吃飯。三戒中一、二是戒，三是齋。連同前五戒，合稱為「八齋戒」或「八關齋戒」。八戒比五戒要求更加嚴格，但它是臨時奉行的，如一個月中六天，甚至一天，可以靈活實行。在家信徒受戒期間，過一種近似出家僧人的宗教生活。十戒，是指 7 歲以上 20 歲以下的出家男子（稱為「沙彌」）和出家女子（稱為「沙彌尼」）奉行的十條戒規。其中一、二、四、五各戒的規定和五戒中相應戒條的內容完全相同，第三戒為不淫，即不能搞男女關係乃至娶嫁結婚。後五戒是將八戒中第六戒分為不塗飾香鬘和不觀聽歌舞二戒，其他不坐高廣大床和不非時食二戒完全一樣，再增加不蓄金銀財寶一戒，共合為十戒。具足戒，也稱「大戒」。是出家僧尼奉行的戒條。戒條數目說法不一，通常依《四分律》所說，比丘戒 250 條，比丘尼戒 348 條。因與沙彌、沙彌尼所受十戒相比，戒品具足，故名具足戒。具足戒對出家僧人的宗教生活和日常生活的各種細節，都作出了繁細而嚴格的規定。

　　大乘戒在小乘戒的基礎上又作了進一步的發展。小乘佛教重在解脫生死，推究出生死的根源是貪欲，因此以斷除個人的貪欲為戒規的基本內容。後來大乘佛教強調圖謀一己私利而妨礙、侵害、毀壞他人，即自私的貪心是一切惡行的根源，戒律必須以根斷私心、貪心為根本，並且相應地提出「攝眾生戒」，也稱「饒益有情戒」，以教化濟度眾生。大乘戒重要的是「十重戒」（「十重禁戒」）和「四十八輕戒」。十重戒是：（1）殺戒；（2）盜戒；（3）淫戒；（4）妄語戒；（5）酤酒（賣酒）戒；（6）說四眾（比丘、比丘尼和男女居士）過戒；（7）自讚毀他戒；（8）慳惜加毀戒，即對於各嗇施財施法，並加以誹謗詆毀的戒；（9）瞋心不受悔戒，即對於仇恨與損害他人和不受對方懺悔的戒；（10）謗三寶（佛、法、僧）戒。十重戒中，自讚毀他戒居於十分重要的地位，它是新增加的後六種戒的中心，其他幾條

戒都是這一戒條的展開。大乘佛教還強調這條戒要一直貫穿到智慧上去，注意心靈結構的完善。違犯十重戒的構成破門罪，要被開除並驅逐出僧團，所以是重戒。與此相對的四十八輕戒，是對輕罪的禁戒，其內容包括不敬師友戒、飲酒戒、食肉戒等。犯此種戒的均按戒律規定進行懺悔，不受開除處分。大乘戒將飲酒作為輕戒，表明對佛教徒的物質生活的約束放寬了，處理也比較靈活了。

2 定學

定學即禪定。「定」是梵文 Samādhi 的意譯，音譯為「三昧」、「三摩地」。意思是指心專注於一境而不散亂的精神狀態，佛教以此作為取得確定之認識、作出確定之判斷的心理條件。定有兩種，一是「生定」，指人們生來就有的一種精神功能；二是「修定」，指專為獲得佛教智慧、功德、神通而修習所生的功夫。禪與定有區別，「禪」是梵文 Dhyāna 音譯「禪那」的省略，意譯為「靜慮」、「思維修」、「棄惡」、「功德叢林」等，意思是心緒寧靜專一，深入思慮義理。中國佛教學者通常把禪和定合稱，含義比較廣泛。中國禪宗以「禪」命名，進一步擴大了禪定的觀念，重在「修心」、「見性」，而不再限於靜坐凝心專注觀境的形式。

佛教歷來都十分重視禪定。早期佛教和部派佛教認為，教徒的宗教實踐是先「見道」，即先了解明白四諦的道理，然後再「修道」。修道即修行，而修行的主要方法是禪定。後來大乘佛教又進一步把禪定作為證悟般若理論的方法。佛教各派關於禪定的說法很多，其中最基本的有「四禪」、「念佛禪」和「實相禪」。

「四禪」，也稱「四靜慮」，是佛教用以對治妄惑、生諸功德的四種基本禪定，其內容是：

　　初禪：由尋求伺察而厭離充滿食欲和淫欲的眾生所居的境界，以產生喜樂的心情。

　　二禪：進一步斷滅以名言為思慮物件的尋求伺察作用，在內心對佛教形成堅定的信仰，並產生新的喜樂。

　　三禪：捨去二禪所得的喜樂，住於非苦非樂的境地，並運用正念、正知，繼續努力修習，從而產生「離喜妙樂」。

　　四禪：捨棄三禪的妙樂，唯念修養功德，由此而得「不苦不樂」的感受。

　　四禪就是經過四個層次的禪定，引導眾生脫離欲界感受，專心於佛教的修養功德，而形成一種「不苦不樂」的特殊的心理感受。

　　「念佛禪」，是借助於佛教智慧，專心觀想佛的三十二種相[3]、八十種好[4]，以使十方諸佛現立於前，從而增加一種殊異力量，更快地達到成佛的境界。

　　「實相禪」，大乘佛教中觀學派認為實相（事物的本相）就是「空」，它主張把禪法和空觀聯繫起來，在禪觀中既要看到一切事物的空性，又要看到一切事物的作用，兩者不可偏廢。實相禪是把禪法作為悟證大乘般若理論的方法。

3 慧學

　　慧是梵文 Mati 的意譯，指通達事理、決斷疑念取得決斷性認識

---

3 「三十二種相」和「八十種好」：謂佛陀生來容貌神異，不同凡俗，其顯著特徵有三十二個，稱「三十二種相」，其微細隱祕難見之處有八十八個，稱「八十種好」，合稱「相好」。「三十二種相」，如長指相、正立手摩膝相、金色相、細薄皮相、四十齒相、大舌相、真青眼相等。「八十種好」，主要指佛陀的頭、面、鼻、口、眼、耳、手、足等長相奇特。如第一好，指甲狹長薄潤，光潔明淨，如花色赤銅；第二十八好，唇色紅潤光澤，上下相稱；第三十三好，鼻樑修長，不見鼻孔；第八十好，手足及胸，皆有吉祥喜旋之相（即卍字）等。

4 同上。

的精神作用。此指能使修持者斷除煩惱、達到解脫的佛教智慧。為培養、增加佛教智慧而進修，稱為慧學。佛教通常把智慧分為三種：（1）聞所成慧，指聽聞佛法，學習五明[5]，即從他所聞得的智慧；（2）思所成慧，依前聞所得慧而進行深思熟慮，咀嚼融會，條理貫通，是得於自己思索的智慧；（3）修所成慧，依由聞和思所得的智慧，修習禪定，由定生明，證悟人生和宇宙的實理，是得於證悟的智慧。由此智慧而斷絕一切無明煩惱，進入涅槃境界，成就為佛。慧學主要闡發的是佛教人生觀和宇宙觀，內容極其龐雜豐富，此處從略。

（三）六度

大乘佛教認為，沒有眾生的解脫，就沒有個人的真正解脫，所以它提出了「救苦救難」、「普度眾生」的口號，相應地又將以個人修習為中心的戒、定、慧三學擴充為具有廣泛社會內容的「菩薩行」──「六度」。「度」是梵文 pāramitā（波羅蜜多）的意譯。「波羅蜜多」，又譯作「度彼岸」、「到彼岸」、「度無極」。「六度」，也作「六度無極」、「六到彼岸」。意謂用作由生死此岸渡人到達涅槃彼岸的六種途徑和方法。這是大乘佛教修習的主要內容。六度的具體內容是：

1. 佈施度：佈施是指用自己的財力、體力和智力去濟助貧困者和滿足求索者，是為他人造福成智也使自己積累功德以至求得解脫的一種修行方法。小乘也講佈施，其目的在於破除個人吝嗇和貪心，以免除來世的貧困，即是從個人利益和解脫著眼的。大乘則與大慈大悲的教義相聯繫，用於超度眾生，所以佈施的物件也大大超出人類的範圍，擴及於飛禽走獸、蟲豸魚蝦。大乘佛教十分重視佈施，把佈施列

5　「五明」：「明」，意為學問。「五明」即五類學問。一聲明，聲韻學和語文學；二工巧明，工藝、技術、曆算之學；三醫方明，醫藥學；四因明，邏輯學、認識論；五內明，佛學。

為六度之首。在大乘經籍中有大量的諸如傾家施財、慈悲救生、捨身餵虎，乃至太子不僅獻出自己的國家、田園、妻子，而且還自殺身死，獻出自己的四肢五臟給他人的寓言故事。這種自我犧牲的道德行為，一方面體現了崇高、勇敢和偉大，另一方面也飽含了盲目、愚蠢和荒唐。佛教還宣揚向寺院和僧人佈施，可以獲得福佑，積累功德，甚至於成就正果，藉以吸收社會財富，擴充寺院經濟。同時又從事一些社會救濟活動，以便更好地收到宣傳教化的效果。這都表現了大乘佛教的複雜品格和佈施的多重性質。

2. 持戒度：上述五戒、十重戒和四十八輕戒就是持戒的重要內容。大乘佛教的戒規，強調「殺戒」，即保護眾生；再是放鬆了對信徒的宗教生活和日常生活的約束，對於違反戒規的處置也比較靈活寬容。

3. 忍辱度：忠於信仰，安於苦難和恥辱。大乘佛教宣揚忍受不可忍受的事，是萬福之源。它要求信徒寧願忍受「湯火之酷，葅醢之患」，也決不作有害於眾生的事。大乘佛教的這種忍辱觀，在一定條件下是一種美德，在有的條件下又是一種非美德。事實上，忍辱作為一種道德行為的普遍準則，也是行不通的。

4. 精進度：在修善斷惡、去染轉淨、喜濟眾難、普度眾生的修行過程中，努力不懈，決不退卻。

5. 禪定度：如前所述，大乘佛教的禪定不專注於靜坐沉思，而強調悟解事物的實相，重視將禪定活動貫穿到普度眾生的教化事業中去。

6. 智慧度：一方面重視用緣起性空的理論去觀察認識一切現象的實相，證悟萬物性空的「真理」，另一方面又越來越強調所謂「度脫世人」的「方便」，主張隨機應變，以利於教化眾生為最高目的。

大乘佛教在傳統的修持方法之外，又增加了佈施和忍辱兩項，並置於突出的地位，這是其悲天憫人的慈悲觀念的突出表現。大乘佛教還強調個人的精進努力，一往直前，決不後退，也就是重視主體的自

覺和作用。至於在持戒、禪定、智慧三個方面，其具體內容和重點也都有所變化、轉移。「六度」體現了大乘佛教的倫理道德觀念，它以大慈大悲、濟度眾生為道德的出發點，以克制自我，救助他人為行為的準繩，以「自利利他」，「自覺覺人」，即以個人利益和眾人利益的統一，一己的解脫和拯救人類的統一，作為社會倫理關係的基本原則，也作為人生解脫的最高理想。大乘佛教在修持方法上的這種顯著變化，是佛教日益世俗化的結果，也是為了適應不同時代、不同民族和不同地區的情況和需要，擴大佛教的勢力和影響。由於這些修持方法所體現的倫理道德觀念，如大慈大悲、自利利他、普度眾生、忍辱、精進等，同古代社會的理想化了的道德規範近似、相通，從而在歷史上引發過美好善良、利國利民的動機，激勵過人們英勇奮鬥、自我犧牲的熱情。

第二節　佛教的宇宙「真實」學說

佛教為解脫人生的痛苦，而探求了人生的「真實」。由於人生活在現實世界之中，無時無刻不和客觀世界發生種種直接的密切的關係，佛教又進而探求了宇宙的「真實」，對世界萬物是如何生起的，一切現象的真實本性是什麼，作了種種解釋，形成了宇宙論學說。這種學說的基本論點就是緣起論、無常論和無我論。

一　緣起論

緣起論是整個佛教教義的理論基石，各種理論都是這個源泉的支流。所謂「緣起」，「緣」是結果所賴以生起的條件，「起」是生起的意思。緣起著重在「緣」字，「起」不過是表示緣的一種功能。緣起

就是指一切事物和現象的生起，都是由相待（相對）的互存關係和條件決定的；離開關係和條件，就不能生起任何事物和現象。

　　緣起論的意義和內容十分豐富，它的核心就是因果相續相連的理論，由這個理論又匯出「無常」和「無我」的基本論點。緣起論認為，「此有則彼有，此無則彼無，此生則彼生，此滅則彼滅」（《中阿含經》卷 47）。事物的生起都是有原因的。一因不能生果，任何果都必須至少有兩個因才能產生，任何單獨的因，如果沒有適當的外緣，就不能產生果。大千世界，森羅萬象，形形色色，生生化化，無一不是因緣和合而生；世界上的一切事物和現象都是相互聯繫、相互依存和互為條件的，都是由於互相依待、互相作用才得以存在的。也就是說，一切事物都是互為因果的，都處在因果相續相連的關係之中。從縱的方面說，因果遍於過去、現在、未來三時，因果相應，如環無端，因果相續，沒有間斷，任何一個因都是前因所生，任何一個緣都是緣起的，因又有因，緣又有緣，如流水一般，前前逝去，後後生起，因因果果，本無生起之時，也無終止之日，相續不斷，無始無終；從橫的方面說，因果相連，互相依存，互為條件，錯綜複雜，無邊無際。世界萬物就是這樣處在無始無終、無邊無際的因果網路之中。世界萬物是因緣和合而起的，也就不是由某一個造物主創造的，世界上並不存在人格化的造物主，不存在人格化的宇宙本原，不存在一切事物的主宰者。世界萬物都是因緣和合而生的，也就沒有獨立的永恆的實在自體，是為「無我」。世界萬物都處在因果聯繫之中，都受時空條件的制約，生生滅滅，變動不居，是為「無常」。

　　緣起論的實質就是事物間的因果關係的理論。緣起論主張世界萬物無一不由因緣和合而生，而有因必有果，有果必有因，由因生果，因果歷然。所謂因是原因，是「能生」；所謂果是結果，是「所生」。因與緣有區別，從產生的結果來說，親生是因，疏助是緣。因與緣又

通用，有時緣也稱為因，有時因也稱為緣，有時又合稱為因緣，一般就是指關係和條件。佛教因果論論述了世界物質現象之間的普遍的因果關係，肯定了地、水、火、風四大種具有互相生果的功能，具有和合產生新的物質現象的功能，由四大種造成的物質現象對於後來的物質現象的產生又具有影響和作用。佛教因果論還肯定了人在創造事物中的作用，重視主體道德修持和行為責任感。這都是有合理性的思想內容的。但是，佛教因果論，主要還是著重於人的心理活動的分類，側重於人的心理和行為方面，特別注意業（因）和業報（果）。因果論的中心問題是要闡明兩種相反的人生趨向：一是作惡業而引起不斷流傳，即生死輪回；二是作善業而引向還滅，即歸於涅槃。這也就是所謂緣起流轉和緣起還滅的兩大因果律。應當看到，佛教因果論雖然是以闡述宇宙人生一切因果現象的普遍原理的形式出現的，但是，歸根到底，是為宗教信仰主義和出世主義提供哲學理論根據的。

　　緣起論是釋迦牟尼獨創的理論，是與當時印度思想界的無因論、偶然論和一因論（神我的轉化）等理論根本對立的。佛教大小乘各派都以緣起論作為自己全部世界觀和宗教實踐的理論基礎，各派的思想分化、理論分歧，也都是出自對緣起的看法的不同。

二　無常論

　　無常論是從緣起論派生出來的重要理論。「常」，恒常。「無常」，不恒常，變化無定。佛教認為世界一切事物都是因緣和合而生的，都受條件原因的制約，因而都處在生起、變異、壞滅的過程中，遷流不停，沒有常住性。

　　無常論的意義有一個發展、擴大的過程。早期佛教提出無常的觀念是著重為人生痛苦的論斷提供論據。它認為人生無常，因此一切皆

苦。十二因緣的理論就是系統地闡明人生變化無常、生死輪迴的過程，其中既沒有任何不變的事，也沒有任何令人愉快的事，從而說明了人生是一個無限痛苦的過程。在早期佛教看來，人的欲望是無限的，一種需求得到滿足，又會產生新的需求，可是這種變異不定的欲求，必然不會得到充分的滿足，必定會使自身永遠陷於需求難以實現的痛苦之中。再者，對生活有所要求是人之常情，人都希望美好生活能夠保持恒常不變，但是，保持恒常不變的願望和變化不居的現實之間就有矛盾，矛盾得不到解決，就會招致痛苦。所以，早期佛教也反對當時印度其他流派的兩種觀點：一是常見（有見），婆羅門教認為自我是常住不變的，早期佛教也稱之為邪見；二是斷見（無見），有的沙門認為一切都將斷滅，人死後一切都沒有了，「我」可以不受果報，早期佛教也稱之為惡見。

後來，佛教各派闡述無常的理論，就不只是著重論證人生是苦，而是廣泛涉及一切現象，成為論述世界萬物的存在和常變的理論了。他們強調一切事物都不是單一的、孤立的、絕對的存在，而是和其他事物相依相成的。這樣，一事物只要有一點變化，就會引起與其相聯繫的其他事物的變化，而與其他事物相聯繫的事物也隨之發生變化，所以，一切因緣和合的事物，時時在變，永遠在變。企圖使因緣和合而生的事物不變化，是完全不可能的。

佛教認為無常有兩種：一期無常和念念無常。一期無常是指一切事物在某一期間內，遷流轉變，不斷代謝，而最後歸於壞滅。人的生、老、病、死，物的生、住、異、滅，世界的成、住、壞、空，雖經歷的時間有長有短，但都是一期無常的顯露。念念無常，「念」是梵文「剎那」[6]的意譯，「念念」就是剎那剎那。一切事物不僅有一期

6　「剎那」，古代印度的時間單位，表示一轉眼的極短暫時間，有人推算出一剎那約為1/56秒。

無常,而且在某一期間內又有剎那剎那的生、住、異、滅的無常。也就是說,在沒有壞滅之前,剎那剎那,念念之間,遷流不息,不得停住。有的佛典說,無常迅速、念念遷移、石火風燈、逝波殘照、露華電影,都不足以喻萬物的念念無常。佛教還宣傳,無常雖有兩種,但無常是無始無終的。人有生、老、病、死,但生前仍有生命體,死後又轉化為其他生命體,相續不絕。事物由因緣和合而生,因緣離散而滅後,又轉化為其他事物。世界也按成、住、壞、空的過程,周而復始,不斷迴圈。總之,世間一切事物永遠生滅變化,無始無終。

佛教認為,包括人類在內的世間一切事物都是一種流,一切事物都只在永恆的流動中存在,猶如水流和火焰,處於瞬息即變的過程之中一樣。這無疑是一種卓越的辯證觀念,是佛教在理論上的最有意義的貢獻。但是,釋迦牟尼以事物的變化來說明人生的痛苦,顯然是不正確的;他以追求寂滅的涅槃境界為依歸,也是非辯證法的。佛教主張一切變動不居,以「無常」反對「常」,成為佛教反對婆羅門教派的重要理論,它曲折地反映了當時印度思想界否定和肯定社會結構的鬥爭。但是,佛教一切無常的相對主義傾向,最後又發展到相信「不可言說」、「不可思議」的「如來」,把破他人的「常」變成了立自己的神祕符號,從而又陷入了神祕主義的深淵。

三 無我論

無我論是從緣起論派生出來的又一重要理論。佛教講的「我」是主宰和實體的意思。「我」是恒常不變的實體,具有自我主宰的功能。也就是說,「我」是既無集合離散,又無變化生滅的實體,是獨立自生的永恆不變的主宰者。所謂「無我」,是說一切存在都沒有獨立的不變的實體或主宰者,一切事物都沒有起著主宰作用的我或靈

魂。換句話說，就是世界上沒有單一獨立的、自我存在的、自我決定的永恆事物，一切事物都是因緣合成的、相對的和暫時的。

　　早期佛教的「無我」觀念，是針對當時印度各派的「我」的理論，尤其是婆羅門教的梵我即神我理論提出來的。據《中阿含經》載，當時主張有神我存在的說法有三種：一是認為感覺是神我；二是認為神我是能夠感覺的主宰；三是神我並無感覺，而神我的工具能夠感覺。早期佛教對此一一加以駁斥，指出感覺有多種多樣，有快樂的、痛苦的、不快樂也不痛苦的，不能都是神我，而且任何一種感覺也都是生滅變異的無常存在，不可能是神我。感覺既非神我，神我也就不是能夠感覺的主宰，也就不能有感覺。神我既然不能感覺，神我的工具也就不能有感覺。早期佛教也反對婆羅門教宣傳大自在天（大神）創造世界的說法，認為世界有變化和毀滅，有煩惱和災難，有仇恨和醜惡，這就證明了世界不是自在天創造的，或者說大自在天也有煩惱和醜惡。早期佛教並沒有否認大自在天的存在，但認為他不過是受自身業力支配的高級眾生而已。

　　佛教宣傳「我」有兩種：一是「人我」，二是「法我」。對我的執著，叫做「我執」，也叫做「我見」。我執也分為兩種：「人我執」（「人執」）和「法我執」（「法執」），這都是佛教所要破除的最主要觀念。和兩種我、兩種我執相對立，相應地「無我」也有兩種：一是「人無我」，二是「法無我」。從無常必然推出無我。「無常故苦」，人生既有苦惱，就是不自在，自己不能主宰自己，也就是無我，即人無我。不僅如此，其他一切事物也都是無我。因為一切事物時時刻刻在變化，所以也不能說有一定的自體，稱為「法無我」。這種人、法二無我的理論是早期佛教的基本學說，也是在思想上區別於當時印度其他流派的根本之點。

　　無我論的意義也有一個演變的過程。小乘佛教學者認為，人類最

容易把自身執著為實有，所以突出地強調人無我。他們宣傳人是形體和精神的集合體，是由色、受、想、行、識五蘊組成，假名為人，虛妄不實，本無有我。猶如梁椽磚瓦和合而成房子，離開梁椽磚瓦也就沒有房子。人是身心假合，離開五蘊和合也就不成其為人。人也如水涓涓，如燈焰焰，念念生滅，相續無窮。人的生理和心理的存在狀態都是無常的，死亡就是人體生命因素的解散，就是無常的表現。但是，世俗的人不懂得這個道理，把人執著為實在的我體，產生我的觀念，熱衷於自他彼此的差別，產生和增長貪欲、瞋恚、愚痴，形成各種煩惱，進而造種種業，有業就有生死輪回。所以，我執是萬惡之本，痛苦之源，必須全力破除。一般地說，小乘佛教並不否定物質世界如山河大地的客觀存在，而是強調它沒有永恆的實體。但是，這種把事物和實體對立起來的矛盾理論，為後來大乘佛教否定客觀世界的真實性提供了基礎。大乘佛教學者認為，人以外的其他一切事物也和人一樣，都是各種因素的集合體，也都沒有獨立自存的實體，是法無我。但是眾生不懂得這個道理，把事物執著為實在的我體，由此就妨礙了對佛教「真理」的理解。他們在破除人我執的同時，還特別重視破除法我執，宣揚一切皆空的理論。

早期佛教宣傳無我的理論，否定自我實體的存在，但是它又肯定眾生業力的作用，提倡業報輪回說，這就留下了巨大的理論矛盾。後來部派佛教的某些學者就主張有「人我」，還提出了「中有」作為輪回轉世的聯繫者、過渡者。大乘佛教瑜伽行派更是立「阿賴耶識」及其種子，作為生死流轉和涅槃還滅的根據和立足點，這都是為了克服上述理論矛盾而提出的種種唯心主義解答。

按照無我的理論，一切事物都無自性，那麼，人的思維、認識又如何開展呢？紛繁雜陳、千差萬別的事物又如何區分，如何識別呢？出於認識的需要，瑜伽行派提出了「法有自性」的觀念，認為事物有

各種「自性」，以便於劃清不同事物的界限和範圍，便於思維活動的
開展，也就是使事物能夠辨別，認識能夠進行。同時，瑜伽行派又把
一切事物歸結為唯識所變，構成獨特的唯心主義學說。

第五章
佛教的制度和儀軌

　　本章包括佛教制度和佛教儀軌兩部分。佛教制度是僧團法規，涉及佛教僧侶和僧團的生活以及處事方法的一系列規定。佛教儀軌是指僧人修持的儀式和軌範，亦即行持的方式方法。

　　佛教有僧團就要有制度。印度僧尼以戒律為生活規範，中國僧團除戒律外還制定了其他若干約束僧尼言行的僧制和清規。東晉時由於僧尼漸多，道安開始提倡嚴肅戒律，首次制定的規式有：一是行香、定座、講經、上講之法，二是常日六時行道（日三時，夜三時）、飲食唱時法，三是布薩、差使、悔過等法。此為後來各種法事儀制的開端，影響極為深遠。嗣後佛教界和官方也屢為僧尼制定法規。中國僧制主要向兩方面演化：一是國家的管轄制。因為僧尼多而雜濫，於是國家通過佛教上層人物來加強管理，以僧治僧。秦王姚興立僧䂮為僧正就是此種制度的開始。後代的僧統、僧錄司等也部是為管理佛教徒而設置的。二是禪僧的叢林制度，這是為適應在山林農村居住的禪僧而確定的。唐代後期懷海撰《百丈清規》，元代又奉敕重新修訂，成為後代寺院的基本法規。

第一節　教徒和僧籍

一　教徒的稱呼

　　佛教徒尊奉佛教創始人釋迦牟尼為本師，而自稱為釋迦牟尼的弟

子。佛教徒有四類，稱為四眾弟子，就是出家男女二眾，在家男女二
眾。出家男女又有四類，即比丘、比丘尼、沙彌、沙彌尼四眾。出家
的男眾為比丘，比丘是梵文音譯，又稱為「苾芻」[1]。意思是乞食，
指僧人托缽乞食，也含有怖魔、破惡、淨命等意思。比丘就是出家後
受過具足戒的男僧。出家女眾名為比丘尼，也稱「苾芻尼」。「尼」是
梵語中女聲，指出家後受過具足戒的女僧。俗稱比丘尼為尼姑，尼是
比丘尼的略稱，姑是漢語。比丘又俗稱為「僧人」。僧是梵語「僧
伽」的略稱，意義是眾，凡三個比丘以上和合共處稱為眾，即為僧
伽。古代印度各教派都提倡人到一定年齡以後，要出家修持，出家者
被稱「沙門」（舊稱「桑門」），意思是止息一切惡行。由於印度其他
教派沒有傳入中國，這樣沙門也就成為出家佛教徒的專稱了。世俗還
稱比丘為「和尚」。和尚是印度俗話，梵文的音譯為「鄔波馱耶」，意
譯是「親教師」，即師傅。在中國一般是對佛教師長的尊稱，後又成
為僧人的通稱了。上述的稱呼在書面上多用比丘、沙門，在口語上多
用僧人、和尚。對那些佛教界的上層人物，有佛理素養又善於講解經
文的，稱之為「法師」。有時為了對一般僧人表示尊敬也稱之為「法
師」。在中國蒙藏地區，人們稱僧人為「喇嘛」。喇嘛為藏語的音譯，
意思是「上師」，是藏傳佛教對有學問的高僧的一種尊稱，相當於漢
族地區所稱的和尚，同樣是師傅的意思。漢族人則常把蒙藏僧人統稱
為「喇嘛」。

在家信教的男眾，稱為「優婆塞」；在家信教的女眾，稱為「優
婆夷」。「優婆塞」是梵語，意思是清信士、近事男、近善男，即親近
奉事佛、法、僧「三寶」者。「優婆夷」也是梵語，意思是清信女、

---

[1] 「苾芻」：亞洲熱帶地區的草本植物。佛典中所謂苾芻，系指雪山所產的香草，這
　種香草體性溫軟、引蔓旁布，聲香遠聞，能醫疼痛，不背陽光。佛教認為僧人的特
　性和苾芻的上述優點相似，所以借用也稱之為「苾芻」。

近事女、近善女，也是指親近奉事佛、法、僧「三寶」者。俗稱在家的佛教徒為「居士」。「居士」是梵語「迦羅越」的意譯，原指居積財富的人士，後來轉為居家修道人士的專稱了。

二　入教的程式

　　佛教信仰者出離家庭獨身修道是要經過一定程式的，是有條件的。一般的程式是按照佛教戒律的規定，先到寺院找一位比丘，請求他作為自己的「依止師」。這位比丘再向全寺院的僧侶說明情由，廣泛徵求意見，取得一致同意後，方可收其為弟子。然後再為他剃除鬚髮，授沙彌戒（共 10 條），此後這人便成沙彌了。沙彌是梵語，意思是當勤受比丘的策勵，息惡行慈。出家人至少 7 歲才能受沙彌戒，沙彌至 20 歲時，寺院住持、依止師經過僧侶的同意，召集 10 位大德長老，共同為他授比丘戒，才能成為比丘。受比丘戒滿 5 年後，才可以離開依止師，自己單獨修行，雲遊各地，居住各寺院中。至於女人出家，也同樣要先依止一位比丘尼，受沙彌尼戒（10 條）。年滿 18 歲時，受式叉摩那戒（共 6 條），成為「式叉摩那尼」（學戒女），意思是學法女。到 20 歲時，先從比丘尼，後從比丘受比丘尼戒。這樣經過兩度受戒之後才能成為比丘尼。當大乘佛教在印度盛行後，修大乘佛教的比丘還可以根據自願（不是必須的）受菩薩戒。中國古代的梁武帝、隋文帝、隋煬帝也都受過菩薩戒，稱為「菩薩戒弟子」。出家僧人如果想還俗的話，很方便，只要對任何一人聲明一下，就可以放棄僧人的身份。

　　佛教這套出家程式，在不同地區、不同時代的具體做法也有所不同。在中國漢族地區，唐宋時比較嚴格，元代以後就比較寬鬆了。大約自元代開始，受戒者還要在頭頂上燃香（3 炷、9 炷或 12 炷），以

為終身誓願的標誌。從 20 世紀 80 年代以後，佛教界已在漢族地區廢除了這種陳規陋俗。

佛教對出家的佛教徒在服飾方面有著統一的嚴格要求，對於在家的居士則沒有特殊規定。佛教最早規定，比丘穿的衣服只有三衣：一是五衣，即由五條布縫製而成的內衣，日常作業和就寢時穿用；二是七衣，是由七條布縫製而成的上衣，禮誦、聽講時穿用；三是大衣，由九條布以至二十五條布做成的，遇有禮儀或外出時穿用。比丘衣服的每一條布，分別由一長一短（五衣）、二長一短（七衣）、三長一短（大衣）的布塊連綴而成。這種式樣叫做「田相」，狀似田地畦壟，縱橫交錯，表示眾僧可以為眾生的福田，故也稱「福田衣」，也就是袈裟。在中國寒冷地區穿這三衣難以禦寒，所以又增穿一種圓領方袍的俗服。後來一般人廢棄了這種衣服的式樣，而僧人卻一直保持著，久而久之，圓領方袍便也就成為僧人專有的服裝了。

在家信仰佛教的人，願意成為正式的在家佛教徒 —— 優婆塞、優婆夷，即居士，也要經過一定的手續，要有法師的證明。在家居士的基本條件是受持三歸：皈依佛、皈依法、皈依僧。皈依是投靠的意思。就是把自己的身心性命全部投靠於佛教三寶，依照佛教三寶的教導修行。其受持儀式是，請一位法師依照《三歸儀軌》為自己說明三歸的意義，自己表示從此以後要終生皈依三寶，這樣就可以成為居士了。如果進而再從法師受五戒，便可成為五戒優婆塞、五戒優婆夷了。以後如果再進一步從法師受菩薩戒，又可成為菩薩戒優婆塞、菩薩戒優婆夷了。在家居士如果要放棄居家佛教徒的身份，也是只要對任何一個人聲明一下就可以了。

三　度牒、僧籍和寺籍

　　中國古代封建王朝為了控制、管理僧民還設有度牒、僧籍、寺籍的制度。度牒的度是度之入道，牒是憑證。度牒就是祠部發給合法出家者的證明書。僧尼以此牒為身份憑證可以得到政府的保護，免除地租和徭役。度牒也還可以起旅行護照的作用。僧籍是記錄僧人姓名、年齡、籍貫等的簿籍，相當於現在的戶口名簿，由國家統一管理。寺籍即記錄寺院興建的年代、名稱、情況等的簿籍。唐宋以來，寺院的興建都得經過政府的批准，寺院名稱也由政府頒發。

　　官府頒發度牒始於唐大中十年（西元 856 年），規定出家時領取度牒，受戒時領取戒牒（受戒證明書，有法律效力）。想出家的人，先要到寺院中作「行者」，服各種勞役，不剃髮，可以從師受沙彌戒。等到政府規定的度僧時日，經過政府甄別，或經過試經的考試，合格者發給度牒，並指定其僧籍隸屬於某寺院，這時方取得僧人的資格，允許剃度。然後再前往政府准許受戒的寺院受比丘戒，領取戒牒。受戒師也由政府指定。凡是未經政府許可，私自剃度的即所謂私度的要受到懲罰。清代後來廢除了度牒，戒牒也改由傳戒寺院頒發。也就是只保留戒牒而無度牒了。出家和尚傳戒也漫無限制了。歷史上，有的朝廷、地方官和豪強還以賣度牒的收入，來緩和財政危機，或經營商業，謀取財利。宋代的度牒曾作為貨幣來使用。

第二節　叢林和清規

一　叢林

　　佛教說眾多比丘一處和合，如同大樹叢聚，故稱僧眾聚集之處為

叢林。叢林也是借喻草木生長有序，用以表示僧眾有嚴格的規矩和法度，中國佛教叢林通常是指禪宗寺院，所以也稱禪林。但後世其他宗派也有仿照禪林制度而稱寺院為叢林的。自宋代起，禪林又不斷分化，形成各種不同類型。最初有甲乙徒弟院、十方住持院和敕差住持院三種。寺院由自己所度的弟子輪流住持的稱甲乙徒弟院，略稱甲乙院。公請各方著名僧人住持的稱十方住持院，略稱十方院。由朝廷給牒任命住持的，稱敕差住持院，略稱給牒院。後來朝廷取消了給牒任命住持制度，這樣禪林就只有兩類了。甲乙住持院是師資相承的世襲制，稱為剃度叢林或子孫叢林。子孫叢林也叫「小廟」。每個叢林都從屬於一定的宗派，世代相承，很少任意更改的。十方住持院是由官吏監督選舉的，稱為十方叢林。它又分為兩種：一種是依法系相傳的，稱為傳法叢林；另一種是實行十方選賢制度的，稱選賢叢林。

二　清規

我國叢林清規形成於唐代，在此之前，自後秦始逐漸形成由「三綱」負責僧職的管理制度。三綱包括上座、寺主和維那。上座為全寺之長；寺主主管全寺的事務；維那管理眾僧庶務。到了唐朝，由於政治統一，國力強盛，宗派林立，要求有一套適應中國國情的統一的寺院制度。唐武宗滅佛後，多數宗派一蹶不振，唯有簡便易行的禪宗、淨土宗盛行於世。自慧能創立禪宗門庭以後，百餘年間禪僧劇增，可是禪僧們以道相授受，多岩居穴處，或寄往律宗寺院。有些寺院常住千餘人乃至 2000 多人。禪宗名僧懷海認為禪僧住在律寺內尊卑不分，對於說法住持和集體修行生活都不合規制，於是他根據中國國情和禪宗特點，折中大小乘戒律，率先創意釐定了叢林清規。因懷海居江西奉新百丈山，所以後人稱他為「百丈禪師」，稱他制定的清規為

《百丈清規》。懷海的清規受到禪僧們的普遍歡迎，又得到朝廷的推崇，因而風行全國，影響極為廣遠。

　　《百丈清規》的清規有清淨規約的意思，是禪宗的叢林制度，也就是禪宗寺院組織的程式和寺眾（清眾）日常行事的章程準則。《百丈清規》對於住持、法堂、僧堂和寮舍等都作了明確的規定。其大體規定是，叢林的住持為禪眾之主，地位最高，尊為長老，居於「方丈」[2]。叢林不立佛殿，只建法堂（後來又立佛殿）。所有禪眾都依受戒先後安排在僧堂居住。懷海宣導「一日不作，一日不食」的農禪生活，實行「普請法」，即普遍邀請禪眾勞作的制度，規定無論上下都參加集體生產勞動，以求生活的自給。印度佛教戒律規定僧人不准「掘土墾地」，認為鋤頭入土會截斷蚯蚓、搗毀蟻窩、切碎螺蚌，也就是殺生害命，違背了首要的戒律，所以是嚴格禁止的。懷海提倡修持和勞動生產相結合，這對印度佛教戒律是一種重大的突破和改革，應該說是有進步意義的。《百丈清規》還置十個寮舍，每舍任用首領一人，管理各種事務。由於後來叢林組織日漸龐大，各種職事名目層出不窮，未免混亂，於是北宋崇寧二年（西元 1103 年）又對《百丈清規》作了增訂，稱《崇寧清規》。《百丈清規》被稱為《古清規》、《古規》[3]。以後又相繼有南宋咸淳十年（西元 1274 年）的《咸淳清規》，元代至大四年（西元 1311 年）的《至大清規》。元代元統三年（西元 1335 年），更由朝廷命江西百丈住持德輝禪師重輯定本，並由金陵大龍翔集慶寺住持大訢等校正定名為《敕修百丈清規》，頒行全國共同遵守。實際上此本清規的內容精神離《古規》已相去甚遠，是一部全新的清規。

2　「方丈」：《維摩詰所說經》說，維摩詰居士的臥室，一丈見方，但容量無限。禪宗比附此說，以「方丈」名住持所居之室，由此住持也稱「方丈」。

3　《百丈清規》在南宋初已佚失，現存宋楊億撰《古清規序》。（參見元·德輝編：《敕修百丈清規》卷八）

　　《敕修百丈清規》共分九章，前四章是律書所未定，也是《古規》所沒有的。主要規定了關於祝聖、國忌（帝王、王后忌日）、祈禱、佛誕節、涅槃節、達摩忌、百丈忌以及各寺歷代諸祖忌等儀式，它進一步體現了封建王朝加強對寺院的控制，使佛教更能有效地為封建統治服務的意圖。第五章至第九章是叢林的規章制度，主要是關於入院、退院、上堂、晚參等一系列寺院活動的規定；關於仿照朝廷文武兩班制定的叢林東西兩序各職事的規定；關於禪眾個人禮儀以及鐘鼓等法器的規定。這些規定在明清時代一直在寺院中廣為流行。

第三節　儀式和軌範

一　日常課誦

　　佛教徒修行的方式方法一般說有兩種：一是學習教理，二是修習禪定。印度早期佛教學習教理的方法，最早是聽釋迦牟尼說法，並互相討論。修習禪定是趺坐，或是經行（在林間往來徘徊思索）。後來寺院立有佛像，又有佛經，於是便有了禮拜供養佛像和誦讀佛經的行儀。僧人定時念持經咒，禮拜三寶和梵唄歌贊，這些法事活動稱為課誦。古印度諷誦佛經奉行「三啟」儀制，首先頌揚馬鳴所集的讚佛詩文，其次正誦佛經，然後陳述迴向發願。這種念誦法成為我國漢地佛教課誦活動的基本儀制。

　　佛教傳入中國初期只是弟子隨師修行。到東晉時，道安的弟子多至數百人，弟子難以單獨地隨師修行了，於是便制定了僧尼修行的規範，其中的行香、定座、上講之法，就是講經儀；常日六時行道、飲食唱時法，就是課誦齋粥儀，這些規定各地寺院都普遍遵行。宋明以來又在此基礎上形成了寺院普遍奉行的朝暮課誦，尤其是在明清之

際，朝暮課誦漸趨定型化、統一化，奉行的範圍遍及各宗各派大小寺院和居家信徒，成為所有叢林必須修持的定課，違者依例罰錢。

按照明末以來的定規，佛教徒每日有「五堂功課」、「兩遍殿」。早殿有兩堂功課，也稱早課，通常主要是誦《大佛頂首楞嚴神咒》（《楞嚴咒》）。楞嚴是一切事究竟堅固的意思。再誦《般若波羅蜜多心經》（《心經》）。此經是大部《般若經》的中心。晚殿有三堂功課，也稱晚課。主要是誦《佛說阿彌陀經》，為自己往生西方淨土祈願；誦《禮佛大懺悔文》，「懺」表示消除以往的宿業，「悔」是不造未來的新愆；還誦《蒙山施食》，僧人於每日中午的齋食中取出少許飯粒，到晚間按照《蒙山施食》儀文一邊念誦，一邊將飯粒施給餓鬼。蒙山在今四川雅安，相傳是甘露法師在此集成此儀文的。

二　懺法與打七

（一）懺法

懺法是佛教徒自我修行的一種重要方法，是通過念經拜佛來懺悔以往所犯罪業，並發願以後積極修行、永不退轉的一種宗教儀式。歷來通行的懺悔法有兩類：一類是集有關佛經所說，懺悔罪過的儀則；另一類是依五悔[4]法門，修習止觀的行法。中國佛教的懺法起源於晉代，漸盛於南北朝，至隋唐大為流行。

1 關於懺悔罪過的儀則

自晉代道安和慧遠奉行懺法以來，至南齊竟陵王蕭子良撰《淨住子淨行法門》30 卷（《廣弘明集》收存 1 卷）。梁武帝制懺兩部，一是

---

4 「五悔」：指懺悔、勸請、隨喜、迴向和發願。

《六根大懺》，今不傳；二是《六道慈懺》，即今所謂《慈悲道場懺法》，又簡稱《梁皇懺》。這部懺法在中國流傳最久。梁武帝撰寫此二懺，是為反對當時僧人食肉；他以為食肉不合經意，於是制斷食肉，並令僧人七日懺悔。後世人為了滅罪消災濟度亡魂，也常請僧人修此懺法。由於南北朝時開始流行各種懺法，梁武帝、陳宣帝和陳文帝也都著有闡明懺法的懺文。隋唐之間，佛教宗派形成，各派都依所宗經典撰寫種種懺悔行法，如淨土宗善導撰《淨土法事讚》，華嚴宗宗密撰《圓覺經道場修證儀》18 卷等。此外，唐末知玄（即悟達國師）節錄宗密《圓覺經道場修證儀》述《慈悲水懺法》3 卷，簡稱為《水懺》，至今仍在流行。

2 關於修習止觀的懺法

此係天臺宗智顗首創。智顗參照以往五悔法門以及各種禮讚文和懺悔文，形成了自己獨創的懺法。這就是《摩訶止觀》卷 2 中所說的四種三昧：「半行半坐三昧」和「非行非坐三昧」，也就是「法華三昧行法」、「方等三昧行法」、「請觀音三昧行法」和「金光明三昧行法」。其中「半行半坐三昧」即「法華三昧」，是修習止觀的重要方法。它注重在懺法中體現出三昧。它的內容和組織程式是嚴淨道場、淨身、三業（身、口、意）供養、奉請三寶、讚歎三寶、禮佛、懺悔、行道旋繞、誦《法華經》、思唯一實境界（即坐禪正觀實相），共十法。這十法既是修行的方法，也是懺悔的儀式。後代天臺宗學者繼承了智顗的遺法，都認為禮懺是修習止觀的重要行法。他們又遵照這樣的組織形式編造了許多懺法。如宋遵式居杭州慈雲寺，廣修懺法，稱「慈雲懺主」。他撰有《往生淨土懺願儀》。又由於淨土宗信仰的流行，使此法流行很廣。知禮撰《大悲懺法》，全稱《千手千眼大悲心咒行法》。由於觀音信仰的普遍流行，此法也逐漸流入民間，至今也還是全國流

行最廣的一種懺法。明智旭撰《地藏懺法》，凡是報親恩，祈父母冥福的法事，多採用此懺。到了清代，各種懺法紛呈於世，如清代刊定的《藥師懺》，凡消災延壽的法事，多禮此懺。這樣懺法的內容也就逐漸發生變化了。當初智顗制定懺法的目的是為了通過禮敬、讚歎、懺悔以安定心思，然後從誦經和坐禪兩方面正觀實相。如此周而復始的修行，以達證悟。但後來的這些懺儀只注重禮拜、懺悔，廢止了誦經和坐禪，只重形式，輕視內容，捨本逐末，完全失去天臺宗的止觀要旨了。

　　上述兩類懺法都是佛教徒自己修行的方法，不是替他人作佛事以求謀利的手段。但後來逐漸演變成為施主給予財物指定僧人修懺法誦佛經的風氣和習慣了。這樣，懺法自然也就成為一種僧人謀利的佛事活動，從而和商業買賣沒什麼本質上的區別了。

（二）打七

　　打七是禪宗和淨土宗的重要佛教儀式。禪宗重在直接參究心性的本原，淨土宗以專心念佛願求往生西方極樂世界為目的，這樣他們的修行儀式就都不是禮拜懺法，而是於七日之中，專心參究，或專心持名，稱之為「打七」。禪宗的打七稱為「打禪七」、「禪七」，是冬天進行的參禪活動。打七活動時間有一七（一個七日）乃至十七（十個七日）的不同。通常是從陰曆十月十五日起至臘月八日止，共「七七」四十九天。淨土宗的打七稱為「打念佛七」、「打淨七」、「佛七」，主要是念佛活動，只念阿彌陀佛，伴以敲木魚擊磬。可以隨時舉行，也是「七七」四十九天。

三　浴佛法會與盂蘭盆會

佛教的節日活動較多，其中最大的是佛誕節和自恣日。佛誕節要舉行浴佛法會，自恣日要舉行盂蘭盆會。

（一）浴佛法會

佛誕節也稱「浴佛節」，是紀念釋迦牟尼誕生的重大節日。佛教傳說悉達多太子在蘭毗尼園娑羅樹下降生時，有九條龍（一說兩條龍）口吐香水洗浴佛身。後來佛教徒根據這個傳說，每當佛誕節都要舉行「浴佛法會」。其儀式是在大殿或露天下設一水盆供奉釋迦牟尼誕生像。像高數寸，作童子形站立狀，右手指天，左手指地。佛教傳說悉達多太子誕生時，右手指天、左手指地說：「天上地下，唯我獨尊」。印度的風習尚右，所以右手指天；而中國以左為上，所以中國漢地的悉達多太子像多是以左手指天。佛教徒要以各種香水沐浴太子像，以表示虔誠的慶祝和供養。「浴佛法會」大約在後漢時開始流行於各寺院，後又逐漸流傳到朝廷和仕宦之間，到了兩晉南北朝時更是普遍流行於民間了。

關於佛誕節的日子，東南亞各國的佛教徒以四月十五日為佛誕日，也是佛成道日、佛涅槃日，中國的蒙藏地區也如此。中國漢文佛典中對佛誕日的記載有二月八日、四月八日和十二月八日三種。北朝時多以四月八日為浴佛節，自南朝梁開始經過唐至遼初，大多在二月八日浴佛。宋代北方改在十二月八日（臘八），南方則在四月八日。元代《敕修百丈清規》規定四月八日為釋迦如來誕辰，此後南北均以四月八日為浴佛日，舉行浴佛儀式，至今相沿不變。

（二）盂蘭盆會

　　佛教僧侶的自恣日在七月十五日。上面已提到，佛教規定每年的四月十五至七月十五的三個月僧人要定居在寺廟內專心修道，稱作「安居」，也叫「結夏」、「坐臘」。七月十五日安居期滿要舉行檢舉懺悔集會，稱為「自恣日」。在七月十五這一天還要舉行「盂蘭盆會」。盂蘭盆會也稱「盂蘭盆節」、「盂蘭盆齋」、「盂蘭盆供」，這是佛教超度祖先的一種儀式。《佛說盂蘭盆經》說，釋迦牟尼弟子目連以天眼看到亡母生在餓鬼道，如處倒懸，受盡苦難而不得救拔，於是去求釋迦牟尼救度。釋迦牟尼就讓他在七月十五日眾僧自恣時，集百味飲食於盂蘭盆中，供養十方自恣僧眾，以這樣的功德使七世父母和現生父母在厄難中者，脫離餓鬼道，往生人世或天界享受福樂。佛教徒舉行的盂蘭盆會就是根據這一段記載而來的。《盂蘭盆經》的經題有兩種解釋，一說「盂蘭」是梵語譯音，義為倒懸（困苦），「盆」是漢語，盛供品的器皿。據說這種供品器具可解先亡的倒懸之苦。第二種說法是「盂蘭盆」三個字都是梵語 Ullambana 的譯音，意為救倒懸。實際上第一種解釋是誤解，第二種解釋是正確的。

　　依據《佛說盂蘭盆經》舉行的盂蘭盆會儀式，創始於梁武帝蕭衍，此後成為歷代帝王及民間的一種風俗，相沿不絕。

四　水陸法會與焰口施食

　　中國佛教寺院每年都要舉行一系列的佛事活動，其中以水陸法會的規模最盛大、最隆重，以焰口施食為最經常、最普遍。

（一）水陸法會

　　水陸法會的全稱是「法界聖凡水陸普度大齋勝會」，也稱「水陸

道場」、「水陸大會」、「水陸會」、「水陸齋」、「水陸齋儀」、「悲濟會」
等，是中國佛教的一種非常隆重的經懺法事。舉行法事的時間較長，
最少七天，多則可達四十九天。參加法事的僧人有幾十甚至上百，規
模盛大。法會上設內壇和外壇，以各種飲食為供品，供養諸佛、菩
薩、天神、五嶽、河海、大地、龍神、冥官眷屬乃至畜生、餓鬼及地
獄眾生等。誦經設齋，禮佛拜懺，追薦亡靈。據宋遵式的《施食正
名》，謂系「取諸仙致食於流水，鬼致食於淨地」（見《金園集》卷
中），故名「水陸」。水陸法事是由梁武帝的《慈悲道場懺法》和唐代
密教冥道無遮大齋相結合發展起來的。史載：「所謂水陸者，……因
〔梁〕武帝夢一神僧告曰：『六道四生，受苦無量，何不作水陸（大
齋）普濟群靈？』……帝勸志公廣尋經論，必有因緣。於是搜尋貝
葉，……早夜披覽，及詳阿難遇面然鬼王建立平等斛食之意，用制儀
文，三年乃成，遂於潤（潤州，今江蘇鎮江）之金山寺修設。帝躬臨
地席，詔（僧）祐律師宣文。」（宋・宗鑒《釋門正統》卷 4）到了宋
代，楊鍔採用密教儀軌編寫成《水陸儀》（今佚）對水陸法會的流行
起了不小的推動作用。至此水陸法會盛行於世，特別是成為戰爭以後
朝野經常舉行的一種超度亡魂的法會。蘇軾就曾為其亡妻王氏設水陸
道場，撰《水陸法贊》16 篇，稱「眉山水陸」。水陸法會一直延續到
明清兩代。

（二）焰口施食

焰口施食是根據唐密宗不空譯《佛說救拔焰口餓鬼陀羅尼經》而
舉行的一種佛事儀式。焰口，也稱「面然」，是餓鬼王的名稱。據上
述經文描繪，其形枯瘦，咽細如針，口吐火焰。經文還說，釋迦牟尼
大弟子阿難獨居閒靜處習定，半夜三更有一名叫焰口的鬼王來對他
說：你三日以後命終，投生在餓鬼中。如要免此苦難，必須於明天普

遍施食於鬼神。阿難為求自己不墮入餓鬼之中，也使諸餓鬼能解除痛苦，於是前去請求釋迦牟尼的幫助。釋迦牟尼遂為之說誦經咒，指點施捨的方法。這種施捨的方法後來成為修持密宗的人每天必須修持的一種行事。密宗有專門對餓鬼施食的經咒和念誦儀軌。其儀式通常是在黃昏舉行，取一淨器，盛以淨水及少許米飯糕餅之類，右手按器，口念經咒，後稱如來名號；再取食器，瀉淨地上，以作佈施，超度餓鬼。近代的習慣，凡佛教重大法會圓滿結束之日，或喪事期中，也多舉行焰口施食。

第六章
佛教的寺院殿堂

　　佛教的寺院殿堂是供奉佛和菩薩的地方，是佛和菩薩的「住宅」，也是出家僧人居住、生活和修持的地方，歷來為佛教活動的中心，是偶像崇拜和宗教宣傳的基地。從文化和景觀的視角來說，佛寺殿堂作為集中建築、雕塑、繪畫、書法的琳琅滿目的綜合藝術館，既是古代文化活動中心之一，也是人們休憩遊覽的重要場所。它給人們帶來了美的享受、藝術的薰陶、神奇的聯想，也為詩人和畫家提供了創作的激情、衝動和靈感。佛教寺院不僅和宗教、文化、藝術、教育相聯繫，還和農業生產、商業經濟、社會福利事業相聯繫，具有多種社會功能。

第一節　寺院建構的演變

　　一個佛寺之內有若干院，合稱寺院。寺原是古代官署名，如大理寺、太常寺和鴻臚寺等。後來成為僧眾供佛處所的名稱了。傳說佛教最早傳來我國時，是由白馬馱著經像至洛陽，初止於掌管外交事務的官署鴻臚寺，次年建寺，以「白馬」命名，稱白馬寺，為我國佛寺的嚆矢。寺院也稱「寺剎」、「梵剎」、「僧剎」，這是由於寺前幡杆稱為剎的緣故。佛寺還稱「蘭若」，蘭若是梵文音譯「阿蘭若」、「阿練若」、「阿蘭若迦」的略稱。原為比丘習靜修行處，後指佛寺。如杜甫詩句：「蘭若山高處，煙霞障幾重。」（《謁真諦寺禪師》）蘭若即佛

寺。佛寺也稱廟，或寺廟連稱，廟是奉祀祖宗和前代賢哲的地方，也用以稱作為奉祀神佛的地方。古代隱世修行者所居的茅屋，稱為「庵」。後來也稱比丘尼所居的佛寺為「尼姑庵」、「尼庵」。

印度的佛寺叫做「僧伽藍摩」，也稱「僧伽藍」，略稱「僧伽」。「僧伽」是僧眾的意思，「藍摩」是園子的意思，合稱就是僧眾共住的園林。僧伽又有精舍和支提之分。精舍，初為講道場，後為僧徒住所。精舍立有佛塔佛像，中為殿堂，四周繞置僧房。著名的如祇園精舍、那爛陀精舍，雖早已廢毀，然遺址尚存。支提，也稱「招提」。因有舍利塔，故也稱「舍利殿」。支提一般都是依山開鑿的，如我國的敦煌、雲岡、龍門等石窟就受其影響。另外，還有一種「阿蘭若」，是在村外的空閒處建造的小屋，作為僧人清靜修道之所。

我國漢地佛寺經歷了漫長的演變過程，它發軔於漢代，風靡於六朝，繼盛於隋唐，沒落於明清。相傳自東漢早期明帝時於洛陽雍關西立白馬寺以來，至東漢末年出現了規模宏大的佛寺，如笮融在徐州建浮屠祠，祠「以銅為人，黃金塗身，衣以錦采，垂銅槃九重，下為重樓閣道，可容三千餘人，悉課讀佛經，令界內及旁郡人有好佛者聽受道，復其他役以招致之，由此遠近前後至者五千餘人戶」(《三國志》卷 49《劉繇傳》)。三國以來，長安、洛陽和長江中下游建寺漸多。至南北朝時佛教隆盛，建寺更多。如北魏時洛陽城內外有寺 1367 所，各州郡有佛寺 3 萬餘所。北朝還著力建鑿石窟寺，這些寺彌山跨谷，宏偉壯麗。南朝石窟寺雖少，但各地佛寺極盛，如晚唐詩人杜牧描寫當時佛寺之盛說：「南朝四百八十寺，多少樓臺煙雨中。」(《江南春絕句》)實際上梁武帝時就有佛寺 500 餘所。隋唐時代，佛教空前發達，佛寺林立。唐武宗滅佛時，就毀宮立佛寺 4600 餘所，小寺 4 萬餘所。建築於唐代的五臺山南禪寺和佛光寺，是倖存的我國最古的佛寺。宋以來佛教寺院，一般分為禪、教（天臺、華嚴等）和律三類，明太祖

洪武三年（西元 1370 年）又規定寺院為禪、講（講述各宗的經典）、教（包括修行和應赴佛事等）三類，僧眾分別專業，身著不同顏色的袈裟。約自元代起，我國喇嘛教日益興盛，喇嘛教寺廟，尤其是黃教寺廟的建築，在明清時代達到了高峰。

　　我國寺院建築大約分依山式和平川式兩類，與此相應，寺院佈局也分石窟寺和塔廟兩種。石窟寺大多仿印度佛教的支提窟開鑿，如敦煌、雲岡、龍門等石窟，有的洞正中有方形的塔柱或佛龕，以代表支提分位。有許多窟是正中後靠壁前雕刻大佛，左右是菩薩、天王。有的石窟前面有多餘空地，就再建寺院。石窟寺的建鑿以北朝至唐為盛，宋代以來就每況愈下了。塔廟，最早也叫做「浮圖寺」，這是因為最初的塔叫「浮圖」、「浮屠」或「佛圖」等，是供奉佛陀的殿閣。塔廟是廟中必有塔，塔建立在寺院的中心。廟的院庭有廊廡圍繞，正中院庭的前後有殿堂，房院為僧房。北朝時王公大臣施捨邸第為佛寺成為一時的風尚，這些寺廟因原係私人住宅，很少重新造塔，而以正廳供奉代替佛塔。大約在東晉南北朝時期，漢式佛寺佈局已基本定型，它基本上是採用中國傳統世俗建築的院落式格局，院落重室，常至數十院，層層深入。回廊周匝，廊內壁畫鮮麗，琳琅滿目，引人入勝。到了隋唐時代，佛寺建築就逐漸改變過去以佛塔為主體的佈局，而以佛殿為中心了。許多寺廟無塔，塔廟二字也就不再連用了。即使是建塔，也另闢塔院，置於寺前、寺後或兩側。按照中國的營造法則，在南北中軸線上為主要建築物，在東西兩側為附屬設施，佈局對稱。中國佛寺建築，早期是以塔為中軸線上的主體，而後期則以殿堂為主體，塔建在附近了。

　　我國藏式的喇嘛寺不同於漢式寺廟的對稱格局，其主殿居中，經堂佛殿環繞四周。喇嘛寺是喇嘛學習經文的地方，「札倉」（即學院）是寺的主要建築。大寺有五、六座「札倉」。小寺僅有一座「札倉」。

喇嘛寺還有供奉佛像的「拉康」（佛殿）、喇嘛的住宅以及安放喇嘛屍體的喇嘛塔等。這些學院、佛殿、住宅構成了一組建築群，它的佈局是「札倉」、「拉康」等為主體建築，體量高大，矗立於喇嘛寺的中心位置，周圍是數以千計的低矮的喇嘛住宅，立體輪廓十分鮮明。大的喇嘛寺往往占地 100 公頃以上，有幾千乃至上萬的喇嘛居住，宛如一座宗教城市。

第二節　殿堂配置和塑像釋名[1]

一　殿堂配置

　　殿堂是佛教寺院的主要建築，一般地說，供奉佛像，藉以瞻仰禮拜的稱為「殿」。宋代稱孔廟為「大成殿」。佛教也將寺院院落中房舍（稱為「堂」或「寮」）以外的主體部分稱為殿。僧侶說法修道和日常起居的房舍則稱為「堂」。宋代以來禪宗寺院獨盛，禪寺盛行「伽藍七堂」的制度。七堂為佛殿、法堂、僧堂、庫房、山門、西淨、浴室。較大的寺院還有講堂、經堂、禪堂、塔、鐘鼓樓等建築。明代以來，伽藍制度已有定式，殿堂像設也大抵一致了。佛寺殿堂的配置大致是，如以南北為中軸線，自南往北，依次為山門，山門的左右為鐘鼓樓，山門的正面為天王殿，後為大雄寶殿、法堂，再後為藏經樓（寺院圖書館），兩側廊廡，氣勢莊嚴。正中路左右兩側的東西配殿，有伽藍殿、祖師堂、觀音殿、藥師殿等。有的大寺還有五百羅漢堂，堂為田字形佈置，內有四個小天井，十分精巧。寺院的東側（左側）為僧人生活區，建有僧房、職事堂（庫房）、香積廚（廚房）、齋

1　本節參照周叔迦先生《法苑談叢・寺院殿堂佛像釋名》的解說。

堂（食堂）、茶堂（接待室）等，西側（右側）主要是雲會堂（禪堂），以容四海雲遊僧人而名。整個寺院由多層院落組成，形成僧人的獨特的宗教生活區。

二　三門殿

　　寺院的外門一般都是三門並立，中間是一大門，兩旁各一小門。象徵「三解脫門」（即空門、無相門、無作門），故稱「三門殿」。有的寺院雖只有一扇門，也相習稱為三門。三門又稱「山門」，因寺院多居山林，故名。在三門殿內的兩側塑有兩大金剛像，手持金剛杵。金剛是金中最剛的意思，用以比喻堅固、銳利，表示能摧毀一切。杵是古代印度的兵器。金剛杵是古印度最堅固的兵器。金剛是侍衛佛、守護佛法的夜叉神，又名「密跡金剛」。我國《封神演義》還稱金剛力士為哼哈二將，說哼哈二將是鄭倫、陳奇死後封神而成，但佛教典籍中並沒有這樣的名稱。據《大寶積經》卷 8《密跡金剛力士會》說，金剛力士原為法意太子。後來他發誓，在信佛後要經常親近佛，當金剛力士，出入佛之左右，普聞諸佛祕要密跡之事。他後來果真成了 500 名隨從侍衛的首領，稱為「密跡金剛」。「金剛力士」原來只有一個，早期塑像也只是一尊。由於不合乎中國人喜歡對稱的審美觀念，不知哪朝哪代開始又添了一尊。金剛力士的職責是守護佛法，所以置於山門殿的左右兩側。塑像高大雄偉，做憤怒相，頭戴寶冠，袒露上半身，手執金剛杵，雙腳分立。左像怒顏張口，以金剛杵作打擊之勢；右像憤顏閉口，怒目圓睜，平托金剛杵。二金剛力士共同把守山門，顯示了佛門的威武森嚴，令人畏懼敬仰。

三　天王殿

在天王殿供奉的大肚彌勒佛，其左右是四大天王像，彌勒佛的背後是手執寶杵的現天將軍身的韋馱天像。

（一）四大天王

古印度神話說，須彌山腹有「四天王天」，佛教吸取這個傳說並加以改造利用。佛教通常把世界分為依次上升的欲界、色界、無色界「三界」。欲界最低，因具食欲、淫欲，故名。包括人類在內的所謂眾生都屬於欲界。欲界又有六天稱「六欲天」，為天神所居。六欲天又有六重，第一層是四天王天，為四天王及其眷屬（近侍、隨從、信徒）的住所。四天王天的空間位置是在須彌山的山腰。山腰聳立著一座犍陀羅山，此山有四個山峰，四天王及其眷屬就分別住在四個山峰上。四大天王的職責是「各護一天下」，即掌管四大部洲（東勝身洲、南瞻部洲、西牛貨洲、北俱盧洲）的山河大地，所以也稱「護世四天王」。四大天王各有九十一子，分別輔佐天王守護十方。四大天王還各有八大名將，代為管理各處山河森林及小神。

四天王像在中國有一個逐漸漢化的過程。在唐代以前四大天王的形象是：

東方持國天王：因為能護持國土，故名。身為白色，穿甲戴冑，左手把刀，右手執矟（南北朝隋唐時代的長矛）拄地。也有手執弓矢的。守護東勝身洲。

南方增長天王：因為能令他人增長善根，故名。身為青色，也著甲冑，手執寶劍。守護南瞻部洲。

西方廣目天王：因為能以淨眼觀察守護人民而得名。身為紅色，也穿甲冑，左手執矟，右手把赤索。也有僅一手持寶劍的。守護西牛貨洲。

　　北方多聞天王：此天王在四天王中最知名，地位最顯赫，和中國宗教文化關係也最為密切。多聞天王的梵文音譯是「毗沙門」。傳說他是古印度教的天神俱毗羅，別名施財天，意思是財富的贈與者。他一身兩任，既是守護神又是財神，能保護人民的財富。傳說他原為忉利天的主人帝釋天的部下，後脫離上司別樹一幟。由於他的獨特身份，深為中國僧人敬仰和藝術家們的喜愛。敦煌壁畫就有許多關於毗沙門天王拋撒金銀財寶的畫像。傳說毗沙門天王的眷屬也很不同一般，吉祥天女是他的妻子或妹妹。有的造像，釋迦牟尼佛左脅侍是吉祥天女，右脅侍是毗沙門天王，地位極高。毗沙門有五個太子，其中的第二太子「獨健」和第三太子「哪吒」最為有名。

　　唐代毗沙門的畫像是，身為金色，著七寶金剛莊嚴甲冑，頭戴金翅鳥（或鳳凰）寶冠，帶長刀，左手持供釋迦牟尼佛的寶塔，右手執印度式的三叉戟（也有執寶棒或長稍的）。腳下踏三夜叉鬼：中間的名地天（歡喜天），作天女形，左為尼藍婆，右為毗藍婆，作惡鬼形。天王右邊是五位太子和夜叉、羅刹等部下；左邊有五位行道天女和天王的夫人。

　　宋代以後佛教進一步與中國迷信傳說相融合，四大天王尤其是毗沙門天王的職能、形象也有了很大改變。毗沙門天王逐漸失去了他的特殊身份，解除了「財神」的要職而和其他三個天王處於平等地位了。有趣的是：又逐漸從他身上演化出一位「托塔李天王」。李天王指唐代鎮守邊關的武將李靖。這是用李靖使毗沙門天王變成了漢人。他一手執中國近古才出現的兵器「方天畫戟」，一手擎寶塔。他有一妻三子一女，其中以哪吒最有名。哪吒由佛教哪吒演化而來，化洋為中，變為神仙。李天王還被安置為玉皇大帝的天兵總司令，哪吒充任前部先鋒官，而另外兩個兒子金吒、木吒則分別投奔在兩位菩薩門下潛心修道。這可以說是佛教道教的人才交流！

　　由於上述的演化，四大天王也就成為專門鎮守佛門的四大金剛了。相應的塑像也隨之變化。在元代，東方持國天王改為手持琵琶，因為是帝釋天的主樂神；南方增長天王手執寶劍；明代北方多聞天王改為手持雨傘，以表示福德；清代西方廣目天王改為手拿蛇一類的動物。這四大天王的形象表示分主風調雨順的職能，以迎合中國的社會心理。這和《封神演義》小說所描繪的相一致。《封神演義》還說四大天王原是我國佳夢關「魔家四將」，魔禮青、魔禮紅、魔禮海和魔禮壽兄弟四人，後經薑子牙開封神榜而被派去西方作四大天王的，這也是民族主體意識的一種特殊表現。

（二）大肚彌勒佛

　　天王殿正面供奉的本尊像是彌勒像，傳說彌勒是五代時的布袋和尚，浙江奉化一帶人，原名「契此」。契此形體肥胖，面帶笑容，語言無恒，常常背著木棒，棒上吊著口袋，在鬧市行乞並教化群眾，人稱「布袋和尚」，後梁貞明二年（西元 916 年），死在浙江奉化岳林寺東廊磐石上。臨終時自稱彌勒化身，後人遂在寺院天王殿塑造他的像。這可謂是中國化的彌勒佛。又根據印度佛教《彌勒上生經》、《彌勒下生經》和《增一阿含經》載，彌勒是南印度人。彌勒是姓，譯為慈氏，名阿逸多，譯為無能勝，是釋迦牟尼的弟子，後從人間往生兜率天[2]內院。經文上還說，釋迦牟尼佛的教法流傳 1 萬年之後，世間眾生道德逐漸提高，不再需要佛教，佛教也就自行消亡了。此後又經過 800 餘萬年，彌勒菩薩由兜率天下降到此世界成佛，所以也稱彌勒為未來佛。唐代彌勒像都是典型的佛或菩薩像，今北京廣濟寺奉天冠彌勒菩薩坐像，猶存中古遺風。

2　「兜率天」：佛教所謂六欲天之一，此天有內、外二院，外院是欲界天的一部分，
　內院是彌勒寄居於欲界的「淨土」。

（三）韋馱

佛教天神，傳說姓韋，名琨，為四大天王南方增長天王的八大神將之一。據佛教傳說，道宣律師曾和天人會談，說南方增長天王部下有一位韋琨將軍，常周行東、南、西三洲（北洲無人出家），護助諸出家人。中國佛教故事中還有韋馱守護伽藍的傳說，因而特別受中國僧人的尊崇，尤其是近世所建寺院必奉他為守護神。另外，北涼曇無讖譯的經中，有韋馱天的名稱，如《金光明經》說：「風水諸神，韋陀天神」。而《一切經音義》則認為是梵文「室健陀天」的誤譯。韋馱天是印度崇拜的群神之一。中國僧人心目中的護法韋馱大概是韋琨將軍與韋馱天混合化的神。一般韋馱像是身穿古將軍服，手執金剛杵，位置在天王殿彌勒佛後，面對釋迦牟尼像。韋馱的姿勢通常有兩種：一種是雙手合十，橫寶杵於兩腕，筆挺直立；另一種是左手握杵拄地，右手叉腰，左腳略向前立，面向大雄寶殿，仿佛在注視出入行人的動向。後者和《封神演義》中那位手使降魔杵，後來投奔西方肉身成聖的韋護，在造型上是一致的。

四　大雄寶殿

寺院中的正殿也稱大殿、大雄寶殿。「大雄」是佛教教主釋迦牟尼的德號，是對他的道德、法力的尊稱。佛經說他能降伏五陰魔、煩惱魔及死魔等各種魔，威高德上。《法華經・踊出品》贊曰：「善哉，善哉，大雄世尊。」因殿內供奉的主尊像是釋迦牟尼，所以稱「大雄寶殿」。殿堂供奉的主要佛像，即在諸尊中以某尊為主、為本而特尊崇之，稱為主尊，也稱為本尊。由於佛教內部宗派的不同和時代崇尚的變化，正殿供奉的主尊就有很大的不同，有一、三、五、七尊之別。

　　大雄寶殿的配置，有釋迦牟尼或毗盧佛或接引佛的一尊像、三尊像、五方佛像。佛像兩旁通常塑有迦葉尊者和阿難尊者像。有的在大殿兩側和殿后還分別置十八羅漢和三大力士及海島觀音像。

（一）一尊像

　　釋迦牟尼佛像有三種姿勢：坐像、立像和臥像，以坐像居多。釋迦牟尼的坐法稱為「跏趺坐」，簡稱「跏趺」。趺指足背，也就是結跏趺於左右股上而坐。跏趺即佛坐法，又可分兩種：一是「全跏坐」，即交結左右足背加於左右股上而坐，俗稱「雙盤」。雙盤又有兩種，先以右足壓左股，後以左足壓右股，稱為「降魔坐」，禪宗僧人多採用這種坐法；先以左足壓右股，後以右足壓左股，兩足掌心仰於二股之上，稱為「吉祥坐」，密宗也稱「蓮花坐」。二是「半跏坐」，即以一足押在另股上，俗稱「單盤」，密宗稱之為「吉祥坐」。大雄寶殿裡釋迦牟尼佛結跏趺坐的姿勢通常有兩種，一種為左手橫放左足上，名為「定印」，表示禪定；右手直伸下垂，名為「觸地印」，表示釋迦牟尼在出家成道前所作的種種犧牲，只有大地才能證明，因為這些都是在大地上做的事。這種造型稱為「成道相」。另一種結跏趺坐，左手放在右足上，右手向上屈指作環形，稱為「說法印」，表示說法的姿勢，也就是「說法相」。

　　釋迦牟尼的立像是左手下垂，右手屈臂向上伸。下垂叫「與願印」，表示能滿足眾生的願望。上伸叫「施無畏印」，表示能解除眾生的苦難。這種立像又名為「旃檀佛像」。傳說是釋迦牟尼在世時，印度優填王用旃檀木按照佛的形象所作。後來仿照此形象製作的也叫做旃檀佛像了。

　　臥像是側身作臥睡狀，兩腿直伸，左臂平放腿上，右臂彎曲托著頭部。據說這是表現釋迦牟尼臨終前，向弟子們囑咐後事的情景。

　　大雄寶殿的主尊像兩側常有「脅侍」，即左右近侍，通常是塑兩位比丘像。他們是釋迦牟尼的兩大弟子，年老的名叫「迦葉」，中年的名叫「阿難」、「阿難陀」。佛教說阿難受持一切佛法，長於記憶，被稱「多聞第一」。相傳佛涅槃後迦葉繼續領導徒眾，後世稱之為初祖。迦葉涅槃後阿難又繼續領導徒眾，後世稱之為二祖。釋迦牟尼的近侍還有另一種，是兩位菩薩，名文殊、普賢。釋迦牟尼和左右兩菩薩合稱為「華嚴三聖」。還有的是兩弟子兩菩薩並侍的。至於釋迦牟尼像以外的其他佛像的近侍，多為兩位菩薩。

　　毗盧佛：有的大雄寶殿供奉毗盧佛。此佛是三身佛中的報身佛像。毗盧佛的蓮座是千葉蓮，代表華藏世界（華嚴宗所謂佛報身的淨土）。每一蓮瓣代表一個三千大千世界，蓮瓣上面的每一尊小佛，都是應身的釋迦牟尼佛。

　　接引佛：在淨土宗寺院的大殿中，往往供奉阿彌陀佛，或接引佛。接引佛就是阿彌陀佛的立像，作接引眾生的姿勢。右手下垂，作與願印，表示能滿足眾生成佛的願望；左手當胸，掌中有金蓮台。金蓮台是眾生往生極樂世界後的座位。淨土宗說眾生依念佛功行的深淺分為九等，由此而有「九品蓮台」之稱。掌中金蓮台就是表示接引眾生的意思。淨土宗宣揚阿彌陀佛是西方極樂世界的教主，眾生凡願往生彼土，只要專念他的名號，死時阿彌陀佛就會前來接引，使之進入西方極樂世界。阿彌陀佛還有左右脅侍觀世音、大勢至，合稱「西方三聖」。

（二）三尊像

　　自宋代以來，較大的佛殿常供三尊像，即所謂三佛同殿。三尊像有兩類：三身佛和三世佛。

　　1. 三身佛。小乘以三十二相、八十種好描繪釋迦牟尼佛身的莊嚴

特異。大乘佛教進一步提出「佛」有無數,「身」又有各種含義,如有「體」義、「聚積」義,即指由覺悟和聚集功德而成就佛體。由此又生髮出佛有三身、多身之說。其中最常見的是佛具三身說。不同經論對於三身的具體說法也頗不同。有法身、報身、應身說;法身、報身、化身說;還有自性身、受用身、變化身說等,其中以天臺宗的法身、報身、應身說為最普遍流行的說法。大殿內塑造的三身佛就是根據這個說法。當中的一尊是法身佛,名「毗盧遮那佛」,意思是遍一切處,表示佛先天具有並能體現佛法——所謂絕對真理,即以佛法成身,體現了佛法的本身,也就是將佛法人格化。左旁一尊為報身佛,報身是以法身為因,經過修持而獲佛果之身,名「盧舍那佛」,意思是光明普照,表示證悟絕對真理而享受所謂佛境的智慧,即所謂行為功德圓滿,能顯現出智慧的佛身。右一尊為應身佛,名「釋迦牟尼佛」或「釋迦文佛」。應身是為隨緣教化和超度眾生的需要而應化顯現的身,釋迦牟尼的生身就是應身。「毗盧遮那」和「盧舍那」都是梵文 Vairocana 的音譯,後者是前者的簡稱。有的佛教宗派和典籍將一佛變為二佛了。

2. 三世佛。三世佛有橫豎兩種。豎三世佛是從時間上說的,這裡的「世」指因果輪回遷流不斷的個體一生存在的時間。因為佛在過去、現在和未來三世時間上相續,所以稱三世佛。過去佛指迦葉諸佛,寺院塑像中一般特指燃燈佛。佛典說他身邊一切光明如燈,故名。他曾為成佛前的釋迦牟尼「授記」(預言未來成佛的事),是釋迦牟尼的老師,所以是過去佛。現在佛是釋迦牟尼,居中。右側為未來佛,即彌勒佛。因為它原是菩薩,後從兜率天下生此世界,在龍華樹下繼承釋迦牟尼的佛位而成佛的,所以稱未來佛。

橫三世佛,這裡的世是指空間而言的。即從空間上說,分為中、東、西三個不同世界的佛。東方淨琉璃世界的教主藥師琉璃光佛居

左，結跏趺坐，左手持鉢，鉢中盛甘露，右手執藥丸。佛經稱他曾經發過十二大願，要滿足眾生一切願望，拔除眾生一切痛苦。中間是娑婆世界即我們這個世界的教主釋迦牟尼佛；西方的是極樂世界的教主阿彌陀佛，結跏趺坐，雙手疊置足上，掌中有一蓮台，表示接引眾生的意思。

　　三世佛兩旁還各有兩位菩薩立像或坐像，為左右脅侍。在藥師佛旁的是日光遍照菩薩和月光遍照菩薩；在釋迦牟尼旁的是文殊師利菩薩和普賢菩薩；在阿彌陀佛旁的是觀世音菩薩和大勢至菩薩。有的佛經說這六尊菩薩分別為這三位佛的上首弟子。佛典說文殊專習「智慧」，在諸大菩薩中智慧辯才第一，所以有「大智文殊」的美名。他曾降伏過清涼山五百毒龍。其像頂結五髻，坐蓮花寶座，駕獅子，表示智慧的威猛，手持劍表示辯才的銳利。普賢菩薩是遍具眾德的意思，代表「德」與「行」。「德」，據說是延命之德；「行」，據說他曾發過十種廣大行願，要為佛教弘法，故有「大行普賢」的尊號。其像乘白象。佛教認為行的謹慎審靜重莫如象，白像是普賢願行廣大，功德圓滿的象徵。

（三）五方佛

　　五方佛是東、西、南、北、中五方的佛的總稱，又稱「五智如來」。供養五方佛的多見於宋、遼古剎，如著名的山西大同華嚴寺、福建泉州開元寺等處。一般說密宗寺院大多塑五方佛。其方位是，正中為理智不二的法身佛，名大日如來（毗盧遮那佛）；左手第一位為南方寶生如來，表示福德，第二位是東方阿閦如來，表覺性；右手第一位西方阿彌陀如來，表智慧，第二位北方不空成就如來，表事業。密宗認為這五位如來由五種智慧所成，可以綜合說明佛的意義。

（四）過去七佛

《長阿含經》卷 1 載，釋迦牟尼前有六佛：毗婆尸佛、尸棄佛、毗舍婆佛、拘樓孫佛、拘那含佛、迦葉佛，連同釋迦牟尼稱為「過去七佛」。我國寺院供奉的甚少，遼寧義縣奉國寺大殿供奉著這七佛。

（五）十六羅漢和十八羅漢

一般寺院大殿的兩側多供有十六羅漢或十八羅漢像。羅漢是梵文音譯的略稱，全稱為「阿羅漢」（「阿羅訶」），是小乘佛教修行的最高果位：滅盡一切煩惱，應受天人的供應，不再生死輪回，永遠進入涅槃。小乘佛教認為，如果都進入涅槃，又由誰去弘揚佛法？所以後來又轉而提倡說，雖已修得了阿羅漢果位，但不入涅槃，繼續住在世間宣傳佛法。中國佛寺中通常有十六羅漢和十八羅漢之分。

1. 十六羅漢。據大乘佛經載，十六羅漢是佛祖釋迦牟尼的弟子。他們親受釋迦牟尼的囑託，不入涅槃，常住世間宣傳佛法，受世人的供養，為眾生作福田。如北涼道泰等譯《入大乘論》卷上說：「尊者賓頭盧、尊者羅睺羅，如是等十六人諸大聲聞，散在諸渚……守護佛法。」但沒有列出其他十四位羅漢的名字。唐代湛然的《法華文句記》卷 2 上說：「準《寶雲經》第七，佛記十六羅漢，令持佛法，至後佛出，方得入滅。彼經一一皆列住處、人名、眾數等。故諸聖者皆子佛前，各發誓言：『我等以神力故，弘護是經，不般涅槃』。」但現存的《寶雲經》並沒有關於十六羅漢的經文。此外，《彌勒下生經》和《舍利弗問經》又都只說四大羅漢[3]。現在所講的十六羅漢的典據是唐玄奘譯的《大阿羅漢難提密多羅所說法住記》（簡稱《法住

---

3 「四大羅漢」：也稱「四大聲聞」，指大迦葉（摩訶迦葉）比丘、君屠缽歎比丘、賓頭盧比丘和羅雲（羅怙羅、羅睺羅）比丘。

記》）。難提密多羅，意譯為慶友，據說是佛滅以後八百年師子國（今斯里蘭卡）的著名僧人。據《法住記》載，十六羅漢分別是：賓度羅跋囉惰闍（Piṇḍolabhāradvāja）、迦諾迦伐蹉（Kanakavatsa）、迦諾迦跋厘惰闍（Kanakabhāradvāja）、蘇頻陀（Supiṇḍa）、諾距羅（Nakula）、跋陀羅（Bhadra）、迦哩迦（Kārika）、伐闍羅弗多羅（Vajraputra）、戍博迦（Supāka）、半托迦（Panthaka）、羅睺羅（Rāhula）、那迦犀那（Nāgasena）、因揭陀（Ingata）、伐那婆斯（Vanavāsin）、阿氏多（Ajita）、注荼半托迦（Cūdapanthaka 或 ṣuddnipanthaka）。第一位賓度羅跋囉惰闍，其像滿頭銀髮，白色長眉，俗稱「長眉羅漢」。禪堂食堂常供他的像。第六位跋陀羅，據說是佛的侍者，主管洗浴。禪林浴室常供他的像。第十位半托迦和第十六位注荼半托迦，據說是兩親兄弟，兄聰明，弟愚鈍。第十一位羅睺羅，是釋迦牟尼的親生兒子，佛教宣說釋迦牟尼出家之夜，他的夫人耶輸懷孕，六年後於釋迦牟尼成道之夜誕生。十五歲出家，為釋迦牟尼十大弟子之一。第十二位那迦犀那，習稱「那先比丘」，曾答國王彌蘭陀問，闡發了佛教的基本原理。

　　《法住記》譯出後影響很大，「不入涅槃，常位世間，同常凡眾，護持正法，饒益有情」的羅漢形象，受到廣大僧眾的普遍崇奉。又因有關羅漢的資料不多，給佛教藝術家以充分發揮想像、自由馳騁的餘地，從而提供並豐富了雕塑、繪畫、小說的題材和內容。史載，唐代「詩佛」王維喜畫羅漢像。五代以後畫羅漢像之風更盛。目前，我們在杭州煙霞洞看到的是最早的十六羅漢像，為吳越王錢元瓘的妻弟所造。

　　2.十八羅漢。由於五代時紛紛繪畫羅漢像以及其他一些原因，十六羅漢又發展為十八羅漢。根據現有史料，最早的十八羅漢畫像是10 世紀的張玄和貫休畫的。後來蘇軾見到這兩幅畫，分別題了十八

首贊，還在貫休畫的那幅像的十八首贊下一一標出羅漢的名字，即在
《法住記》所列前十六羅漢外再列慶友為第十七羅漢，賓頭盧為第十
八羅漢（《東坡全集》卷 20《十八大阿羅漢頌》）。慶友是《法住記》
的作者，賓頭盧是第一尊者賓度羅跋囉惰闍的重出。所以這又引起後
人的異議，其說不一。《佛祖統記》認為第十七、十八兩位羅漢是迦
葉和君屠鉢歎。有的則說是迦達摩多羅和布袋和尚。也有人認為是降
龍和伏虎。清乾隆皇帝認為第十七位應是降龍羅漢（迦葉尊者），第
十八位應是伏虎羅漢（彌勒尊者）。經此番敠定，這種說法就成定說
了。十八羅漢的傳說相當廣泛，後來逐漸取代了十六羅漢的傳說。自
元朝以後，寺院大殿中多雕塑和供奉十八羅漢像。

（六）三大士

有的寺院在大殿的佛像背後，還塑有坐南向北的三尊菩薩像：文
殊、普賢和觀音。因菩薩也譯為「大士」，故俗稱為「三大士」。三大
士塑像分別騎著獅子、六牙白象和犼。這也和民間傳說有關。《封神
演義》把佛教三大士變成為破太極陣的文殊廣法天尊、破兩儀陣的普
賢真人和破四象陣的慈航道人，他們分別坐騎虬首仙的青毛獅子、靈
牙仙的白象和金光仙的金毛犼，從而也就使三大士愈來愈漢化了。

（七）海島觀音

有的寺院在大殿後面還修有海島，觀音菩薩像立於海島之上，觀
音像旁塑善財童子和龍女，四周作觀音救八難（八處見佛聞法的障
難，指地獄、餓鬼、畜生等）的塑像，這是受《西遊記》中童子拜觀
音的描述的影響。

五　菩薩殿

　　菩薩是梵語「菩提薩埵」的略稱。意譯為「覺有情」，還譯為「開士」、「聖士」、「大士」等，所以一般人常稱菩薩為「大士」。菩薩在佛國世界中的等級地位僅次於如來佛。相傳釋迦牟尼未成佛時就以菩薩為稱號。

　　根據佛經，菩薩可以穿僧衣，也可作在家裝束。中國佛教的菩薩像很少穿僧衣的。從唐代開始菩薩的形象、裝束日趨定型。佛經中的菩薩一般是「善男子」出身，又說菩薩變相是「非男非女」的。中國的菩薩多是面作女相[4]，又有蝌蚪形小髭，自北宋以後小髭取消了。圓臉盤，宋後變長。翠眉長且彎，鳳目微張，櫻桃小口。高髻或垂鬟髻，散落下來的長髮垂在兩肩上，頭戴香寶冠。上身赤裸或斜披天衣，北宋後為帶袖天衣，但仍袒胸，有披巾。還戴項飾、瓔珞、臂釧。腰束貼體錦裙或羅裙，兩足豐圓。菩薩的健美面龐和體態，當是唐代女藝術家和貴族婦女的寫照；菩薩的華麗衣飾是唐代貴族婦女的時裝和古印度貴族裝飾的混合。

　　在中國一般佛教徒的心目中，佛作為教主，其形象無比崇高，與世俗相距甚遠，給人一種莊嚴感和隔距感，然而菩薩卻以普度眾生同登彼岸為宗旨，時出蓮座來到下界導化眾生，給人以一種慈悲感和親切感。這樣，就逐漸萌生出對菩薩的特殊信仰。隋唐以後，佛教徒通過種種附會，宣揚一些著名的菩薩東來定居，自立道場。漢譯佛典中著名的菩薩有彌勒、文殊、普賢、觀世音、大勢至、地藏等。彌勒後

4　佛經對於觀音、文殊、普賢菩薩的性別沒有定說，有說是妙莊主的女兒，也有說是無諍念轉輪王的王子。《紅樓夢》第五十回「暖香塢雅制春燈謎」：「李紈笑道：『觀音未有世家傳』，打『四書』一句。」黛玉笑答：「雖善無征」。這個謎底是說觀音的生平不可考。實際上，文殊、普賢等菩薩的生平也都無從稽考。

來升級為佛了，大勢至也未能獨立成軍而默默無聞。觀世音、文殊、普賢成了中國化的菩薩，並稱為「三大士」。三大士和地藏菩薩又合稱四大士菩薩。文殊菩薩和普賢菩薩分別以大智和大行為尊號，而觀音菩薩也有大悲、地藏菩薩又有大願的美名。文殊菩薩和普賢菩薩常以釋迦牟尼佛的左右脅侍身份出現，而觀音菩薩和地藏菩薩卻各有自己獨居的殿堂，從這也可以看出中國僧人對這兩個菩薩是何等的親切和崇拜。

（一）觀音殿（大悲殿）

觀音亦稱「觀世音」，因其能普遍「觀察」世界上的一切聲音而得名。觀世音是梵文的意譯，也譯作「光世音」、「觀自在」、「觀世自在」等。佛教說他（她）是西方極樂世界的教主阿彌陀佛的上首菩薩，為左脅侍，「西方三聖」之一。表現了一切佛的大悲心，是救世之最切者。據《妙法蓮華經‧觀世音菩薩普門品》說，他（她）能現三十三種化身，救七十二種大難。遇難眾生只要一心念誦他（她）的名號觀世音，「菩薩即時觀其聲音」前往拯救，使其得到解脫。觀世音還主張「隨類化度」，即不分貴賤愚賢，對一切人的苦難都拯救，所以其美名尊號是「大慈大悲救苦救難觀世音菩薩」，簡稱為「大悲」。在隋唐時代，已獲得社會的普遍信仰。觀音菩薩崇奉，是廣大人民對象徵慈母之愛和大慈大悲的女性之美的神的一種崇拜，是經歷深重苦難的勞苦大眾，切望為自己滴著鮮血的、破碎的心，在佛國裡找一個美和善的避難所，找一個幸福的恩賜者。

佛典說觀音菩薩可以隨機應變出種種化身去拯救眾生的苦難，所以他（她）的化身形象特別多，有所謂「六觀音」、「七觀音」、「三十三身」、「千手觀音」和「四十八臂觀音」等稱謂。大都為密宗所傳。通常一般所說的觀音，是指作為諸觀音的總體代表的「聖觀音」亦即

「正觀音」而言。其標準像是一手二臂，頭戴天冠，天冠中有阿彌陀佛像，結跏趺坐，手中或持蓮花或結定印的尊嚴像。此外是「自在觀音」像，一足盤膝，一足下垂，顯得十分自在。像旁或有一淨瓶，內盛甘露，瓶中插有柳枝，象徵以大悲甘露遍灑人間。觀音像旁有一對童男童女像。童女為龍女。因《妙法蓮華經‧提婆達多品》中有龍女成佛的故事，而觀音又住在南海普陀洛伽山，所以有龍女拜觀音的傳說。童男即善財童子，因《華嚴經》中說善財童子為求佛法，參謁五十三位善知識[5]，其中曾謁觀世音菩薩而大得教益。在中國大約自南北朝始，至唐代更出現鮮明的轉折：觀音菩薩由男性形象改塑成為慈愛、典雅、俊秀、飄逸的女性形象了。

千手觀音，全稱為「千手千眼觀音」，或「千眼千臂觀世音」。佛經說他（她）發誓要為所有眾生謀利益，所以長出千手千眼。千手表示維護眾生，千眼表示觀照世間，都是大慈大悲的表現。千手觀音像一般是兩手兩眼下面左右各二十只手，手中各有一眼，共四十手四十眼，再各配二十五種眾生生存的環境，共為千手千眼。千手千眼觀音像，最主要特徵是四十二臂，如手下伸，掌向上，各施無畏手，除一切眾生怖畏；持錫杖手，慈悲維護一切眾生；合掌手（二手），令一切人和鬼神敬愛；等等。一般來說，千手觀音是立像，四十八臂觀音（略去千手便是四十八臂觀音像）是坐像。千手千眼、四十八臂都是觀音慈悲救世的無窮悲願的具體化、形象化。實際上這是採用浪漫主義的誇張手法，以表現其神奇的魔力。河北正定隆興寺內的大悲閣，鑄有千手千眼觀音銅像，高 22 米。這一巨像和滄州獅子、定州塔、趙州大石橋並譽為「河北四寶」。

5　「善知識」：指具有高深的佛教道德學問，善於說法開導眾生者。

（二）地藏殿

地藏，梵文 Ksitgarbha，意譯。因他「安忍不動如大地，靜慮深密如地藏」，故名。佛經故事說他是菩薩。釋迦牟尼囑咐他，要他在釋迦牟尼入滅而彌勒佛尚未降生世間之前這一段時間裡普度眾生。他為此發了大誓願，一定要盡度在六道輪回的眾生，拯救他們各種苦難之後，自己再升級成佛，所以他的美稱尊號是「大願地藏」。他發的大願是：孝順和超薦父母；為眾生擔荷一切艱難苦行；滿足眾生生活需求，令大地五穀雜糧草木花果生長；祛除疾病；度盡地獄眾生。這些大願，和中國儒家傳統道德觀念相適應，也適合農業中國的國情，特別受農民的歡迎，符合人民要求擺脫各種苦難的願望，極易為老百姓所接受。這樣，除了觀音菩薩以外，地藏在古代中國下層人們中也是擁有最多信奉者的一位菩薩了。

地藏與文殊、普賢、觀音的形象不同，現出家相，作比丘裝束。他的像是結跏趺坐，右手持錫杖，表示愛護眾生，也表示戒修精嚴；左手持如意寶珠，表示要使眾生的願望得到滿足。有的像兩旁還侍立一比丘像和一長者像，據說長者是將九華山佈施給地藏的閔公，比丘是閔公的兒子，後也隨地藏出家，法名道明。

六　東西配殿──伽藍殿和祖師殿

大雄寶殿兩旁常有東西配殿，東殿一般是伽藍殿，西殿一般是祖師殿。

（一）伽藍殿

伽藍殿是梵文音譯「僧伽藍摩」的簡稱。意譯為「眾園」，音兼意譯為「僧園」。原指修建僧舍的基地，轉為包括土地、建築物在內

的寺院的總稱。此處的伽藍專指「祇樹給孤獨園」。伽藍殿供守護伽藍土地的神像，古時又稱土地堂。一般多供最初施造祇園精舍的給孤獨長者、祇陀太子及其父波斯匿王三像，也供十八位護伽藍神。伽藍殿的來歷，就是前文講過的，憍薩羅國給孤獨長者為了請釋迦牟尼到舍衛城來說法教化，用黃金購得波斯匿王太子祇陀（逝多）花園的故事，伽藍殿就是為了紀念給孤獨長者、祇陀、波斯匿王這三位最早護持佛法的善士而建的。殿正中供波斯匿王，他後來也歸信佛教，為釋迦牟尼創立佛教作出了不少貢獻。左邊是祇陀太子，右邊是給孤獨長者。殿內兩側還常供十八位伽藍神——守護神。《釋氏要覽》卷上載有他們的名字，實際上有的是古印度次大陸神話傳說中的小神，而被佛教所吸收改造作為守護神了。值得注意的是，根據天臺宗創始人智顗所謂白日見關公顯聖而建立玉泉寺的傳說，中國佛教還把「歸佛」的關公也算作伽藍神了，但因是漢族的「神」，故特在殿中另作一小龕供奉。這表明中國人很善於將古代的聖賢名將改塑為神，也表明佛教的附會力和涵攝力之大。

（二）祖師殿

祖師殿多屬禪宗系統，為紀念該宗奠基人（祖師）而建。殿中央為禪宗初祖達摩禪師，左側為禪宗六祖、實際創宗人慧能，右側為慧能三傳弟子、制定《百丈清規》叢林制度的百丈懷海禪師。後來其他宗派也仿照禪宗，在寺院的祖師殿內加祀本宗祖師像。

七　羅漢堂

羅漢堂內供奉著五百羅漢。關於五百羅漢的故事，佛經中的說法很不一致。如《法華經》有《五百弟子授記品》，說佛為五百羅漢授

記。這是指跟隨釋迦牟尼聽法傳道的五百弟子。又有說是佛滅後第一次結集三藏的五百比丘。如西晉竺法護譯有《佛五百弟子自說本起經》，記載佛滅後迦葉尊者主持五百羅漢最初結集的事。南傳佛教還有五百羅漢參加在今斯里蘭卡舉行第四次結集的說法。這些說法不僅互相矛盾，而且也都沒有說明具體的名字和事蹟。我國在五代時尊崇五百羅漢之風日益盛行，各地寺院紛紛建立五百羅漢堂。著名的如北京碧雲寺、成都寶光寺、蘇州西園寺、上海龍華寺、漢陽歸元寺、昆明筇竹寺等。五百羅漢的名號依據南宋高道素所錄《江陰軍乾明院五百羅漢名號碑》（見《金石續編》卷 17 著錄）所列舉的從第一阿羅漢阿若憍陳如到第五百羅漢願事眾，無一遺漏。但這實際上是宋人附會的作品。碑已不存，碑文收在《嘉興續藏》第四十三函中，為近代五百羅漢塑像列名的依據。

五百羅漢堂中還另有濟公像。濟公（1148-1209）是南宋僧人，原名李心遠，浙江台州（今浙江臨海）人。在杭州靈隱寺出家，法名道濟，後移淨慈寺。傳說他不守戒律，嗜好酒肉，尤其喜好狗肉蘸大蒜。性格詼諧幽默，舉止如痴如狂，世稱「濟顛和尚」。後來中國佛教把他加以神化，說是降龍羅漢轉世，故被稱為「濟公」。傳說他到羅漢堂報到遲了一步，只好委屈地站在過道裡或蹲在房梁上。濟公是古代深受民間崇奉和喜愛的極富個性的中國羅漢。他的傳說和塑像是中國人的美妙創造，體現了與印度佛教的差異。長篇小說《濟公傳》就是關於他的濟困扶危、嘲弄官府的神話傳說。

八　法堂（講堂）

禪宗稱演說大法之堂為「法堂」，其他宗派稱為「講堂」，是宣講佛法皈戒集會的場所，在佛寺中通常是僅次於大殿的主要建築。百丈

禪師主張不立佛殿，只樹法堂。後來禪宗又恢復了佛殿。法堂的佈置，除佛像外，主要是在堂中設法座，也稱「獅子座」。法座是一高臺，上置坐椅，供宣講佛法之用。法座後掛有象徵釋迦牟尼說法傳道的畫像。法座前面設有講臺，台上供小佛座像，象徵聽法諸佛。台下設香案，兩側置聽法席。法堂裡面還設大鐘、法鼓；鼓在右，鐘在左。法師上堂說法時要擊鼓鳴鐘。鳴大鐘是號令僧眾集合，擊法鼓表示說法是為勸誡僧眾進趣於善。有的法堂設二鼓，居東北角的稱法鼓，居西北角的稱茶鼓。茶鼓是召集僧眾飲茶所擊的鼓。

第七章
佛教的名勝古跡

　　古話說：「天下名山僧占多」。宋代趙抃詩云：「可惜湖山天下好，十分風景屬僧家。」（《趙清獻公全集》卷 10《次韻范師道龍圖三首》之一）。自古以來佛寺和風景區似乎有著天然的聯繫，一些著名的大寺院多建築在風景秀麗的名山之中。從國務院 1961 年以來歷次公佈的全國重點文物保護單位名單來看，其中佛教的石窟寺、殿堂碑塔、銅鐵佛像，均約占 1/3。遍佈各地、浩如繁星的佛教名勝古跡，猶如藝術宮、博覽會，把祖國壯麗的河山點綴得更加多姿多彩。佛教文物與大自然的美交相輝映，形成了人工創造美與山水自然美的和諧統一。這也許就是佛教名勝古跡長留人間的巨大優勢。

　　儘管佛教的寺廟神像及其虛構的傳說和宗教的解說，散發著極其神祕的氣息，也為人們留下了無窮的歷史因襲的重負，引發信徒虔敬之心。但是，正如唐代詩人孟浩然的《與諸子登峴山》詩云：「江山留勝跡，我輩復登臨。」遊覽名山大川當是人生的一大樂趣。人們遊覽山川勝跡，有助於開闊視野，擴大見聞，激勵鬥志，陶冶性情。在這方面佛教的名勝古跡又明顯地發揮了它的特殊魅力。

　　下面我們著重對佛教的石窟、名山、各宗祖庭和喇嘛教大寺廟的形成、建置沿革及特色作一簡略的介紹。

第一節　三大石窟

　　佛教石窟寺是中國佛教最引人入勝的歷史文物和旅遊熱點。隨著

佛教的傳入和發展，在我國由西到東，由北到南形成了幾乎遍佈於絕大多數地區的佛教石窟群。正如著名的佛教美術家常任俠先生在《佛教與中國雕刻》一文中所說：「自佛教東漸，此種藝術也隨之東來。在佛教東來的路上，經過新疆維吾爾自治區時，遺留有古代龜茲、高昌等洞窟的造像；經過甘肅河西走廊時，遺留有敦煌千佛洞、安西榆林窟、永靖炳靈寺、天水麥積山等石窟造像；再東進而有山西大同雲岡、河南洛陽龍門、山西太原天龍山、河北磁州響堂山、河南鞏縣石窟寺、山東雲門山、遼寧義縣萬佛堂等大小石窟造像，蔚為盛觀。在江南的有棲霞山石窟造像，在四川的有廣元窟、大足石窟，以及巴中、通江等地石窟造像，分佈既廣，數目亦多，不能盡舉。」在這眾多石窟中，敦煌、雲岡和龍門更是舉世聞名的三大石窟，具有極高的歷史價值和強大的藝術力量，成為中外遊人熱烈嚮往的遊覽勝地。

一　敦煌石窟

　　敦煌石窟包括古代隸屬敦煌境內的莫高窟、西千佛洞、榆林窟和水峽口小千佛洞。其中規模最大、內容最豐富的首推莫高窟，因此一般說的敦煌石窟指的就是莫高窟。

　　莫高窟俗稱「千佛洞」。在甘肅敦煌縣城東南 25 公里，坐落在三危山和鳴沙山的懷抱中。四周平沙莽莽，唯獨這裡綠樹成蔭。洞窟鑿於鳴沙山東麓的斷崖上，上下五層，高低錯落，鱗次櫛比，南北長1600 多米。最早建造年代，據唐武周聖曆元年（西元 698 年）《李懷讓重修莫高窟佛龕碑》記載，前秦苻堅建元二年（西元 366 年），樂傅和尚拄杖西遊，走到三危山下，已是黃昏時分，在落日餘暉的映照下，忽見山上晶瑩閃光，金光萬道，仿佛有千佛狀，觸發他鑿窟的激情，於是就在三危山對面的斷崖上開鑿了第一個石窟。隨著佛教的發

展，開鑿的石窟日益增多，至唐代武則天時，已有窟室千餘龕。現保存下來的不到半數，有北涼、北魏、西魏、北周、隋唐、五代、宋、西夏至元各代塑像、壁畫的洞窟 492 個[1]，窟內共有壁畫 45000 多平方米，彩塑 2400 多身，唐、宋木構建築 5 座，蓮花柱石和鋪地花磚數千塊。窟內金碧輝煌，絢麗奪目。畫面如按兩米高排列，可構成長達 25 公里的畫廊。莫高窟充分地反映了從西元 6 世紀至 14 世紀我國各民族、各階層的社會生活和歷代造型藝術的發展情況，是一處由建築、繪畫、雕塑組成的博大精深的綜合藝術殿堂，是我國也是世界上現有規模最大的佛教藝術寶庫。

莫高窟的形制有禪窟與中心柱式、方形佛殿式和覆斗式數種。窟外原有殿宇，並有木構走廊與棧道相連。最大的窟高 40 餘米，30 米見方，最小的窟高不盈尺。內中造像都是泥胎彩塑，有單身像和群像之分。佛像居中，兩側侍立弟子、菩薩、天王、力士，少則三身，多則十一身。最大者 33 米，小者 10 釐米。塑像多以誇張的彩色表現人物性格，神態各異，栩栩如生。壁畫內容主要分為佛經故事和單純佛像兩大類。此外還繪有供奉人像，以及耕田、旅行、宴會、樂舞、出巡等各種生產場景和生活畫面。北朝壁畫主要描述釋迦牟尼的本生故事，宣揚忍辱和自我犧牲。隋唐時以經變題材為主體，以宣揚西方極樂世界的淨土變最為典型。

1900 年（一說 1899 年）敦煌藏經洞（莫高窟第 17 洞）被發現，洞內藏有從西元 4 世紀到 10 世紀近十個朝代的各種歷史文書、絹畫、刺繡等珍貴文物五六萬件。除漢文的文書以外，還有藏文、梵文、回鶻文、于闐文、龜茲文、粟特文等文字的寫本，而且還有從未發現過的晉至宋的寫本，價值極高。多種文字的寫本、古地志、詩

1　近年來從莫高窟的北區發掘出243窟，使莫高窟的洞窟增至735窟。

歌、曲子詞、變文和俗曲，是研究西北史地、中西交通史、宗教史、古代語言、文字的極為重要和寶貴的材料。可惜的是，敦煌遺書 2/3 以上被英、法、俄、日、美的「考古學家」、「探險隊」所偷盜和掠奪。窟內豐富的歷史文物和藝術珍品引起國內外學者極大的興趣，形成了著名的敦煌學。我國於 1943 年在敦煌設立了敦煌藝術研究所，後來改為敦煌文物研究所，20 世紀 80 年代又成立了敦煌研究院。敦煌研究院的學者們為世界性的敦煌學研究作出了愈來愈引人注目的貢獻。

二　雲岡石窟

雲岡石窟在山西大同市西 16 公里武周山（又名雲習）南麓，依山開鑿，東西綿延 1 公里。現存主要洞窟 53 個，其中主洞 21 個，造像 51000 餘尊，是我國最大石窟之一。在我國三大石窟中，雲岡的雕塑造像以氣勢雄偉而著稱。

雲岡石窟始鑿於北魏文成帝和平元年（西元 460 年），主要石窟完成於太和十八年（西元 494 年）孝文帝遷都洛陽之前的 30 多年中。最早是由涼州名僧曇曜主持，動員數以萬計的人工開鑿五所石窟，也就是為北魏開國後五個皇帝祈福[2]而鑿的「曇曜五窟」（雲岡第 16 窟至第 20 窟）。「雕飾奇偉，冠於一世」，非常壯觀。北魏以後，以遼金兩代建鑿的規模最大。早期五窟平面作橢圓形，沒有後室，全部以造像為主，佛像高大。第 20 窟的露天大佛，結跏趺坐，高達 13.7 米，面貌豐滿，兩肩寬厚，身上的服裝雕有優美的火焰花紋，最為雄偉壯麗，是雲岡石窟的代表作。稍後的中部各窟，平面大多作正方形，有後室，中央雕鑿大佛像。四壁、拱門和窟頂上雕刻有小佛像、菩薩、力

2　傳說佛像模擬北魏道武、明元、太武、景穆、文成五世皇帝的形象。

士、飛天以及其他圖案，風格精細優美。雲岡第 5、第 6 窟和五華洞豐富多彩，富麗瑰奇，是雲岡石窟藝術的精華。如第 5 窟中央的坐佛，端莊雄偉，高 17 米，寬 15.8 米，佛手的中指就長 2.3 米，一隻腳就長 4.6 米，為眾佛像之最。第 6 窟後室雕有一座高約 16 米、直抵窟頂的兩層大塔柱。塔柱面積 62 平方米，塔柱下面有四層大龕，四面都雕有佛像，極為精美。五華洞雕像藝術造型豐富多彩，如伎樂天、交腳彌勒菩薩等，都很有特色，是研究古代藝術、音樂、建築的寶貴的形象資料。

三　龍門石窟

龍門石窟也稱「伊闕石窟」，位於洛陽市城南 13 公里的伊河入口處兩岸，這裡香山（東山）和龍門山（西山）兩山對峙，遠望猶如一座天然門闕，所以古稱「伊闕」。山水相趣，風景壯麗。著名的龍門石窟，就密佈於伊水兩岸的崖壁上，密似蜂窩，南北長達 1000 米，氣勢磅礡。

龍門石窟開鑿於北魏太和十八年（西元 494 年）遷都洛陽前後，歷經東魏、西魏、北齊、北周、隋唐和北宋 400 餘年，其中北魏和唐代大規模營造達 150 多年，開龕造像最多。北宋以後雕鑿極少。兩山現存窟龕 2100 多個，佛塔 40 餘座，造像 10 萬餘尊，碑刻題記 3680 種。龍門石窟多與帝王祈求冥福有關。北朝時多鑿釋迦牟尼、彌勒佛像，唐朝時主像多是阿彌陀佛、彌勒佛，也有盧舍那佛、藥師佛等，反映了唐代淨土宗的興起和石窟造像藝術世俗化的傾向。具有代表性的洞窟是北魏時的古陽洞、賓陽洞、蓮花洞和唐代的潛溪寺、萬佛洞、奉先寺、看經寺等。

古陽洞是一批支持魏孝文帝遷都的王公貴族、高級將領開龕鑿像

的集中地，是開鑿最早、內容比較豐富的一個洞窟。洞內造像題記書法質樸古崛，所謂「龍門二十品」，其中十九品即在此洞內。賓陽洞是北魏宣武帝為其父母孝文帝、文昭皇太后而營造的。洞口內壁兩側是大型浮雕，分「維摩變」、「佛本生故事」、「帝后禮佛圖」、「十神王像」四層，十分精美。兩塊「帝后禮佛圖」浮雕為北魏時的傑作，可惜於 1934 年被盜往國外，現分別陳列在紐約市藝術博物館和堪城納爾遜藝術館。奉先寺是唐高宗咸亨三年（西元 672 年）始建，歷時 4 年竣工，是龍門石窟中規模最大的露天大龕。佛龕南北寬 36 米，東西深 41 米，有 11 尊雕像。主像盧那舍佛高 17.14 米，頭高 4 米，耳朵長 1.9 米，面容豐滿秀麗，修肩長目，嘴角微翹，滿臉慈祥智慧。兩旁的迦葉蕭穆持重，阿難溫順虔誠，菩薩端莊矜持，天王蹙眉怒目，力士威武雄健、氣勢逼人。整個鑿像，佈局嚴謹，刀法嫺熟，技藝精湛，群像形神兼備。奉先寺造像是唐代雕刻的代表作，體現了當時的藝術水準和藝術風格。據造像銘載，武則天為建造此寺曾助「脂粉錢兩萬貫」，並親率朝臣參加盧舍那佛的「開光」儀式。

龍門石窟的題記、碑刻，如久負盛名的「龍門二十品」和唐代著名書法家褚遂良寫的伊闕佛龕之碑等是魏碑和初唐楷書藝術的代表作品。

第二節　四大名山

佛教徒一向有尋師求法的傳統。自唐代禪宗興盛以後，更是強調「學無常師，遍歷為尚」。禪僧常常遠離鄉曲，腳行天下，尋師訪友，求法悟證。因是步行參禪，故稱「行腳僧」。又因到處「雲遊」，猶如行雲流水，又稱「雲水僧」。還因雲遊四方，行蹤不定，稱「遊方僧」。如晚唐禪宗巨匠趙州從諗曾九次行腳到五台，直至 80 歲高齡

還行腳各地。參方禪僧並無固定的去處，但自然也以或有尊宿大德，或有佛教聖跡的寺廟為主要朝拜聖地。到了唐末，佛教徒集中朝拜的地方共為四處：五臺山——文殊菩薩聖地、泗州普光王寺——僧伽大聖聖地、終南山——三階教聖地、鳳翔法門寺——佛骨聖地。南宋寧宗時，大臣史彌遠奏請制定禪院等級，而有「五山十剎」的規定。五山是杭州徑山的興聖萬福寺、靈隱山的靈隱寺、南屏山的淨慈寺、寧波天童山的景德寺、阿育王山的廣利寺。十剎是杭州中天竺的永祚寺、湖州的萬壽寺、江寧的靈谷寺、蘇州的報恩光孝寺、奉化的雪竇資聖寺、溫州的龍翔寺、福州的雪峰崇聖寺、金華的寶林寺、蘇州的雲岩寺和天臺的國清寺。限於當時的種種條件，這些名山大剎主要是禪宗系統的寺院，而且主要集中在浙江，兼及江蘇和福建的個別寺院。到了明代，上述山剎多數已廢毀，佛教界又缺乏尊宿大德，於是佛教信徒又出現參拜其他各地名山的風氣。這些名山多是富有種種佛教傳說、殿堂建築規模宏偉、景色秀麗的佛教聖地和風景區。後來主要是集中於由北到南、由東到西的四大名山：山西的五臺山、浙江的普陀山、四川的峨眉山和安徽的九華山。明代有「金五台、銀普陀、銅峨眉、鐵九華」之說。這四座名山至今仍是佛教徒參拜的聖地和一般旅遊者的遊覽勝地。

一　五臺山

五臺山在山西五台縣東北隅，從北嶽恒山蜿蜒而來，由五座山峰環抱而成。整個山系方圓 250 公里。層巒疊嶂，五峰高聳，峰頂平坦寬廣，如壘土之台，故稱「五台」。五台為東台望海峰、南台錦繡峰、西台掛月峰、北台葉斗峰、中台翠岩峰。五峰形狀，前人喻為東台如立象，南台如臥馬，西台如孔雀舞，北台如共命鳥，中台如雄

獅。東、北、中、西四台並列成一弧線，相距較近，南台較遠。五台中以北台最高，海拔 3000 多米，有「華北屋脊」之稱。五峰之內稱台內，五峰之外稱台外。台內中心為距五台縣東北約 60 公里的台懷鎮，這裡寺宇密集，白塔入雲，氣象萬千，是五臺山佛教勝跡的象徵。

　　五臺山也稱為清涼山，並被佛教比附為文殊菩薩顯靈說法的道場。晉譯 60 卷本《大方廣佛華嚴經》卷 27《菩薩住處品》說：「東北方有菩薩住處，名『清涼山』。過去諸菩薩常於中住。彼現有菩薩名文殊師利，有一萬菩薩眷屬，常為說法。」說文殊菩薩居住在清涼山。另唐時菩提流志譯的《佛說文殊師利法寶藏陀羅尼經》，經文載世尊告金剛密跡主菩薩言：「我滅度後，於此瞻部洲[3]東北方，有國名大振那，其國中有山號曰五頂，文殊師利童子遊行居住，為諸眾生於中說法。」說文殊菩薩居住在五頂山。唐代華嚴宗澄觀國師，從德宗興元元年（西元 784 年）到貞元三年（西元 787 年），歷時四年，住在五臺山大華嚴寺（今顯通寺），撰寫《大方廣佛華嚴經疏》60 卷，疏中明確地把佛典上所說的清涼山和五臺山等同起來，該疏卷 47《諸菩薩住處品》說：

> 清涼山，即代州雁門郡五臺山也，於中現有清涼寺。以歲積堅冰，夏仍飛雪，曾無炎暑，故曰「清涼」。五峰聳出，頂無林木，有如壘土之台，故曰「五台」。表我大聖五智已圓，五眼已淨，總五部之真祕，洞五陰之真源，故首戴五佛之冠，頂分五方之髻，運五乘之要，清五濁之災矣。

說五台即是五方如來之座，也象徵菩薩頂有五髻，表示菩薩的智慧圓

3　「瞻部洲」：即南瞻部洲。古印度神話中四大部洲之一的洲名。佛教也採用此說，謂人類所居的地方。

滿。這樣根據五臺山有五頂和氣候嚴寒的特點，比附為清涼山，比附為文殊菩薩的說法道場。這個比附對於信奉《華嚴經》的佛教信徒產生靈山在望之感，紛紛前來五臺山，禮拜文殊菩薩，從而使五臺山成為佛教聖地方面起了不小作用。

　　五臺山寺廟經過長期的擴建，逐漸形成為我國最大、最多的佛寺建築群。由於北魏帝王的崇佛，尤其是魏孝文帝的開拓，五臺山佛教日益興盛起來。北齊時五臺山區擴建的寺院多達 200 餘所。隋文帝曾下詔在五頂各立一寺。唐代開元年間，「文殊信仰」以此山為中心，使佛教臻於極盛，大寺林立，規模宏偉。敦煌莫高窟第 61 窟中現存的《五臺山圖》，大 40 多平方米，描繪寺院和朝台人馬絡繹的情景，是五代時五臺山山區寺院盛況的真實寫照。宋代五臺山有 72 寺。元朝特別信奉密教，五臺山密教寺院大增。元武宗在五臺山建寺，曾調動協助建築的軍士多至 6500 人。明萬曆年間佛寺增至 300 多處。清嘉慶以後漸趨衰頹，然仍有寺院 100 多處。五臺山寺院有兩類，一類是漢僧寺院，俗稱「青廟」；另一類是喇嘛寺院，俗稱「黃廟」。清代曾將 10 個青廟改為黃廟，青衣僧也改為黃衣僧。因此，又有了漢族的喇嘛。五臺山現存寺廟，台內 39 處，台外 8 處，並在不斷恢復之中。因為傳說五臺山是文殊菩薩示現的地方，所以，佛寺中普遍供有文殊菩薩像。

　　五臺山著名的寺院很多，大量的雕塑、碑刻、墓塔、佛經，都具有很高的歷史和藝術的價值。最重要的寺院，有顯通、塔院、菩薩頂、殊像和羅睺，稱五臺山「五大禪處」。此外有祕密寺和南禪寺等。

　　顯通寺：相傳始建於東漢明帝年間，為五臺山最古老的寺院。初名大孚靈鷲寺，唐武則天時改名大華嚴寺，明代始改今名。現存建築為明清時重建。寺有殿堂 400 餘間，其中以無量殿、銅殿、銅塔最負盛名。如聞名中外的銅殿，全部用銅鑄成，仿木結構建築，門窗鑄成

花卉圖案，殿內銅佛萬尊，是古代佛教藝術的精品。

塔院寺：原是顯通寺的塔院，明代重修舍利塔時獨立為寺，改用今名。舍利白塔高 50 米，周圍 83 米，塔端有銅盤，四周懸以銅鈴，風吹鈴響，叮噹之聲，數裡相聞。白塔高聳在青山綠叢之中，格外醒目，為五臺山的標誌。白塔與壯麗的顯通寺交相輝映，斜陽塔影，紅樓晚鐘，為五台風光之絕唱。

菩薩頂：因傳說為文殊菩薩居住處，故又名真容院，也稱文殊寺。寺前有 108 級石階，據傳暗指山西舊屬 108 個縣。寺院建築仿宮殿式，殿頂鋪琉璃瓦，金碧交輝，富麗堂皇，猶如皇宮。清康熙、乾隆二帝幾次朝拜五臺山，在此住宿，書匾題銘，撰寫碑文。正殿內懸掛菩提樹金色畫一幅，傳為乾隆皇帝親作。

殊像寺：因寺內供文殊像而得名。文殊閣內，佛壇寬大，文殊駕馭於獅背，高約 9 米。龕背面倒座之上，塑有藥師、釋迦、彌陀三世佛，兩側懸塑五百羅漢。全部塑像秀美端莊，工藝精巧。

羅睺寺：喇嘛廟。四月初四傳為文殊菩薩誕辰，釋迦牟尼的兒子羅睺羅為其祝壽，以「跳鬼」相娛，故名。是日，喇嘛身著奇裝，頭戴鬼面，隨鑼鼓節拍，滿院蹦跳。寺院後殿中心有活動機關蓮台一座，名「開花獻佛」，製作奇特。

祕密寺：佛教傳說祕密寺所在祕密岩為文殊菩薩受記五百神龍潛修之所，又禪宗馬祖後永泰禪師法嗣居此，人稱祕密和尚，還因手持木叉，也稱木叉和尚。寺內有三聖庵，奉釋迦、老子、孔子像，孔像已失。寺內觀音洞三層分奉彌勒、三大士、關公（羽）等石雕像。

南禪寺：位於五台縣西南 22 公里李家莊西側，創建年代不詳，重建於唐建中三年（西元 782 年），為我國現存最古的木結構寺院，歷時 1200 多年，巍然獨存。大殿內有名聞世界的唐代彩塑佛像。

五臺山佛教，自北魏開始興盛，至唐代華嚴宗最為流行，次為淨

土宗、律宗，晚唐時禪宗盛行。密宗由於元代朝廷的提倡，一度在五臺山占了優勢。明清以來，五臺山青廟多屬禪宗，其中又以臨濟宗最多，曹洞宗次之，此外也有屬於淨土宗的。至於喇嘛廟則是屬於密宗的。

五臺山自唐代開始，就成了馳名中外的佛教聖地，是我國最早也是最大的一處國際性佛教道場。唐儀鳳元年（西元 676 年）罽賓（今喀什米爾一帶）僧人佛陀波利來唐，專為入山求見文殊菩薩。傳說他到山中進入金剛窟，就不再出來了。唐代日本著名僧人圓仁到五臺山竹林寺朝山拜佛，溝通了五臺山與日本佛教界的往來。此外，尼泊爾、斯里蘭卡、印尼等國僧人，也都曾前來巡禮朝拜。

二　普陀山

普陀山是浙江省東北部普陀縣舟山群島中的一個小島，原名小白華，又名梅岑山。《華嚴經・入法界品》中有觀音菩薩住在普陀洛伽山（梵文 Potalaka，簡稱普陀）的說法，於是借用普陀以名此山。島南北長 8.6 公里，東西寬 3.5 公里。面積近 12.76 平方公里。四周波濤浩渺，島上山岩峻奇，林木蔥蘢，素有「海天佛國」之稱，傳說是觀音菩薩的道場勝地。

相傳唐大中元年（西元 847 年）有一印度和尚來此自燔十指，在潮音洞前親見觀世音菩薩現身說法，於是就地結茅，遂傳此地為觀音菩薩顯靈之地。日本臨濟宗名僧慧鍔多次入唐，五代後梁貞明二年（西元 916 年），他從五臺山請觀音菩薩像回日本，途經普陀山為大風所阻。傳說他祈請觀音，得到不肯去日本願留中國的靈示，於是他就在普陀潮音洞前的紫竹林內建「不肯去觀音院」，是此道場的開基。

北宋神宗元豐三年（西元 1080 年）王舜封出使三韓，遇大風

浪，望潮音洞叩拜祈禱平安濟度。後向上奏聞，上賜名寶陀觀音寺。
此後名聲更大，來往日本、朝鮮等國行旅，常停此候風，望山歸命，
祈求平安。一時寺宇迭興，香火極盛。據中國佛教傳說，觀世音的誕
辰是夏曆二月十九日，得道日是夏曆六月十九日，入山修道期是夏曆
九月十九日。因此，每逢二、六、九月普陀山都有香會，朝拜者絡繹
不絕，尤其是日本、朝鮮半島、東南亞的佛教徒，常不遠千里而來。
普陀山成為近代中國佛教最大的國際性道場。南宋紹興元年（西元
1131 年）普陀佛教各宗統一歸於禪宗。此後法系一直以禪宗為主。
嘉定七年（西元 1214 年）又規定該山以供奉觀音為主，此後一直延
續下來。普陀山在解放前有寺廟、庵堂、茅棚 216 個，僧尼 3000 餘
人。其中的普濟、法雨、慧濟稱「普陀三大寺」，規模宏大、巍峨莊
嚴，為我國清初建築群的典型代表。如普濟寺有殿閣堂廊 200 餘，為
山中供奉觀音大士的主剎，雄偉壯觀。此外島上還有風景點 20 餘
處。著名的有潮音洞，洞窟日夜與海潮相吞吐，聲如雷鳴。梵音洞，
洞的兩側峭壁相合如門，高約百米，洞深百米，屈曲通海，海潮湧
入，如虎嘯龍吟。還有南天門、西天門、千步沙等。整個普陀山洞幽
岩奇，銀濤吞沙，山秀林幽，歷來為遊覽避暑勝地。

三 峨眉山

峨眉山在四川峨眉縣城西南 7 公里，因山勢逶迤「如蠶首峨眉，
細而長，美而豔」（《峨眉郡志》），故有此名。佛教稱「光明山」，道
教稱「虛靈洞天」、「靈陵太妙天」。有大峨、二峨、三峨之分。主峰
萬佛頂海拔 3000 多米，方圓 2 公里，自山麓至峰頂 50 餘公里，石徑
盤旋，直上雲霄。山脈峰巒起伏，千岩萬壑，重岩疊翠，雄秀幽奇，
流雲瀑布，氣勢磅礡，正如唐代大詩人李白詩云：「蜀國多仙山，峨

眉邈難匹。」（《登峨眉山》）故素有「峨眉天下秀」的美稱。

　　峨眉山最初流行道教，東漢時就開始創建道教廟觀。到了唐代峨眉山佛教日益興盛。宋人附會說，古時有一採藥老人蒲翁入山採藥，見普賢菩薩瑞相，曾在今白水普賢寺事佛。宋太祖乾德六年（西元968年），嘉州屢奏普賢菩薩顯相，因遣內侍張重進前往塑造普賢菩薩像。太宗太平興國五年（西元980年），又造巨型的普賢銅像，建閣安置，並將白水寺改名為白水普賢寺。從此以後峨眉山便成為普賢菩薩的聖地了。峨眉山佛寺到了明清兩代臻於極盛，梵宇琳宮，大小寺院近百座。自清以降，寺廟破敗不堪，所存不及半數。主要寺廟有：

　　報國寺：寺內有明永樂年間彩釉瓷佛一尊，高2.4米。前殿有明鑄14層紫銅華嚴塔一座，高7米，塔身上鑄有佛像4700餘尊，並刻有《華嚴經》全部經文。

　　萬年寺：創建於晉代。唐稱白水寺，宋改為白水普賢寺，明代又改為聖壽萬年寺。殿內有北宋時鑄造的普賢菩薩騎六牙白象銅鑄像一尊，通體高7.3米，重62噸。鐵鑄佛像24尊，小銅佛像300多尊。鑄工細緻，非常精美。

　　洪椿坪：古稱千佛庵。因寺院附近有一株1500年的洪椿老樹，因此改名為洪椿坪。寺內有清代刻制的七方千佛蓮燈一具，高2米，直徑1米，刻紋龍7條，佛像數百軀，雕工精湛，技藝高超。古剎雄踞天池峰下，景色秀麗宜人。「洪椿曉雨」為峨眉十景之一。

　　普光殿：建於東漢，因山多雷火，屢建屢毀。殿建於峨眉山頂──金頂。此處還有雲海、日出、寶光三大奇觀。寶光也稱菩薩佛光。每當風清日朗，下午時分，人們從金頂捨身崖向下看去，可見五彩光環浮於雲際，身影置於光環之中。實際上這是陽光透過水蒸氣折射而成的一種美妙的自然現象。

　　峨眉山的白龍寺（白龍洞）、仙峰寺（九老洞）、伏虎寺、洗象

池、雷音寺、清音閣等寺院也都聞名遐邇。此外，峨眉山還有道教勝跡和其他一些名勝。

歷史上在峨眉山闡化的僧人，多屬禪宗學人住持道場，初多為青原下法嗣，有曹洞宗、雲門宗的僧人，少有屬於臨濟宗的。今則多屬臨濟宗，次為曹洞宗。

四　九華山

九華山在安徽青陽縣西南 20 公里，主峰千王峰海拔 1342 米，全山 100 餘平方公里。山上 99 峰並立羅列，其中的天臺、蓮花、天柱、十王等九峰高出雲表。九華山原名九子山，李白以九峰如蓮華削成，作詩云：「昔在九江上，遙觀九華峰，天河掛綠水，秀出九芙蓉。」（《望九華贈青陽韋仲堪》）此後逐漸稱為九華山了。山中多溪流、泉水、瀑布、怪石、古洞、蒼松、翠竹，水光山色交相輝映，名勝古跡遍佈其間，素有「東南第一山」之稱。

佛教傳說釋迦牟尼逝世 1500 年後，地藏菩薩降跡新羅國為王子，姓金名喬覺，削髮後號地藏比丘。於唐高宗時航海來中國，在九華山結廬苦修。後被當地鄉老諸葛節等發現，見他孤坐石室，吃摻有觀音土（一種白土）的飯食，十分欽佩其苦行精神。又得知是新羅王子，感到應盡地主之誼，於是發善心為之造寺。當時九華山為閔公所有，建寺要閔公出土地，閔公問地藏比丘要多少地，回答說，「一袈裟地」，閔公答應下來。不料袈裟越扯越大，蓋盡九華。據說金地藏居此山數十年，99 歲時，於唐玄宗開元年間夏曆七月三十日夜，召眾訣別，跏趺坐化。其肉身不壞，徒眾以缸殯殮，置入塔中。相傳山上聞名遐邇的「月（肉）身寶殿」，就是地藏的成道處。後世遂以此日為地藏菩薩應化中國的涅槃日，屆時舉行地藏法會，所以九華山的

香火以七月最盛。自明代起以金地藏為地藏菩薩的化身加以崇祀，九華山便成為地藏菩薩的聖地了。明萬曆年間，寺廟增至百座以上。清初增至 150 餘座，佛事活動極盛，有「佛國仙城」之稱。太平軍進入九華山，寺廟多數被毀。其後又有所整修，現尚存 98 座。

九華山的著名寺院有百歲宮、東崖寺、祇園寺、甘露寺四大叢林。此外還有化城寺、月身寶殿等。

百歲宮：為紀念明無瑕禪師而建。無瑕禪師長年苦修，百歲而逝，人稱「百歲公」。死後三年肉身不腐。明崇禎皇帝認為他是地藏菩薩轉世，敕封為「應身菩薩」。殿內所供無瑕禪師的真身至今尚存。其頭部與常人相差無幾，然軀幹已萎縮如孩童一般。

東崖寺：在東崖寺附近有一巨石，相傳為金地藏晏坐處。明代王守仁遊此有「盡日巖頭坐落花」的詩句。東有曾為金地藏所居住過的地藏洞。東崖寺在抗日戰爭前是九華山的最大叢林。

祇園寺：始建於明嘉靖年間，後幾經擴建，規模為九華山之冠。大殿雄偉，佛像壯觀，香火興盛，清時曾為十方叢林。

甘露寺：建於清初，後重修建。寺依山而建，高達五層，琉璃瓦頂，金光閃耀。四周茂竹修林，遮天蔽日，山水環拱，景色優美。

化城寺：在九華山中心，為九華山開山寺。史載由青陽諸葛節等人修建，請地藏居此。寺依山而建，氣宇軒昂，莊嚴古樸。唐建中二年（西元 781 年）開闢為地藏道場。明清一些皇帝曾親書匾額並賜金修葺。今寺內仍藏有明代諭旨、藏經等文物。明末高僧蕅益（1599-1655）曾入九華，住化城寺南的華嚴庵（即回香閣），從事佛教活動。

月身寶殿：俗稱肉身塔。史載佛教徒為紀念金地藏而建。現存塔殿為清同治年間重建。殿宇宏偉壯觀，內有七級木質寶塔，高約 17 米，每層有佛龕八座，供奉地藏金色坐像。

第三節　八宗祖庭

　　隋唐時代中國佛教形成了八個宗派，這些宗派都有創始者和主要
繼承人，他們同被奉為祖師，祖師的庭院，即他們所開創或住過的寺
院，稱為「祖庭」。這些祖庭是中國佛教宗派的發源地，在佛教史上
有著極為重要的地位，其中有些也是著名的名勝古跡仍保存至今，其
他或已蕩然無存，或僅留遺跡。下面依據它們的不同情況作一詳略有
別的介紹。

一　天臺山──天臺宗祖庭

　　天臺宗發源地天臺山，在浙江天臺縣城北。天臺山群峰爭秀，巉
峭多姿，景色秀麗。據傳三國時吳赤烏（238-251）年間僧人就已在此
建有佛寺。東晉以來名僧支道林、曇光、竺曇猷等曾居此修習禪定。
天臺宗初祖慧文在河北，二祖慧思住湖南南嶽，天臺宗三祖、實際創
始人智顗於南朝陳太建七年（西元 575 年）率弟子慧辯等 20 餘人居
此，建草庵講經十年。他繼承慧文、慧思的思想，並在此基礎上構成
了自己獨具特色的思想體系，形成了自己的一家之言，創立了天臺
宗。隋開皇十八年（西元 598 年），晉王楊廣承智顗遺志，在山麓建
寺，隋大業元年（西元 605 年）賜寺名國清寺，為天臺宗的根本道
場。後經歷代的多次整修，現存的建築為清代雍正十二年（西元 1734
年）所建。1973 年又作了全面的修整。這是一個擁有殿宇 14 座、房
屋 600 餘間的大型建築群。大雄寶殿正中設明代青銅鑄釋迦牟尼坐
像，連座高 6.8 米，重 13 噸。殿兩側列元代楠木雕制的十八羅漢坐
像，工極精緻。殿東側小院中有古梅一株，傳為隋代初建寺院時所
栽。寺內藏有珍貴文物，其中有智顗的遺物貝葉經，清雍正年間的欽

賜藏經和唐代詩僧寒山子印的《寒山詩集》等。

　　國清寺前的前崗上巍然屹立磚塔一座，為隋代所建，宋代重修。高約 6 米，六面九級，形制挺秀。國清寺前還有唐天文學家一行禪師墓塔。一行為修訂《大衍曆》曾到國清寺向寺僧求教數學，後人在寺前的七佛塔後建墓塔以紀念之。又傳他到寺時，正值北山風雨大作，前寺東山澗流水猛長，向西山澗倒灌。今寺外豐干橋旁側有石碑一方，上書「一行到此水西流」七字。

　　隋開皇十七年（西元 597 年）智顗去世，後人在天臺山佛隴為其建塔院，稱「智者大師塔院」。此塔院現在真覺寺中。塔院祖殿中置六角智者大師肉身寶塔。現有的建築係明代重修，近年又重建。天臺山寺院甚多，如高明寺也是智者大師的道場之一，寶相寺是智者大師入滅處，還有五代時德韶大師所立的華頂寺，都比較著名。

　　唐貞元二十年（西元 804 年）日本僧人最澄入華求法，在天臺山從道邃和行滿學習天臺宗教法，歸國後創立日本佛教天臺宗。此後日本天臺宗僧眾常常來此巡禮參拜祖庭。

　　天臺國清寺與南京棲霞寺、山東靈岩寺、湖北玉泉寺，一度曾合稱「天下四大叢林」。玉泉寺在湖北當陽縣西 15 公里的玉泉山東南麓，也是天臺宗的祖庭。智顗曾在此寺講《法華玄義》和《摩訶止觀》。此寺經唐、宋、明相繼修葺後，「占地左五里，右五里，前後十里」，被譽為「荊楚叢林之冠」。今寺大殿前有隋大業十二年（西元 616 年）鑄造的大鐵鍋，重 1.5 噸，還有元代鑄的鐵鐘、鐵釜。殿側有石刻觀音畫像，線條流暢，筆力遒勁，相傳為唐代大畫家吳道子的傑作。東南土丘上有玉泉鐵塔，北宋時鑄，八角十二層，高 17.9 米，塔身重53.3 噸，形體纖瘦挺拔，穩健玲瓏，光澤奪目。

二 棲霞寺──三論宗祖庭

　　三論宗的祖庭較多，初祖僧朗和二祖僧詮住南京棲霞寺，僧詮傳法朗，法朗住金陵城郊的興皇寺，相繼傳播三論《中論》、《百論》、《十二門論》之學。三論宗實際創始人吉藏七歲跟法朗出家，長期從法朗問學，至陳滅隋時去會稽（今紹興）嘉祥寺住了十幾年。後應隋煬帝楊廣之約，受請到隋京大興（今西安），住日嚴寺。在此期間他完成了三論的注疏，並撰有《大乘玄論》、《三論玄義》等，對三論中的要義作了專門的闡述，創立了三論宗。但現在除棲霞寺外其他諸寺均已湮沒無聞了。下面只對棲霞寺作一介紹。

　　棲霞寺位於江蘇南京東北 22 公里的攝山上。此山多藥材，食之可攝益身心，故名「攝山」。又因山上有棲霞寺，也稱棲霞山。南朝齊高帝建元（479-482）年間，有居士名僧紹（即明徵君）隱居此山，時有名僧法度自黃龍來，與僧紹交遊甚厚。僧紹死後，舍宅為法度造寺，稱棲霞精舍。梁時遼東人僧朗善「三論」和《華嚴經》，前來師事法度，後被稱為三論宗初祖。僧朗死後，弟子僧詮，詮弟子慧布繼位此寺。唐高祖時增建殿宇 49 所，改名為功德寺。唐高宗制《明徵君碑》，改名《隱君棲霞寺》，相傳「棲霞」二字為高宗親筆題寫。碑文為當時書法名家高正臣所寫，置於棲霞寺山門外左前側，為江南古碑之一。此寺清咸豐年間毀於大火。光緒三十四年（西元 1908 年）由寺僧興工重建，略復舊觀。

　　寺內有舍利塔一座，始建於隋仁壽元年（西元 601 年），五代時重修。塔八面五層，高 15 米，雕飾精美。舍利塔東有無量殿，又名大佛閣。殿內居中有無量佛，坐身高約 10 米，佛座高約 2 米，左右各有兩尊菩薩像，高約 10 米。無量殿後的山崖上還有千佛岩，相傳僧紹兒子仲璋秉承父親遺志於山崖上雕無量壽佛和兩座菩薩像。後人又相繼開

鑿，共有佛龕 294 個，佛像 515 尊。千佛岩第一窟佛高近 11 米，是南朝時的著名石窟，曾與大同的雲岡石窟齊名。

三 慈恩寺和興教寺——法相唯識宗祖庭

（一）慈恩寺

慈恩寺在今陝西西安市南 4 公里，原為隋朝的無漏寺，唐貞觀二十一年（西元 647 年）太子李治（後為高宗）為給母親文德皇后追薦冥福而改建，故以「慈恩」命名。當時建築宏大，雲閣禪房 10 餘院，房舍共 1897 間。雕梁畫棟，窮極華麗。延玄奘為上座。寺西北立翻經院，為玄奘譯經處。玄奘死後弟子窺基繼住此寺，所以世又稱法相唯識宗為慈恩宗。玄奘為置放由印度帶回的經籍（梵琩），於永徽三年（西元 652 年），仿照西域佛塔形式，建造了五級磚塔，名為「雁塔」。據《大唐西域記》卷 9 載，印度佛教小乘僧人食三淨肉，有人因求三淨肉而不得，見群雁在空中飛翔，就開玩笑說：「今日僧供不充，菩薩應知是時。」時有一雁應聲墮地而死。群僧深感慚愧，就不再食三淨肉了，並以為死雁是菩薩化身，特地建塔埋葬，名曰「雁塔」。估計玄奘所建的「雁塔」就是按照這個傳說而命名的。因相對於附近薦福寺塔體形更大，而稱為「大雁塔」，薦福寺塔則名為「小雁塔」。大雁塔建成後屢次重修。現在的塔為七層，合底座和塔身總高 64.1 米。塔南面兩側鑲嵌有唐太宗李世民撰《大唐三藏聖教序》和唐高宗李治撰《大唐三藏聖教序記》碑二通，由唐大書法家褚遂良書寫，字體娟秀，為唐代名碑。唐代大詩人杜甫、岑參、高適等文人墨客都曾登臨大雁塔，並各有題詠。

（二）興教寺

興教寺位於西安市東南約 20 公里長安縣的少陵原畔，是玄奘的遺骨遷葬地。玄奘死於玉華宮，葬於西安東郊滻河東岸的白鹿原上，後遷葬於此。同時修建寺塔作為紀念。後唐肅宗李亨來此寺遊覽，題塔額「興教」二字，從此就名為「興教寺」。寺內有三塔，中間一座最高，是玄奘舍利塔，五層，約 23 米，磚仿木結構，底層洞內有玄奘塑像。兩側為玄奘大弟子窺基和圓測的墓塔，上面均有石刻、塔銘和泥塑像。清代同治年間除這三塔外其餘建築都被兵火毀壞。1922年和 1939 年曾兩度重修，現正殿、藏經樓及寺外長方形敞亭都是近代建築。正殿內有銅佛像和緬甸贈送的白玉彌勒佛像各一尊。配殿正面牆上嵌有玄奘赴印度求經行程的石刻像，係由印度摹繪而來。

四　華嚴寺和草堂寺──華嚴宗祖庭

（一）華嚴寺

華嚴寺在陝西長安縣少陵原的半坡上。北距西安市 15 公里，居高臨下，南望終南山，環境幽美。華嚴宗初祖杜順、二祖智儼都住終南山至相寺宣講《華嚴經》，發揮義理。華嚴宗三祖創始人法藏死後葬於現在的華嚴寺南邊。華嚴寺始建於唐貞元十九年（西元 803 年），為華嚴宗的道場之一。清乾隆年間少陵原部分崩塌，寺內殿宇全毀。現存磚塔兩座，東面的是華嚴宗初祖杜順禪師的塔，方形七層，高 13米，上層石刻「嚴主」兩字。西面一座華嚴宗四祖清涼國師塔，六角五層，高 7 米，塔上有石刻「大唐清涼國師妙覺之塔」十字。寺內原有唐大中六年（西元 852 年）刻的《杜順和尚行記碑》，現移至陝西省博物館保存。

（二）草堂寺

　　草堂寺在陝西戶縣城東南 20 公里的圭峰山下。華嚴宗五祖宗密曾住此起草《圓覺經疏》，後又入草堂寺南的圭峰蘭若，誦經修禪。死後葬於東小圭峰，世稱「圭峰禪師」。有圭峰《定慧禪師傳法碑》一通，立於唐大中九年（西元 855 年），為當時人裴休撰寫，柳公權篆額，相當有名。今移至草堂寺鼓樓內。相傳草堂寺最早為姚秦鳩摩羅什譯經之處。因堂係草苫所蓋，故名草堂。鳩摩羅什死後火葬於此。唐後不斷修繕。寺中有「姚秦三藏鳩摩羅什舍利塔」，造型殊異。塔身通高兩米餘，八面十二層，用白玉、磚青、墨黑、乳黃、淡紅、淺藍、赭紫及灰色八種顏色的玉石雕刻鑲並而成。上面浮雕蔓草花紋及陰雕佛像等，都工巧藝高，俗稱「八寶玉石塔」。寺西北部有一水井，秋冬的早晨井內水汽上升，煙霧繚繞，稱為「草堂煙霧」，為古時關中八景（「長安八景」）之一。

五　大明寺──律宗祖庭

　　唐代道宣住陝西終南山豐德寺，著有《四分律行事鈔》，為律宗主流南山宗創始人。道宣的再傳弟子鑒真曾游長安、洛陽等地，後住江蘇揚州大明寺講律。唐天寶年間赴日本傳授戒法，大弘律學，開日本佛教和文化的先河。鑒真在日本奈良建唐招提寺，其墓塔即在該寺後院。大明寺位於江蘇揚州新北門外的蜀崗中峰上，初建於南朝宋大明年間（457-464），故名大明寺。隋文帝仁壽元年（西元 601 年）該寺建一座棲靈塔，於是改名為「棲靈寺」。唐代詩人李白、白居易、劉禹錫等都登過此塔，並留下著名的詩篇。鑒真東渡後該寺幾經興廢。宋文學家歐陽修任揚州太守時建平山堂，堂後有「遠山來與此堂

平」的匾額。宋大詩人蘇軾為紀念歐陽修,又在平山堂後建谷林堂,牆上有歐陽修石刻像。清乾隆皇帝巡遊揚州又改題「法淨寺」。今恢復原名大明寺。1973 年在大雄寶殿東側建鑒真紀念堂,由正殿、碑亭和陳列室組成,為著名建築學家梁思成參照唐代建築風格設計。堂內有鑒真楠木雕像,仿照日本唐招提寺鑒真乾漆夾紵像雕刻而成。

六　大興善寺和青龍寺──密宗祖庭

(一)大興善寺

大興善寺在陝西西安城南 2.5 公里處。始建於晉武帝年間,名遵善寺,隋文帝時改名大興善寺。當時有印度僧人那蓮提黎耶舍、闍那崛多和達摩笈多先後來此寺翻譯佛經。唐開元年間又有印度僧人善無畏、金剛智和獅子國(今斯里蘭卡)僧人不空(一說也是印度人)即「開元三大士」來此譯出眾經,傳授密法。一時成為長安城內佛經三大譯場之一,也是密宗的發源地。密宗以毗盧遮那為初祖,普賢金剛薩埵為二祖,龍樹為三祖,龍智為四祖,金剛智為五祖。金剛智傳弟子不空,不空為六祖。實際上開元三大士才是中國密宗的真正創始人。一行和尚曾住持此寺,對天文、數學的研究作出了傑出的貢獻。現唐代寺院已毀,僅存唐刻青石龍頭和歷代整修寺院的碑碣。現存的寺院為明清時建築。1956 年以來又進行了全面修葺,寺院正在逐漸恢復本來面貌。

(二)青龍寺

青龍寺位於西安市東南郊鐵爐廟村北高地上。初建於隋開皇二年(西元 582 年),名「靈感寺」。唐代再經修建,名「觀音寺」。景雲

二年（西元 711 年）稱「青龍寺」，為當時著名的寺院，密宗的根本道場。不空弟子惠果住此寺東塔院，稱密宗七祖。惠果弟子中有訶陵（今印尼爪哇）的辨弘、新羅的慧超等。貞元二十年（西元 804 年）日本僧人空法來唐求法，從惠果受灌頂（傳法儀式），傳金剛界、胎藏界兩部大法，並受傳法阿闍梨（導師）灌頂。回國後在高野山建立了日本的真言宗。此後日本的天臺宗僧人圓仁、圓珍，真言宗僧人宗睿先後入唐，都在此寺從惠果再傳弟子法全受學密法。所以「青龍寺」也是日本真言宗的發源地。寺毀於北宋。中國社會科學院考古研究所於 1979 年開始發掘寺院遺址。今在遺址上立有石碑，並建惠果空海紀念堂，目前仍在積極發掘和恢復當中。

七　玄中寺、香積寺和東林寺──淨土宗祖庭

（一）玄中寺

　　玄中寺位於山西交城縣西北 10 公里的石壁谷中，四面石壁陡立，所以也稱「石壁寺」，為淨土宗發源地之一。北魏延興二年（西元 472 年）興建。時有為皇帝崇敬的曇鸞大師住此弘布淨土信仰，隋代道綽和唐代善導相繼位持此寺，基本上完成了曇鸞的淨土宗系統。寺後改稱為石壁永寧禪寺。主要殿堂毀於清代，1955 年重建。殿內木雕佛像造型生動，栩栩如生。現存北魏以來的碑刻為珍貴文物。寺東的大龍山有一兩層八角白色秋容塔。日本淨土宗和淨土真宗，因奉曇鸞、道綽、善導為淨土宗三祖，也奉該寺為祖庭。

（二）香積寺

　　香積寺在陝西長安縣香積村，距西安約 17 公里。唐神龍二年（西

元 706 年）善導法師弟子懷惲等人為紀念善導而建。初建時氣魄宏偉，殿堂壯觀，院內花草茂盛，林木蔥蘢。唐高宗李治曾賜百寶幡花，武則天也駕臨瞻仰。詩人王維《過香積寺》的詩句「不知香積寺，數里入雲峰。古木無人徑，深山何處鐘。」生動地描繪了彼時寺院的景色。寺後毀，僅存善導堂和敬業塔，現塔身已殘裂為十一級，高 33 米。其東側有小型磚塔一座，據傳是善導的墓塔。香積寺經 1980 年重修，外觀有所恢復。

（三）東林寺

東林寺在江西廬山西北麓，係東晉太元十一年（西元 386 年）刺史桓伊為慧遠所建。慧遠提倡彌陀淨土信仰，曾和劉遺民等人立誓共以往生西方極樂世界為期。後來又傳說慧遠曾在廬山邀集十八高賢立「白蓮社」，因此尊慧遠為淨土宗初祖。東林寺作為東晉以後南方的佛教重鎮，在歷史上曾盛極一時，名揚天下。寺內有神運殿、三笑堂、念佛堂（十八高賢堂）、文殊閣、聰明泉、石龍泉、羅漢松等。殿後東窗下嵌有唐代大書法家柳公權真跡殘碑。寺前有虎溪橋，相傳慧遠送客從不過此橋。有一次他與詩人陶淵明、道士陸修靜談玄論道，慧遠送陶、陸二人出山門，邊談邊走，過了石拱橋，「神虎」吼叫，三人相視大笑不止。這就是文苑佳話「虎溪三笑」的來歷。實際上這是儒、道、佛合流的反映。東林寺群山環抱，溪水回流，景色清幽，歷代文人紛紛慕名而來。李白、白居易、陸游、岳飛、王陽明等在此都留下了名篇佳作。鑒真和尚東渡之前曾來東林寺約智恩和尚同赴日本，慧遠學說也隨之東傳，所以日本的東林教也奉廬山東林寺慧遠為始祖。

八　禪宗祖庭

　　前文已經提到過禪宗奉菩提達摩為初祖。禪宗後又分南北兩宗，北宗神秀一系曾盛極一時，但不久便衰落下去。南宗慧能一系祖師輩出，弘傳不衰。南宗先後分出南嶽懷讓、青原行思兩系。南嶽系下又分化出臨濟、溈仰兩家。青原系下分化出曹洞、雲門、法眼三家。臨濟宗後又分出黃龍、楊岐兩派。楊岐一派又有虎丘和徑山兩派。因此禪宗祖庭之多為各宗之最。

（一）少林寺

　　少林寺在河南登封縣城西北 13 公里少室山北麓的五乳峰下。因建寺時少室山麓叢林滿野，故名。北魏孝文帝於太和十九年（西元 495 年）為印度僧人跋陀（佛陀）禪師而建。相傳印度僧人菩提達摩曾來此凝修壁觀，傳授禪法，因而被奉為禪宗初祖，少林寺也被尊為禪宗祖庭。北周武帝滅佛時，少林寺被毀，大象年間（579-580）重建後改名為「陟岵寺」。後隋文帝又敕復原名。唐太宗時寺院重修，有殿宇閣樓一千多間，規模宏大。至唐末五代時逐漸衰敗，南宋時又有所中興，清雍正時重修。1928 年軍閥混戰，天王殿和大雄寶殿被焚燒一空。現存建築是原來的主體部分。千佛殿內有著名的明代「五百羅漢朝毗盧」壁畫，約 300 多平方米；還有當年僧人練拳遺跡——站樁坑。白衣殿內有清代少林寺拳譜、十三棍僧救唐王（李世民）故事的壁畫。寺內達摩亭相傳是二祖慧可在門外立候達摩，大雪沒膝也不動搖的地方，所以又叫「立雪亭」。寺內還保存有唐以來的碑碣石刻 300 餘品，其中以《秦王告少林寺主教碑》以及蘇軾、米芾、蔡京、趙孟頫、董其昌、日本僧人邵元等撰文、書寫的碑文最為珍貴。

　　少林寺西側有少林寺塔林，因塔多密集如林，故稱。塔林多為少

林寺歷來名僧的墓地。共有磚、石基塔 220 多座，造型各異，形態多樣，反映了不同時代造塔的不同風格，是綜合研究我國歷代磚石建築和雕刻藝術的寶庫。

少林寺西北的五乳峰上有初祖庵，傳說菩提達摩在此曾面壁九年（一說十年）。洞前石坊額上刻有「默然處」三個字。北面刻「東來肇跡」四字。周恩來的《大江歌罷掉頭東》詩句「面壁十年圖破壁」的「面壁」典故即出於此。

寺西南 4 公里的缽盂峰上有二祖庵，傳為二祖慧可從菩提達摩學禪，立雪斷臂後，在此山養傷，其弟子為紀念他而建此庵。庵內有大殿、碑碣，庵外有古塔三座。由庵南上裡許有覓心台，登臺遠眺，東覽太室，西望伊洛，邙山橫亙，黃河西來，百里景物盡收眼底。

少林寺也是少林派拳術的發源地。禪宗主坐禪，但坐久了會筋肉麻木，需要起身舒展肢體，久而久之，舒展動作形成了定勢，被稱為拳法、拳術。唐初，少林寺僧人因佐唐太宗有功，受封後得以養寺兵五百，這樣便又把馬前兵法和多種器械也引進了少林武術。後來少林拳術更負盛名，流傳日廣。拳術是武術中重要的一種，人稱「天下功夫出少林」。武以寺名，寺因武顯，少林寺因而被譽為「天下第一剎」。

（二）山谷寺

山谷寺又稱乾元禪寺、三祖寺。在安徽潛山縣天柱山野寨區。相傳南朝梁時，有寶志禪師來此開山建寺，後禪宗三祖僧璨禪師雲遊至此，擴建寺院，講經傳法，聲揚遐邇。寺內屹立的覺寂塔又名三祖寺塔。七層八面，高 33 米多。塔體外旋中空，內有臺階可登塔頂。寺西有石牛古洞，宋文學家黃庭堅曾在此讀書，樂其山水之美，因自號「山谷道人」。

（三）四祖寺

四祖寺在湖北省黃梅縣城西 15 公里的破額山上（西山），為禪宗四祖道信的道場。原來寺院規模宏大，後因幾度兵火而毀。現存四祖殿、慈雲閣等。在寺西的山坡上有毗盧塔，為道信墓塔。塔由磚石砌成，仿木結構，高約 15 米，重簷亭式，下設台基，略成正方形。造型穩重，氣勢軒昂。在寺西北的西山山腰上有一魯班亭，傳為古代大建築師魯班所修，實為唐所建，具有唐代早期建築的風格。在寺岩泉溪上有靈潤橋，為元代建造。橋下的岩石上刻有「碧玉流」的字樣，出自柳宗元的手筆。另有元代黃眉山人以及明清時詩人的詩文題刻。四祖寺一帶，寺塔亭橋，山水花木，交相輝映，別有情趣。

（四）東山寺

在湖北省黃梅縣城東 12 公里的東山上，故名。因東山又名雙峰山，故也稱「雙峰寺」，是禪宗五祖弘忍傳授禪法，弘揚東山法門的地方，俗又稱「五祖寺」。寺始建於隋末，唐代又加以擴建，堂舍達千餘間。由山腳沿石級小徑至山頂長約 3 公里。寺內外名勝古跡很多。大滿禪師塔相傳為瘞五祖弘忍之所。寺前「一天門」有釋迦多寶如來佛塔，係北宋所建。塔身端莊穩重，雕刻秀雅精緻。寺花橋下路旁有十方佛塔，用青色砂石，單件壘砌，八角七級，高 6.36 米。設有佛龕，中置佛像，形制俊俏，結構嚴謹。寺山門內有飛虹橋，傳為元代修建，以青石條構築，單孔拱券，橫跨穀澗，狀如飛虹。寺外的白蓮峰頂上有白蓮池。由峰頂俯瞰山麓，古寺藏幽，遠眺廬山，錦屏繡翠，美不勝收。唐代大詩人杜甫、柳宗元、宋之問以及宋文學家歐陽修等都曾到此寺登臨遊覽，題詠佳句。

（五）南華禪寺

在廣東韶關市南 20 公里。背依庾嶺山脈，面對北江支流曹溪，幽靜秀麗。初建於南朝梁天監三年（西元 504 年），名「寶林寺」。唐儀鳳元年（西元 676 年）慧能在廣州乾明法性寺菩提樹下剃髮受戒。法性寺即今光孝寺。寺內有六祖殿，原名「祖堂」，係紀念禪宗六祖慧能的建築物。寺內的瘞髮塔傳為紀念慧能剃度，將他的頭髮埋在菩提樹下而後在上面建的塔。寺內還有睡佛閣，也稱「風幡堂」，傳為慧能宣講風幡非動而是心動理論的地方。儀鳳二年（西元 677 年）慧能主持寶林寺，開創禪學南宗，被奉為禪宗六祖，該寺也成為禪宗的著名祖庭。唐代敕名「中興寺」、「法泉寺」，宋初賜名「南華禪寺」，一直沿用至今。南華寺有「東粵第一寶剎」的美稱。寺院建築幾經興廢，寺內六祖殿供六祖像，傳為六祖慧能真身像。另有五百羅漢像，形態生動。寺內還藏有金繡千佛袈裟、歷代皇帝的聖旨、水晶缽盂等大量珍貴文物。

（六）南嶽般若寺（福嚴寺）——禪宗南嶽系祖庭

南嶽般若寺在湖南省衡山擲缽峰下，建於南朝陳光大元年（西元 567 年）。唐先天二年（西元 713 年），懷讓參拜慧能後來此，住般若寺觀音台弘揚禪法，開南嶽一系。宋時擴建，更名為「福嚴寺」。清代毀後重修。寺山門橫額石刻「天下法院」，兩旁石刻聯「六朝古剎七祖道場」。寺中有南朝時鑄銅質嶽神一尊，1.3 萬斤，佛像三尊，各重萬斤。寺旁有「極高明台」，上有唐李泌書寫的「極高明」三字。寺前不遠處有「三生塔」，是天臺宗三祖慧思禪師墓。附近另有磨鏡臺。據說懷讓以磨磚不能成鏡作比喻，說明坐禪不能成佛的道理，以開導道一禪師。道一禪師後住鐘陵（今江西進賢縣）開元寺，弘傳懷讓的宗旨，時稱為洪州宗。

（七）青原山淨居寺——禪宗青原系祖庭

青原山在江西吉安縣東南 15 公里處。青原山上的淨居寺為禪宗青原一系開創者行思的道場。青原系後來又分出曹洞、雲門、法眼三派，尊行思為禪宗七祖。淨居寺的正門上鐫刻著宋文天祥手書「青原山」三字。寺內殿宇嚴整，古跡很多。顏真卿、蘇軾等文人騷客都曾到此遊歷題詠。

行思門下的希遷（石頭和尚）於唐天寶二年（西元 743 年）受請住湖南衡山南台寺，辟為道場，弘揚行思禪法。寺有希遷墓塔。日本有關碑文稱日本僧六休為希遷 42 代孫，日本佛教曹洞宗視南台寺為祖庭。

（八）臨濟寺澄靈塔——臨濟宗祖庭

臨濟寺在正定城東南 1 公里臨濟村，原為東魏興和二年（西元 540 年）創建。唐大中八年（西元 854 年）義玄在此創臨濟禪院，開設道場，廣收徒眾，弘揚禪法，創臨濟宗，盛極一時。其禪風以「棒喝」著稱。唐咸通八年（西元 867 年）義玄去世，弟子建衣缽塔葬之，名澄靈塔，也稱青塔。培高 33 米，八角九級。整體結構精巧，輪廓秀美清晰。臨濟宗於南宋時傳入日本，信徒眾多，奉此為臨濟宗發祥地。

此外，福建省福清縣漁溪鎮黃檗山萬福寺，被日本黃檗宗奉為祖庭。唐貞元五年（西元 789 年），禪宗慧能的法嗣正幹禪師開創般若堂，後改名建德禪寺、萬福寺。臨濟玄義之師希運禪師住持萬福寺，始以黃檗為山名。此山后為禪宗一大叢林。明崇禎九年（西元 1636 年）隱元隆琦禪師住持此山 20 餘年之久。清順治十一年（西元 1654 年）隱元應請赴日本京都東南郊建「黃檗山萬福寺」，成為日本佛教黃檗宗的根本道場。我國福建省的萬福寺也被奉為祖庭。隱元禪師以

63 歲高齡東渡傳禪，創立黃檗宗，和 900 年前鑒真和尚以 66 歲高齡東渡弘法，創立律宗，先後相傳，交相輝映，推進了中日文化的交流。

（九）溈山和仰山——溈仰宗祖庭

晚唐時靈祐居溈山，靈祐弟子慧寂居仰山，師資相承，別開一派，稱溈仰宗。溈山在湖南省寧鄉縣城西 70 公里處。山上有十方密印寺，為靈祐所居。靈祐在此獨棲七年，受到相國裴休的尊崇。前來此山受學的僧人很多，世稱「溈山靈裕」。溈山山頂為廣野，平疇千畝。古時住僧在山上耕作，人稱「羅漢田」。寺附近有唐裴休墓和宋代理學家張栻墓。仰山在江西宜春南 40 公里處。山上有棲隱寺，宋時改名為太平興國寺，慧寂在此大建法幢，平時常以手勢啟悟學人，稱「仰山門風」。

（十）洞山、曹山和天童寺——曹洞宗祖庭

1.洞山和曹山。唐良價禪師住洞山，弟子本寂住曹山，共建曹洞宗。洞山在江西宜豐縣東北 25 公里，山有普利院。唐大中（847-859）末良價在此大行禪法，世稱「洞山良價」。創五位君臣說，門風頗盛，人稱其禪風為洞上宗風。曹山在江西宜黃縣本名吉水山，本寂因紀念慧能的道風而改名。山上有荷玉寺，本寂在此大振洞門禪風。

2.天童寺，在浙江寧波市東 30 公里的太白山麓。晉永康元年（西元 300 年）僧人義興來此結茅。唐開元年間開始建寺。唐至德二年（西元 757 年），僧人宗弼將寺遷至現址。不久上賜名天童玲瓏寺，後更賜名天壽寺。北宋時又賜名景德禪寺。明洪武二十五年（西元 1392 年），冊定天童寺名。南宋建炎三年（西元 1129 年）正覺禪師在此居住，大興曹洞宗，立「默照禪」。寶慶元年（西元 1225 年）如淨住持此寺，日本僧人道元入宋從如淨受學，回國後創日本曹洞宗，該

宗教徒尊天童寺為祖庭。天童寺現存建築為清代重建，1979 年整修。殿宇規模宏大，四周群山環繞，層巒疊嶂，景色幽深。

（十一）雲門寺──雲門宗祖庭

雲門寺在廣東乳源瑤族自治縣城外 6 公里處。創建於五代後唐同光元年（西元 923 年）。原名光泰禪寺，後稱大覺寺，也稱雲門寺。五代時文偃禪師在此弘揚禪法，創立雲門宗，為雲門宗的發祥地。此宗在北宋時極為興旺，到南宋時趨於衰歇。現山門內壁保存著著名的南漢大寶元年（西元 958 年）《大漢韶州雲門山光泰禪院故匡真大師實性碑》和大寶七年（西元 964 年）《大漢韶州雲門山大覺禪寺大慈雲匡聖弘明大師碑記》兩塊有重要價值的石碑。現存殿宇為 1934-1950 年間住持虛雲募化所重建。寺院周圍多山水名勝，風光綺麗。

（十二）清涼寺──法眼宗祖庭

清涼寺在江蘇南京市漢中門內的清涼山上。五代十國楊吳時為興教寺，南唐建清涼道場。南唐始祖李昇建國後，請文益到金陵，住報恩禪院，署號淨慧禪師。既而遷住清涼寺，前後三坐道場，自揚一家禪風。聲望頗高，門徒眾多，創法眼宗（法眼為文益的封號），流傳約百年。相傳清涼寺為李氏避暑宮，李後主（李煜）常留宿於此。原寺已廢。現存佛殿為清末年間所建，還保存有南唐保大三年（西元 945 年）義井一口。傳說僧人終生飲此井水，至老鬚髮不白。

（十三）黃龍山──黃龍宗祖庭

黃龍山在今江西武寧縣。唐時釋超慧在此山創永安寺，北宋真宗賜名為「崇恩禪院」。北宋仁宗時慧南禪師在黃龍山崇恩禪院創「黃龍三關」教義，大振禪風，法席很盛，人稱「黃龍慧南」。由禪宗臨濟宗下另自創一派，建立黃龍宗。

（十四）楊岐山 ── 楊岐宗祖庭

楊岐山在江西萍鄉市。相傳先秦哲學家楊朱南遊至此，迷失方向，不辨岐路，放聲大哭，故名楊岐山。唐代在此建楊岐寺，也稱普通禪寺。乘廣法師住錫山中，他死後，詩人、哲學家劉禹錫為他撰寫了《袁州萍鄉縣楊岐山故廣禪師碑》。北宋時慧南同門方會住此，大弘道法，又從臨濟宗自創一派，並成為臨濟宗的正統。以山為名，稱楊岐宗。方會也稱楊岐禪師。山中古寺在「文化大革命」中遭破壞，現存劉禹錫手書石碑、甄叔大師塔和乘廣禪師塔。著名的「唐柏」，高 14 米，直徑兩米多，至今傲然屹立於寺中。

（十五）虎丘山 ── 虎丘派祖庭

虎丘山在江蘇蘇州市閶門外山塘街，距城約 3.5 公里。春秋時吳王夫差葬其父闔閭於此。晉司徒王珣、王瑉兄弟建為別墅，後捨宅為寺，稱虎丘山寺。宋代重建為雲岩寺，清更名為虎阜禪寺。晉宋之際道生曾在此說法，有「頑石點頭」的傳說。宋紹興四年（西元 1134 年）臨濟宗楊岐第五世紹隆住此，創虎丘派，為後世臨濟宗的主流。虎丘山的文物古跡很多，氣勢雄偉，風景秀麗。虎丘塔也稱雲岩寺塔，為五代建築，平面八角形共七層。塔的磚砌部分飾以彩畫，圖案精美，為國內較早的建築彩繪之一。虎丘山腳下的雲岩寺二山門，也稱「斷梁殿」、「雙梁殿」，為元代所建，極為優美。古人十分讚譽虎丘山：「塔從林外出，山向寺中藏。」有「吳中第一名勝」的美稱。

（十六）徑山 ── 徑山派祖庭

徑山在浙江省余杭縣城西北 25 公里處，因山上有長 5 公里的東西二徑，蜿蜒直上達天目山而得名。山有能仁興聖萬壽寺，簡稱徑山

寺。宋紹興七年（西元 1137 年）紹隆派的同門、楊岐派第五世宗杲居此，創「看話禪」（話頭禪），世稱大慧派（大慧是宗杲的封號），也稱徑山派。徑山有凌霄等七峰，幽清靈秀。原有徑山寺，現已廢。

　　此外，河南洛陽市東約 12 公里的白馬寺，稱作「中國第一古剎」，也被我國廣大佛門弟子尊為「祖庭」和「釋源」（佛教發源地）。據傳統的說法，白馬寺初創於東漢永平十一年（西元 68 年），距今已有 1900 多年的歷史。此寺在早期翻譯佛經和傳播教義方面起過重要作用。寺院規模宏大，寺的後部清涼台，相傳原為漢明帝乘涼讀書之處，後為印度二高僧攝摩騰和竺法蘭譯經傳教之所。寺內現存造像多為元、明、清三代的作品。大雄寶殿的三世佛、二天將、十八羅漢，以及元代「夾紵乾漆」造像，氣韻生動，是一組具有很高文物價值的、馳譽中外的藝術瑰寶。寺內現存的 40 多方歷代碑刻，也具有重要的藝術和史料價值。寺的東南角和西南角，各有一座圓形墓塚，分別刻有攝摩騰、竺法蘭的墓碑。白馬寺東南有白馬寺塔，也名「齊雲塔」、「釋迦舍利塔」。塔有 13 層，高約 25 米。玲瓏嫵媚，挺拔秀麗。按寺內藏存的宋碑記載，此塔建於東漢永平十二年（西元 69 年），可謂中國第一古塔。現存寺塔為金大定十五年（西元 1175 年）所重建，距今有 800 多年的悠久歷史。

第四節　著名喇嘛寺

　　我國黃教喇嘛寺院除達賴喇嘛的駐地——布達拉宮外，以西藏的扎什布倫寺、哲蚌寺、沙拉寺、甘丹寺和青海湟中的塔爾寺以及甘肅夏河的拉卜楞寺六個寺院的規模最大，地位最高，稱黃教六大宗主寺。此外河北承德的外八廟、北京的雍和宮也很著名。下面分別加以簡略介紹。

一　布達拉宮

　　布達拉宮在西藏拉薩市西北的瑪布日山上。布達拉是梵語普陀羅的音譯，意思為「佛教聖地」。相傳在西元 7 世紀時，吐蕃贊普松贊干布為迎接唐文成公主在此首建宮室。後屢有修建。至 17 世紀中葉達賴五世受清朝順治皇帝的冊封以後，在此大力擴建，前後歷時近 50 年始具今天的規模。宮體主樓 13 層，高 117.19 米，東西長 360 米，南北寬 500 多米。全部為石木結構。房舍近萬間，可容僧眾兩萬餘人。內有宮殿、佛堂、習經室、寢宮、靈塔殿、庭院等。達賴喇嘛的八座靈塔的塔身均以金皮包裹，寶玉鑲嵌，極為奢麗。各殿堂的牆壁上繪有絢麗多姿、神情畢肖的壁畫。宮內還保存有大量珍貴的歷史文物。全部建築依山勢壘砌，群樓重疊，殿宇嵯峨，氣勢雄偉。布達拉宮是宮堡和寺院合一的龐大的建築群，是我國藏族古建築藝術的精華，為歷代達賴喇嘛的冬宮，也是原西藏政教合一的統治中心，重大的宗教、政治儀式都在此舉行。

二　扎什倫布寺

　　在西藏日喀則縣南的尼色日山下。藏語扎什倫布的意思是「吉祥須彌山」。明正統十二年（西元 1447 年）由喇嘛教格魯派（黃教）的創始人宗喀巴的門徒根敦主興建。到明朝末年四世班禪洛桑曲堅掌教後，扎什倫布寺為班禪喇嘛的坐床之所。以後為歷世班禪進行宗教和政治活動的中心。扎什倫布寺依山傍水，巍峨莊嚴。全寺有 4 個札倉（經學院），殿堂數十處。寺內有高達 26.8 米的強巴佛像，據載，造這座佛像時，用掉青銅 22 萬斤，黃金 500 斤，是世界上極為罕見的鎦金銅彌勒佛像。寺內還有歷代班禪靈塔，塔身包裹著銀皮。此外，還保存有大量其他的珍貴歷史文物。

三　哲蚌寺

　　哲蚌寺在西藏拉薩市西北 5 公里的半山坡上。明永樂十四年（西元 1416 年）由宗喀巴門徒嘉祥曲傑興建。全寺建築面積為 25 萬平方米，有上萬間房子，有 4 個札倉，僧人定額為 7700 人，寺內大經堂可容 8000 人，是我國最大的喇嘛教寺院。與沙拉寺、甘丹寺合稱「拉薩三大寺」。寺西南方的甘丹頗章（宮）為達賴二世至五世住的地方。歷世達賴都以此寺為母寺，地位極為重要。拉薩學經的僧人多入該寺果莽札倉。寺內收藏的歷史文物和工藝美術品十分豐富，藏書極多，其中的三部甘珠爾經尤為珍貴。

四　沙拉寺

　　沙拉寺在西藏拉薩市北郊 3 公里的山腳下。明永樂七年（西元 1409 年）宗喀巴弟子絳欽卻傑代表宗喀巴進京，後受封為大慈法王，明永樂十六年（西元 1418 年）為供奉皇帝所賜佛像和佛經，絳欽卻傑興建了此寺。全寺有 3 個札倉，僧人定額 5500 人。大殿內的彌勒像和菩薩像均為銅鑄，造型精美。寺內有絳欽卻傑自北京帶回的金寫藏文《大藏經》一部和旃檀木雕十六尊者像一套，另有明代內地織的大慈法王緙絲像一幅，都是極為珍貴的文物。

五　甘丹寺

　　甘丹寺在西藏拉薩市東 60 公里達孜縣境內的旺古爾山上。為西藏黃教創始人宗喀巴所建，被奉為黃教的祖庭。宗喀巴的法座繼承人，歷世格魯派教主甘丹赤巴即居於此寺中。該寺始創於明永樂七年（西

元 1409 年），規模之大相當於三個布達拉宮，有兩個札倉，僧人定額為 3300 人。寺內大殿可同時容納 3000 餘喇嘛念經。司東陀殿內有宗喀巴肉體靈塔。寺內的赤多康是宗喀巴當年生活居住的地方。寺已毀，今在積極恢復中。

六　塔爾寺

塔爾寺在青海省湟中縣魯沙爾鎮，距西寧市 25 公里。它是為紀念黃教始祖宗喀巴，於明代嘉靖三十九年（西元 1560 年）在宗喀巴誕生地興建的。先後經過 400 年的興廢修建，成為今天的規模。整個寺院依山勢起伏，由大金瓦寺、小金瓦寺、小花寺、大經堂、大廚房、九間殿、大拉浪、如意寶塔、太平塔、菩提塔、過門塔等大小建築，組成為一個完整的建築群。既有漢式的宮殿，又有藏式的平頂建築，體現了漢藏建築傳統藝術的融合。氣勢雄偉，光彩奪目。寺內的酥油花雕、壁畫、堆繡被稱為該寺的「三絕」，風格獨特，具有很高的藝術價值。寺院大小經堂下設四大札倉，分別研究顯宗義理、密宗教義、因明、天文、曆算、占卜、工藝、醫學、禁咒等。每年農曆正月、四月、六月、九月舉行四大法會，二月、十月舉行兩個小法會。尤其是正月十五的燈節大會，以展覽酥油花雕、壁畫、晒佛（將數十丈高的大佛像在山坡上高高掛起）來吸引數以萬計的各族群眾來寺參觀、瞻仰、朝拜，從而使該寺成為西北地方佛教活動的中心和著名的遊覽勝地，並在全國和東南亞一帶享有盛名。

七　拉卜楞寺

拉卜楞寺舊稱紮西奇寺，在甘肅夏河縣城西 1 公里處。始建於清

康熙四十八年（西元 1709 年），曾為甘肅、青海、四川交界處藏族地區的政治、宗教、文化中心，下轄寺院 108 所，喇嘛總數達 20000 名。寺院建築雄偉，金碧輝煌。主要建築有札倉 6 所、拉康（佛寺）18 所、囊欠（活佛公署）18 所、講經壇 1 座、印經院 1 所、藏經樓 1 所、僧舍萬餘間。喇嘛最多時達 3000 餘人。寺內還保存著為數可觀的佛塔、佛像等珍貴文物，以及 65000 多卷藏語文書、藏史、藏醫、曆法、音樂、美術、藏經和《佛教大百科全書》等孤本、善本典籍資料。藏文典籍之豐富在全國喇嘛寺中名列前茅。

八　外八廟

　　外八廟是一組以喇嘛廟為主的大型寺廟群，位於河北省承德市避暑山莊外，因稱外八廟。這是清王朝為了接待蒙藏各族的領袖人物、聯絡王公貴族，實現民族團結而興建的。外八廟一時成為我國西藏拉薩以外的又一個喇嘛教中心。從康熙四十二年（西元 1703 年）到乾隆五十五年（西元 1790 年）間不斷修建，最後建成須彌福壽之廟，歷時達 87 年之久。原來有寺廟 11 座，現存 7 座，即溥仁寺、普樂寺、安遠廟、普寧寺、普陀宗乘之廟、殊像寺、須彌福壽之廟。這組龐大的廟宇依群山而建，高低錯落，佈局多變，氣勢恢弘。廟宇造型不拘一格，藏、蒙古、漢等民族的建築藝術競放異彩。外八廟大多數都朝向避暑山莊，象徵著各民族心向中央，天下一統。在普寧寺「大乘之閣」內有木雕千手千眼佛一尊，從寶座到額首高 22.28 米，腰圍 15 米，由松、柏、楊、榆、椴五種木料雕刻組合而成，是我國目前最大的木雕佛像之一。普陀宗乘之廟是仿照西藏布達拉宮而建的，有小布達拉宮之稱，是外八廟中規模最大的一座。寺內的數十座紅台和白台縱橫交叉，錯落有致，熠熠閃光，輝煌奪目。須彌福壽之廟俗稱行宮，是

仿照日喀則的扎什倫布寺建造的。這是清廷為第三世班禪前來祝賀乾
隆皇帝 75 歲壽辰而專門為他修建的駐錫之所。

九　雍和宮

雍和宮在北京東城區雍和宮大街東。原是清雍正皇帝即位前的府
邸，名雍王府。雍正三年（西元 1725 年）改名為雍和宮，成為清帝供
奉祖先的影堂。乾隆九年（西元 1744 年）改建為喇嘛廟，這是中國內
地城市中最大的一座喇嘛廟。雍和宮建築宏偉，共有五進院落，紅牆
黃瓦，色調鮮明，氣象莊嚴。宮內萬福閣（萬佛樓）的彌勒佛像，身
高有 18 米，地下還埋有 8 米，共高 26 米，比例勻稱，體軀雄偉，是
由七世達賴在西藏組織採伐，進貢給乾隆皇帝的一根白檀木雕刻而成
的。佛像左右臂上各有一個花籃，籃內的蓮花含苞欲放。佛像的手勢
稱作扶天蓋地，象徵彌勒佛將繼承釋迦牟尼而成為未來佛的決心。法
輪殿的宗喀巴銅像高大魁偉，氣宇不凡。每年正月，雍和宮喇嘛都要
舉行化裝的驅鬼舞蹈活動，一般要舉行三天，含有驅邪免災、祈求幸
福之意，頗具蒙藏地區佛教活動的特色，北京居民稱之為「雍和宮打
鬼」。

第八章
佛教與中國政治

第一節　印度佛教的政治意識

　　佛教與中國政治是一個十分複雜的問題，從總的方面說，包含了政治對佛教的決定作用和佛教對政治的反作用兩個方面的內容。佛教作為主張出世的宗教是如何同中國歷代的現實政治發生聯繫的？它作用於政治的途徑是什麼，有什麼特點，又呈現出什麼規律性的現象？這些是本章要著意論述的重點內容。

　　中國佛教淵源於印度佛教，這裡，首先簡述一下印度佛教對政治的態度。佛教創始人釋迦牟尼從人生和世間「一切皆苦」的基本觀念出發，以追求超脫世俗、了斷生死的個人解脫為最高境界。一方面，早期佛教視富貴如浮雲，目權位如糞土，認為政治是妨礙個人解脫的系縛，具有擺脫和超越政治的傾向。但是，另一方面佛教沒有統治階級的支持，就難以生存、流傳和發展，這樣就有一個依靠統治階級和爭取統治階級支持的問題，進而也就有一個肯定和讚頌國家政權、最高統治者和「王法」的問題。部派佛教時期上座部的《毗尼母經》就明確地提出佛法和王法「二法不可違」：「有二種法不可違，一佛法不可違，二轉輪聖王法不可違。」所謂二法不可違，就是王法不可違，也就是佛法要服從王法。佛教還有「護國經」，講護國之道。如《佛說仁王般若波羅蜜經》說：不論國土大小，如有災難，「一切國王為是難故，講讀般若波羅蜜，七難即滅，七福即生，萬姓安樂，帝王歡

喜。……若未來世有諸國王護持三寶（佛、法、僧）者，我使五大力
菩薩往護其國，一金剛吼菩薩，手持千寶相輪往護彼國，二龍王吼菩
薩，手持金輪燈往護彼國，三無畏十力吼菩薩，手持金剛杵往護彼
國，四雷電吼菩薩，手持千寶羅網往護彼國，五無量力吼菩薩，手持
五千劍輪往護彼國」。宣傳只要國王信奉佛教，一旦有難，就會受各
種大力菩薩的保護。佛教通常還以持國、增長、廣目和多聞「四天
王」為護國天王。

　　大乘佛教興起以後，其學說和以前小乘佛教學說有所不同，它宣
傳佛祖慈悲救世，普度一切眾生，把出世事和世俗事，即出世和入世
融合起來。大乘佛教中觀學派奠基人龍樹深受當時甘蔗王的支持，曾
作《寶行王[1]正論》和《勸誡王頌》，專門對甘蔗王講述如何治理國
家，對待臣民，如何信奉三寶，支持佛法，不親近崇奉外道。這種專
門對統治者的說教，表達了大乘佛教的政治觀點。後來笈多王朝一度
並不重視佛教，佛教作《王法正理論》，要求國王給予外護，常與沙
門諮詢政事，反映了大乘佛教瑜伽行派對王朝的依賴。後期大乘佛教
逐漸融合於密教之中，密教與王朝互相支持。至 13 世紀初因印度的伊
斯蘭教統治者大肆摧毀佛教，佛教也就消滅了。

　　印度佛教大小乘經典是混雜在一起傳入中國的。印度佛教的避
世、厭世和出世的態度，要求國王外護的依賴思想以及護法（王
法）、護國的主張，都為中國僧人所接受和奉行。在中國的歷史上，
佛教著名人物與現實政治的關係，大體上有兩種類型：一類是因主張
與世俗同化，或強調化俗的方便，都積極參與現實政治，與王朝保持
密切聯繫，以宗教的特有方式服務於現實政治，此類為多數；另一類
是因人生失意遁入佛門，或以守道清高相標榜，離開都市，幽居山林

1　「寶行王」，玄奘、義淨譯為「引正王」，即甘蔗王。

古剎，厭惡都市的文明、繁華和政治，此類為少數。此外，佛教還與社會的政治變動，與某些農民起義以及近代資產階級改革活動相聯繫。根據中國歷史的發展情況，考察佛教與歷代專制王朝政治的關係，是探索佛教與中國政治的基本途徑。

佛教與中國政治的關係，不完全限於著名佛教僧人的政治態度和政治主張，佛教還以它的宗教觀念和哲學思想整體地、間接地作用社會現實政治。因此，從總體上考察和揭示佛教思想的社會政治意義，也是本章探索佛教與中國政治之間關係的重要的、不可忽視的方面。

在中國古代專制社會裡，闡發修、齊、治、平的儒家思想，是官方的正宗思想。儒家學者雖然也攝取佛家的某些心性學說，但是往往對佛教持批判的態度，尤其是對佛教的無父無君的觀念攻擊最為猛烈。佛教學者對這種批判要作出答覆、說明、妥協、調和，這就要涉入中國佛教的政治觀念領域。佛教與儒家的論辯，也比較集中地體現了中國佛教的政治觀點。這是我們探索佛教與中國政治的又一重要途徑。為了儘量減少重複，本章將這方面的內容集中在下一章予以論述。

第二節　佛教與中國歷代政治

佛教在東晉以前並不發達，沒有形成一種社會力量，統治階級中個別的人信奉佛教，也是為了去災得福，求得個人的幸福，基本上沒有從政治上加以利用。東晉時佛教開始盛行，並形成一股重大的社會勢力，日益受到統治階級的重視。自此佛教與統治階級的政治關係日益密切，成為統治階級實行專制統治的輔助工具，與此同時彼此也逐漸形成矛盾，發生衝突。佛教與專制政治的既一致（這是主要的）又衝突的基本格局，從此一直延續到專制社會末期。以下分三個時期來加以說明。

一　東晉南北朝時期

這個時期佛教與政治的關係，主要表現為四種情況：

（一）佛教的興盛和名僧的參與政治：東晉時北方十六國的統治者，多數是為了利用佛教以鞏固其統治而加以提倡，尤其是後趙、前後秦和北涼的統治者更為突出。他們十分重視名僧，如佛圖澄，被後趙石勒尊為大和尚，石勒的大將郭黑略拜他為師。佛圖澄協助後趙軍政機要，據史載曾勸阻石勒少殘殺百姓。前秦苻堅在派兵取鳩摩羅什以前，曾發兵攻襄陽，據苻堅說此舉就是為了取得名僧道安。道安到長安後，實際上成為苻堅的政治顧問。道安認為「不依國主則法事難立」，因此也積極向苻堅獻策。史載，苻堅擬發兵百萬攻取南方，道安竭力勸阻，但苻氏不聽，後百萬大軍南下，為謝玄率兵所敗，此即著名的淝水之戰。繼前秦的後秦姚興進兵討伐呂光，迎鳩摩羅什，奉為國師。又如北涼沮渠蒙遜迎曇無讖為軍政參謀。後魏主拓跋燾聽到曇無讖會種種法術，命蒙遜把曇無讖送到魏都。蒙遜懼其虎威，又恐曇無讖為魏主所得於己不利，所以在送往途中就把曇無讖殺害了。少數民族的統治者重視利用佛教的頭面人物，也是為了發揮佛教的宗教信仰作用，更有效地統治人民。

在南方，東晉王朝最高統治者，如元帝、明帝、哀帝也都奉佛。南朝的歷代最高統治者更是大力提倡和利用佛教。宋諸帝中，文帝認識到佛教對政教的功用，他曾對侍中何尚之說：

> 六經典文，本在濟俗為治耳；必求性靈真奧，豈得不以佛經為指南耶？……若使率土之濱皆純此化，則吾坐致太平，夫復何事！（見《弘明集》卷11《何尚之答宋帝讚揚佛教事》）

孝武帝還重用僧人慧琳，請他參與政事，時人稱之為「黑衣宰相」。蕭齊帝室也崇奉佛教，如武帝子竟陵文宣王蕭子良，從事佛教教理講論，宣揚神不滅論。後來梁武帝更熱衷於奉佛。他原信道教，即位後發願捨道歸佛，號召廣大臣民也信奉佛教。他本人多次玩弄捨身同泰寺為寺「奴」的把戲，後都由大臣以重金贖回，實是變相的榨取、剝削。他想兼任白衣僧正，意在實行政教統一。梁武帝幾乎把佛教抬高到國教的地位，佛教成為他統治國家的重要工具。梁後陳代諸帝也都由於政治的需要，多少效法梁武帝的成規。如陳武帝、文帝也都曾捨身佛寺，力圖通過以身作則帶頭信佛，來穩定政局，維護王位。

　　（二）沙門拜俗問題之爭：佛教的基本教義主張無君無父，一不敬王者，二不拜父母，見在家的任何人都不跪拜，只合掌致敬，不受世俗的禮法道德約束。這與中國專制宗法社會的忠孝倫理，自多扞格，與儒家綱常名教形成尖銳矛盾。東晉南北朝時期，這個矛盾的焦點集中在禮制問題上，首先是對於僧人不敬帝王的問題上。東晉成帝時，庾冰輔政，代成帝詔令「沙門應盡敬王者」，斥責僧人蔑棄忠孝，遺禮廢敬，傷治害政。但尚書令何充等以為不應盡敬，使禮官詳議，主張不一，往復三次不能決，終於擱置，不了了之。安帝時太尉桓玄又重申庾冰之議，但遭一批朝貴的異議，高僧慧遠更著《沙門不敬王者論》五篇，作調和性的反對。北方北魏沙門統法果與慧遠不同，帶頭禮拜皇帝。他說：「太祖明睿好道，即是當今如來，沙門宜應盡禮。」（《魏書》卷 114《釋老志》）還說，沙門跪拜皇帝，是拜佛，不是拜皇帝，因為皇帝是佛的化身。南朝宋孝武帝曾下令沙門必須對皇帝跪拜，否則就「鞭顏皺面而斬之」（《廣弘明集》卷 6《敘列代王臣滯惑解》），僧侶也只好屈服了。沙門拜俗問題之爭，反映了佛教與王權、儒家的矛盾，從東晉南北朝的情況來看，其結局一是互相妥協，二是以王權和儒家的勝利而告終。這都是由中國專制社會的國情，尤其是政治體制所決定的。

　　（三）滅佛事件：北朝各代帝王一般都重視扶植和利用佛教，如北魏拓跋氏道武帝、明元帝、文成帝、孝文帝和宣武帝都是如此。但其間也首次出現運用政權力量毀滅佛教的事件。明元帝嗣子太武帝「銳志武功」，為充實兵源，接受道士寇謙之、司徒崔浩的進言，於太延四年（西元 438 年）令 50 歲以下的沙門，一律還俗。後又下令禁止官民私養沙門。太平真君七年（西元 446 年），在長安一寺院發現收藏兵器、釀具和官民寄存的大量財物，時正內亂，太武帝懷疑僧人和內亂有關，下令盡殺長安和各地僧人，並焚毀經像。雖然太子拓跋潘有意延遲宣佈命令，使各地僧人得以聞風逃匿，經卷佛像也多祕藏，但是境內的寺塔被蕩毀無遺。又如北周王朝也重視崇奉和利用佛教，但武帝尊崇儒學，相信讖緯，對佛、道二教，尤其是佛教持淡漠歧視態度。他集眾討論儒、釋、道三教的優劣，前後七次，各家相持不下。又下令群臣辯論佛、道二教的先後、深淺、同異，意在藉以貶低、廢斥佛教。但是各持是非，難以定斷。建德三年（西元 574 年）武帝又令道士張賓和沙門智炫辯論，互不能屈，於是下令佛、道二教一併廢斥，沙門、道士 200 餘萬人還俗，財物散發給臣下，寺觀塔廟分給王公。此後三年進兵北齊，下令毀滅齊境的佛教，約 300 萬沙門被迫還俗，4 萬餘所寺宇全部改作宅第，焚毀經像，沒收財物。這就是中國佛教史上三武一宗四次大規模滅法的前兩次事件。

　　北朝二武滅佛事件，暴露了專制統治者和佛教的矛盾，如佛教勢力膨脹，影響了政府的兵源；也暴露了儒學、道教和佛教的矛盾，而這種矛盾的發展又和最高統治者個人的信仰有密切的關係。北魏文成帝繼太武帝后嗣位不久，即明令重興佛教。北周武帝死後，宣帝嗣位，立即准許恢復佛教，不久更明令全國恢復佛教。這表明最高專制王權在興佛滅佛方面的巨大作用，又表明佛教和專制統治雖有適應的一面，也有矛盾的一面。

（四）沙門起義：隨著專制剝削和壓迫的加深，和寺院教職制度的日益等級化，佛教寺院的下層僧眾不堪各種奴役，也奮起反抗。北魏末年，孝文帝太和五年（西元 481 年），沙門僧法秀在平城策劃起義。太和十四年（西元 490 年），平原郡沙門司馬惠禦聚眾起義。宣武帝永平二年（西元 509 年），涇州（甘肅涇川西北）沙門劉慧汪起義。永平三年（西元 510 年），秦州沙門劉光秀起義。延昌三年（西元 514 年），幽州（北京）沙門劉僧紹起義。延昌四年（西元 515 年），冀州沙門法慶起義。起義隊伍攻城掠地，屠戮官吏，也殺了一些高級僧侶，燒了一些寺廟。這些起義的沙門多是農民，他們大多是為了逃避苛政而入寺廟的。佛教並不是這些人的真正信仰，而是他們當時的一條出路。他們借用佛教的形式，反對北魏專制統治，反對僧侶地主，又顯示了佛教作用的複雜性、多重性。

二　隋唐五代時期

隋唐時代是政治統一、經濟發達、文化繁榮的時代，是佛教形成宗派和臻於鼎盛的階段，同時也是佛教由盛轉衰，開始走下坡路的轉折期。國家的政治統一，也要求佛教的統一。隋唐王朝的改朝換代，先後各種政治統治集團與佛教領袖的關係不同，促使了不同佛教宗派的創立。在意識形態領域，隋唐統治者面對的是長期歷史形成的儒、佛、道三教並立的格局。一般地說，對於三教，大多數統治者是採取共同扶植、全面利用的政策立場；同時，政治形勢的發展、經濟利害關係的衝突、三教之間的抗衡鬥爭，以及最高統治者個人具體信仰等因素，又直接影響了佛教的地位和命運的變化。佛教在獲得統治階級大力支持的同時，又與統治階級產生了種種矛盾，從而導致唐武宗禁斷佛教和五代後周世宗滅佛事件。佛教由於統治者的支持而趨於興

盛，又由於統治者的打擊而一蹶不振。與此相聯繫，在儒、佛、道三教的角逐中，所表現出來的文人、官吏的反佛與護佛的不同主張，也生動地反映了思想鬥爭的複雜性。

（一）佛教宗派與隋唐王朝：隋文帝楊堅的父母對佛教信仰極深，楊堅生在尼姑廟裡，由尼姑智仙撫養長大。他利用自己幼時生長在寺廟裡的特殊境遇，宣傳「我興由佛法」，說自己作皇帝是秉承佛的旨意。隋文帝與靈藏律師有布衣之交，他借讚譽靈藏律師來抬高自己，說：「弟子是俗人天子，律師為道人天子，……律師度人為善，弟子禁人為惡，言雖有異，意則不殊。」（《續高僧傳》卷 21《靈藏傳》）隋文帝在位時曾度僧尼約 24 萬，修造佛像 200 多萬軀，令各州造塔 5000 餘，並命各地在舍利塔內各作智仙之像以報舊願。隋文帝大力扶植佛教，正是出於政治的需要，他曾下詔「宣揚佛教，感悟愚迷」。佛教是作為統治人民的思想工具而被提倡的。隋煬帝楊廣殺害父兄而登上皇帝寶座，在儒家看來，是弒父弒君荒淫暴虐之主，且在同科桀紂幽厲之上。所以，他也竭力利用佛教經典和天臺宗創始人智顗來神化自己。天臺宗是在南朝陳、隋最高統治者的支持下創立的。陳代君臣給智顗的敕、書達三四十件之多，並割天臺縣賦稅歸智顗寺廟享用。陳亡後，智顗轉為「擁護大隋國土」。智顗和隋煬帝的關係極為深切。楊廣早在登基之前，就受智顗的菩薩戒，稱為「總持菩薩」。佛教《大涅槃經》有關阿闍世王弒父弒君代立為王，但仍是無罪的經文。《阿闍世王受決經》更有阿闍世王必將在未來成佛的預言。智顗在《觀無量壽佛經疏》中特意借阿闍世王的事來比附、宣揚，說一是由於前世彼此積有宿怨，現世雖為父子，仍要相報；二是大權現逆，不是世間一般惡逆可比，以影射隋煬帝篡位是前世決定的、必然的、合理的。佛教可以為弒父弒君的行為辯護，確是政治上的一大妙用。

　　唐代約歷 290 年，在 20 來個皇帝中，雖經唐太宗詔道士女冠在僧尼之上，武則天則頒佛教在道法之上，唐睿宗又複敕僧道齊行並進，如此三變，但除武宗李炎反佛外，其他都是程度不同地重視利用佛教的。唐代各個皇帝利用佛教的背景各有不同，但他們的基本出發點是共同的，這就是當時人李節說的：

> 俗既病矣，人既愁矣，不有釋氏使安其分，勇者將奮而思鬥，智者將靜而思謀，則阡陌之人皆紛紛而群起矣。(《全唐文》卷788《餞潭州疏言禪師詣太原求藏經詩序》)

專制統治者扶植佛教是為了利用佛教的特殊功能，安撫人們的苦難，泯滅人們的鬥志，使人們安分守己，防止農民起義。

　　唐高祖李淵在太原起兵時，曾以興國寺、阿育王寺等作兵營。當時沙門景暉宣揚李淵當承天命做皇帝。唐太宗本人並不信仰佛教，如說「至於佛教，非意所遵」，並置道教於佛教之上，動員玄奘還俗從政等，就說明了這一點。但是他看到佛教對鞏固王朝統治有利，也積極扶植佛教。唐太宗在戰爭中殺死許多人，親手所殺就有千人。後來他下詔在過去作戰的戰場上立佛寺，說是給死者超度，使戰死鬼脫離苦海獲得幸福，以收買人心。唐玄奘和窺基創立的法相唯識宗就是在唐太宗、高宗父子的支持下創立的。

　　高宗去世後，中宗、睿宗相繼即位，然僅一年時間，武則天就奪權攝政。武則天母楊氏是隋的宗室，篤信佛教。武則天自幼就受家庭佛教環境的熏習。14 歲入宮，唐太宗死後，又出家當尼姑，後被高宗再度召入宮中。她施展才幹和手腕奪取了皇后的寶座，以後更以女身而為帝王，成為中國歷史上的唯一的女皇。她打著「佛弟子」、「女菩薩」的招牌，竭力利用佛教來維護自身的女皇寶座，轉借佛經的教

義，來證明政治上所享的特殊地位。佛教僧徒也借武則天家庭傳統的信仰，以恢復李唐開國以來所喪失的權勢和地位。中國儒家典籍都不許婦人與聞國政，即使是王后也只能以蠶織為事。如《尚書》的《偽孔傳》說：「雌代雄鳴則家盡，婦奪夫政則國亡。」這對武則天是極其不利的。於是她只得假託佛教符讖來證明其特殊地位的合理性。早期佛教也是輕賤婦女的，但後來不斷演變，大乘經典中出現了婦人受命為轉輪聖王成佛的教義。如後涼曇無讖譯的《大方等大雲經》就說，佛告淨光天女，舍去天形，現受女身，當王國土，化導眾生。還說，南天竺穀熟城等乘王崩亡後，由女兒增長繼王嗣，威伏天下。這都可供武則天符命附會之利用。薛懷義和法明等人，特向武則天進《大方等大雲經》，附以新疏，巧為附會，謂武則天是彌勒下生，當代唐作閻浮提[2]主。武則天將該經和疏頒行天下以為受命符讖，宣佈革唐的命，改國號為周，自稱「金輪皇帝」、「聖母神皇」。武則天竭力利用佛經來宣傳和證明其新取得地位的合理，而佛經也發揮了它的特殊作用。武則天還一手扶助華嚴宗的創立。華嚴宗創始人法藏，原是武氏的家廟（太原寺）和尚，後為五帝（高宗、中宗、睿宗、玄宗、武后）門師，得三品大官的獎賞。有一次法藏講《華嚴經》時，發生地震，他立即上報武后，武后借機宣揚菩薩顯靈。互相配合，神化武周王朝。

　　禪宗與統治階級的關係比較複雜。北宗神秀曾受武后的接見，武氏「親加跪禮」，給予很高的禮遇。南宗慧能（禪宗實際創始人）則一直堅持在南方山林和平民中活動。慧能死後 40 餘年，發生安史之亂，唐王朝財政困難。慧能門下神會設戒壇度僧，收香水錢補助軍營，獲得肅宗、德宗的尊崇。後來武宗滅佛，禪宗因居山林，遠離中

2 　閻浮提：即南閻浮提，是佛教所說的四大部洲之一的南贍部洲。

央，且有平民性的特點，而得以繼續流傳。

　　（二）唐武宗滅佛和五代後周世宗沙汰佛教：唐武宗會昌二年到五年（842-845），命令拆毀寺廟，勒令僧尼還俗。共廢大寺、中寺 4600 餘所，小寺 4 萬餘所，還俗僧尼 26 萬餘人，解放奴婢 15 萬人，沒收寺廟良田數千萬頃。寺院經濟遭受了致命性的摧毀。同時，許多佛典尤其是《華嚴經》和《法華經》的章疏，湮滅散失非常嚴重。華嚴宗、天臺宗等派別由此日趨衰微。唐武宗滅佛，有著深刻的經濟原因和思想原因，其根本目的在於打擊佛教寺院的經濟勢力。「僧徒日廣，佛寺日崇。勞人力於土木之功，奪人利於金寶之飾，……壞法害人，無逾此道。」（《舊唐書》卷 18 上《武宗本紀》）其次是武宗個人信仰方面的因素，他相信道教和道士趙歸真，追求長生不老。「武宗志學神仙，歸真乘間排毀釋氏，言非中國之教，宜盡去之。帝然之，乃澄汰天下僧尼。」（《唐會要》卷 50《尊崇道教》）武宗禁斷佛教和道士趙歸真的攻擊佛教有直接的關係，是佛、道鬥爭的表現之一。此後，五代後周世宗顯德二年（西元 955 年）又毅然對佛教進行沙汰、整頓，規定寺院必須有國家頒給的寺額，否則一律廢除，出家必須通過嚴格的讀經考試，禁止私度，全部沒收銅制佛像，用來鑄錢，以充實國庫。這兩次對佛教的打擊，連同北朝時代的兩次滅佛，佛教史上稱為「三武一宗」滅法事件，佛教稱為「法難」，是中國歷史上最高統治者親自發動的破壞佛教或整頓佛教的強力措施。前三次性質相同，都是從根本上摧毀佛教，其中又以第三次最為有力，且是帶有全國性的措施，給佛教的打擊最為沉重。至於第四次則和前三次的破佛措施不同，帶有整頓的性質，但原來僅得以勉強維持的北方佛教，經此波折也就趨於衰微了。

　　（三）文人、官吏的反佛和護佛：隋唐時代文人、官吏有的強烈反佛，有的則百般護佛。唐高祖時，太史令傅奕七次上疏，請求廢除

佛教。其理由一是僧人「游手游食，易服以逃租賦」，不事生產，浪費錢財，減少租賦；二是「漢譯胡書，恣其假託」，佛是西域胡神，不是華夏的正統的神；三是僧人「逾城出家，逃背其父，以匹夫而抗天子，以繼體而悖所親」，違背了中國傳統的忠、孝倫理道德。他還提出了廢除佛教的主張：「今之僧尼，請令匹配，即成十萬餘戶，產育男女，十年長養，一紀教訓，自然益國，可以足兵。四海免蠶食之殃，百姓知威福所在。」（以上所引均見《舊唐書》卷 79《傅奕傳》）可見傅奕的主張，是以求足食足兵，強化忠孝道德規範，鞏固唐王朝的政治統治為最終目的的。唐玄宗時，宰相姚崇著重從總結歷史教訓的角度，主張排除佛教。他曆指姚興、蕭衍等虔誠奉佛，廣造寺宇，但「國既不存，寺復何有？」崇奉佛教的唐中宗、武三思等，也相繼敗滅。（詳見《舊唐書》卷 96《姚崇傳》）姚崇的主張包含了統治者極度信奉佛教是導致亡國的重要原因的觀點。唐代後期著名的文學家、思想家韓愈繼承傅奕等人的思想，也從富國論、夷狄論和儒家倫理道德幾個方面，反對佛教。他在《原道》中指出，佛教是夷狄之法，僧人靡費了社會財富，違背了君臣、父子之道，主張「人其人，火其書，廬其居，明先王之道以道之」，用行政力量和手段消滅佛教。

唐代文人、官吏中護佛的也不乏其人，如貴族官僚元載、杜鴻漸、王維、王縉等，王維、王縉兄弟尤為佞佛。王維「晚年長齋，不衣文彩」，「退朝之後，焚香獨坐，以禪誦為事」（《舊唐書》卷 190《王維傳》）。王縉官至宰相，「以為國家慶祚靈長，皆福報所資，業力已定」（《舊唐書》卷 118《王縉傳》），認為佛教的因果報應支配著國家命運，因此竭力勸說代宗設內道場，「於內道場造盂蘭盆，飾以金翠，所費百萬」（同上）。柳宗元、劉禹錫和韓愈在政治思想上有較大分歧，柳、劉主張革新，韓愈則持不同態度。在對待佛教上也截然對

立，韓愈激烈反佛，柳、劉則讚賞佛教。柳、劉參加永貞革新失敗以後，宦途蹭蹬，政治失意，於是竭力從佛教中尋求慰藉，以保持心態平衡。柳宗元認為釋迦、孔子和老子是同道，佛理與《論語》、《周易》相合，柳、劉和韓愈的強調儒佛對立相反，竭力調和儒佛的矛盾。

從以上文人、官吏的反佛和護佛情況來看，有的是從佛教不利足兵足食、違背封建道德，因而不利於鞏固社會統治秩序的角度，反對佛教的；有的是需要利用因果報應理論來為社會統治秩序作論證，而提倡佛教的；此外，還有因佛教為仕途失意、人生坎坷的人提供精神寄託，而同情佛教的。這也表明了佛教與政治之間關係的複雜性。

三 宋元明清時期

宋代以來，佛教漸趨衰落，在社會生活中的地位已不如前，一般地說，只是作為專制思想統治的輔助工具而被利用。但是，中國佛教的一支藏傳佛教在西藏、蒙古等地卻方興未艾，在元代受到統治者的高度重視，佛教與政治密切結合，一些名僧在政治決策方面起了很大作用。至明清時代，佛教也作為統治階級實行民族政策和對外結交的紐帶而發揮作用。在宋明時代，佛教還被農民領袖利用為宣導和組織農民起義的工具。

（一）維護皇權統治的思想工具：宋太祖趙匡胤，一反前代後周的政策，採取保護佛教來加強自身的統治力量。他派遣沙門行勤等 157 人去印度求法，並指示雕刻大藏經版。後來宋徽宗趙佶篤信道教，曾一度令佛教與道教合流，寺院改為道觀，但不久又恢復原狀。南宋以來，王朝注意限制佛教，但仍加以扶植和利用。

明太祖朱元璋係安徽鳳陽皇覺寺和尚出身，由和尚當上皇帝，這在中國歷史上是罕見的。他對佛教有感情，也有認識，看到佛教有可

利用的一面，也有危害的一面。他認為「景張佛教……人皆在家為善，安得不世之清泰」（《釋氏稽古略續集》卷 2），佛教「佐王綱而理道」（同上）。親自規定和尚該講什麼經、怎樣給人念經和作佛事等。他宣揚大明王朝的建立是佛的意旨，立國初期年年舉行法會，求佛保佑，為國祈福，以神化王權，籠絡民心。他還選高僧侍諸王，用佛教的慈悲、戒殺等教義教育子孫，以防止內訌和造反，鞏固明王朝統治。同時，朱元璋早年參加以「彌勒降生」為號召的紅巾軍農民起義，而在他獨樹一幟，逐漸壯大力量，打敗江南各地的割據勢力，準備北上伐元，統一全國的時候，又轉而公開咒罵白蓮教是「妖術」，誣衊紅巾軍「無端萬狀」，背叛農民起義，成為地主階級的代理人。他擔心有的和尚會像自己一樣起來造反，害怕祕密結社對明王朝具有政治上的潛在危險性，所以又重用儒者來治理政事，並對佛教作出一系列的限制性規定，將僧尼置於儒家倫理思想的支配之下，防止佛教滋蔓。他制定僧制，要求僧尼深入危山結廬以靜性，僧尼「不幹於民」，使佛教與社會脫節，竭力從政治上防範佛教危害明王朝的統治。

明成祖朱棣在謀臣僧道衍（姚廣孝）的支持下，發動政變，奪惠帝位而登上皇帝的寶座。他因以藩王身份圖謀入繼大統，所以也利用佛教來辯護。他策劃託名徐皇后（成祖後）造《夢感佛說第一稀有大功德經》和徐後的長序，說徐後和觀音菩薩「夢感」相見，觀音預言今將遇大難，並授《大功德經》以消災，還說「後妃將為天下母」。後惠帝建文削藩，朱棣宣揚這就是作「難」，隨即發動「靖難之變」，謂「靖難」是順應佛意，朱棣為皇帝，徐后為皇后，都是菩薩和佛的旨意。宣揚「君權佛授」，為繼統的合法性製造輿論。徐后死後，成祖三個兒子均為《大功德經》作後序，歌頌母后，以鞏固皇室內部的團結。明成祖還親編《佛曲》數千首，在宮中和民間推廣。其內容主要是宣揚忠孝觀念和因果報應思想，鼓吹「孝悌忠信最為先」、「至孝

在忠君」。還把忠孝觀念和因果報應說教結合起來，強調「不忠不孝，即為大惡」，「天網恢恢，報應甚速」。佛曲通俗，又可演唱，影響頗大。

清初順治、康熙和雍正諸帝，對禪宗有一定的興趣和信仰。雍正還以禪門宗匠自居，編纂《御選語錄》19 卷，大講禪道。內第 12 卷為《和碩雍親王圓明居士語錄》，是他為親王時的語錄。但雍正晚年，尤其是乾隆，以儒學為正統，視佛、道為異端，甄別整肅僧、道，抑制佛、道的發展。從道光以後，國勢衰落，佛教也更為不振了。

（二）名僧參與元代立國活動：元代約百年間，歷代諸帝都十分崇佛。自蒙古族領袖成吉思汗始就重視佛教，至元世祖忽必烈更尊崇藏傳佛教，奉西藏地區的名僧為帝師，每個皇帝必先就帝師受戒然後登位，帝師實際上成了精神領袖。成吉思汗和元代皇帝也重視其他各地僧人，如耶律楚材，出身遼皇室，號湛然居士，禪宗學者，隨成吉思汗出征西域，在蒙古成吉思汗、窩闊台兩大汗時期任事近 30 年，官至中書令，元代立國規模多由其奠定，成為歷史上著名的政治家。他的師父萬松行秀是金代極負盛名的禪師，兼有融貫三教的思想，常勸耶律楚材以儒治國，以佛治心，極得耶律楚材的稱頌。又如劉秉忠，少時為僧，後深受忽必烈的重視，召入藩邸，參與軍政機密。後恢復劉姓，命名秉忠。忽必烈即位時，劉秉忠奏定國號為元，他起草的朝儀、官制等一切典章，成為元一代的政治制度。

（三）鞏固民族團結和增進對外交往的紐帶：明代優遇藏傳佛教的上層人士，給以帝師、國師稱號。明成祖曾派大臣四人前往西藏請黃教創始人宗喀巴進京，宗喀巴因年事已高，派上首弟子釋迦智前來京師，成祖給他以大慈法王稱號。明王朝還給藏僧封官（僧官）晉職，確保宗教領袖的政治經濟特權，以鎮撫邊荒。這一「羈縻」政策，取得了一定的功效。清王朝繼承明代的佛教政策，對於西藏地區

的政教事務也非常重視，乾隆五十八年（西元 1793 年）制定章程二十九條（即《欽定章程》），確定了西藏地區政教合一的制度。西藏地區所有寺廟和喇嘛都受清王朝理藩院管理，明代立國以後，為推行和平外交政策，增強與鄰邦的友好，開了以僧為使的創舉。明太祖朱元璋先後命僧人慧曇和宗泐率領使節團出使西域，訪問僧伽羅國（今斯里蘭卡）和印度等國，還命僧智光與其徒惠辯等賚璽書彩幣出使尼八刺國（今尼泊爾），增加彼此友好往來。太祖和惠帝等也都遣僧人赴日本通好。出國僧人發揮了和平使節的作用，增強了我國與鄰國人民之間的了解和友誼。

（四）號召和組織農民起義的工具：佛教在中國經過長期流傳以後，對下層民眾產生了複雜的影響，逐漸成為農民起義軍的宣傳和組織的工具。在這方面最為典型的例子是，佛教彌勒菩薩成為農民起義領袖的象徵性的偶像。

彌勒相傳為佛教的菩薩之一。《彌勒菩薩上生經》說他住在兜率天，《彌勒菩薩下生經》則說他從兜率天下生此世界，繼承釋迦牟尼而成佛。由於佛教傳入中國時，多在上層社會活動，直接或間接地為封建王朝服務，在下層民眾看來，佛教的教祖、最高的精神領袖釋迦牟尼是保護王朝利益的，他們在感情和思想方面轉向了彌勒菩薩，祈望「彌勒下生，恒為導首」（《金石萃編》卷 34《合邑諸人造佛堪銘》）。彌勒下生繼釋迦牟尼而成佛的說法，也適應了下層民眾藉以取代封建王朝的宣傳需要和政治需要。自南北朝以來，佛教寺院的彌勒石像和彌勒壁畫愈來愈多，彌勒信仰逐漸普遍，深入民間，「彌勒降生」被下層民眾認為是救苦救難的福音。彌勒信仰和釋迦信仰成為兩種趨勢，隱約地代表了被統治階級和統治階級的利益和願望。

隋唐時代以來，一些農民就打著彌勒出世的旗號，起來造反。隋煬帝大業六年（西元 610 年）正月，「有盜數十人，皆素冠練衣，焚香

持華，自稱彌勒佛，入自建國門。監門者皆稽首。既而奪衛士仗，將為亂。齊王暕遇而斬之。於是都下大索，與相連坐者千餘家」（《隋書》卷 3《煬帝紀》）。不久，唐縣（河北省唐縣）人宋子賢，扶風（陝西省鳳翔縣）沙門向海明，「也都自稱彌勒出世」，潛謀暴動。隋末各地多次農民起義，匯成洪流，很快衝垮了隋王朝的殘暴統治。

唐玄宗開元年間出現這樣的政治傳謠：「釋迦牟尼佛末，更有新佛出（指彌勒下生）。李家欲末，劉家欲興。」（《冊府元龜》卷 922《妖妄第二》）開元三年（西元 715 年）唐玄宗頒《禁斷妖訛等敕》，說：「比有白衣長髮，假託彌勒下生，因為妖訛，廣集徒侶，稱解禪觀，妄說災祥。」（《唐大詔令集》卷 113）利用彌勒下生為號召，廣集群眾，構成對唐王朝的巨大威脅。

北宋仁宗慶歷年間，農民出身後為宋軍下級軍官的王則，利用民間祕密流傳彌勒教的「釋迦佛衰謝，彌勒佛當持世」的傳說，宣傳變革世道的輿論，發動貝、冀等州的農民和士兵醞釀起義，並利用彌勒教和德、齊等州的農民和士兵建立聯繫，舉行起義，建國號安陽。王則起義雖然遭到宋王朝的鎮壓而失敗了，但它對統治者的打擊是沉重的。

元朝後期，統治階級走上崩潰的道路，廣大農民更是頻繁地利用彌陀降生的傳說，積蓄力量，不斷舉行起義。早在泰定二年（西元 1325 年），河南息州趙醜廝、郭菩薩等人，提出了「彌勒佛當有天下」的口號，發動農民起來推翻元朝的統治，揭開了元末農民起義的序幕。至元三年（西元 1337 年），有河南人棒胡燒香聚眾，起義者「舉彌勒小旗」，準備暴動。至正十一年（西元 1351 年），韓山童倡言「天下大亂，彌勒佛下生」，江淮一帶農民翕然信從。劉福通推韓山童為首，以白蓮教聯繫、組織農民，率眾數十萬進行反元鬥爭。與此同時，徐壽輝、彭瑩玉（彭和尚）也利用白蓮教組織農民起義，佔

領有今湖北、湖南一帶。這兩支農民軍都頭裹紅巾，稱為紅巾軍或紅軍，又因都信奉彌勒佛，焚香聚眾，又稱香軍。紅巾軍曾和元軍主力進行英勇艱苦的鬥爭，衝擊了元王朝的統治。

隋唐以來農民因不堪統治階級的殘酷剝削和壓迫，多次利用「彌勒下生」為號召，積蓄力量，舉行起義。彌勒菩薩的傳說一直和隋、唐、宋、元各個時代的社會政治變動相聯繫，尤其是被農民起義軍所利用，動搖了蒙古貴族的統治。因此，明清時代的統治者都十分害怕彌勒菩薩傳說的流傳，嚴加禁止和鎮壓。明律規定：凡妄稱彌勒佛等會，一應左道亂正之術，煽惑人民，為首者絞，為從者各杖一百，流三千里。清律因之。[3]

佛教被農民起義領袖作為動員農民、組織農民的工具，這是中國古代專制社會的一個重要政治現象，也是佛教社會作用的複雜性的又一個生動事例。

第三節　佛教思想的社會政治作用

佛教思想，尤其是佛教的重要思潮，對社會政治起什麼作用呢？這也是本章所要回答的問題。佛教傳入中國以後，自漢至西晉時期，其政治作用並不大。經過東晉至唐代的繁榮階段，到了宋元明清時期，佛教漸趨衰落，它的思想一方面為宋明理學所吸取，通過宋明理學而發揮其政治作用；另一方面有時又被視為異端，限制了作用的發揮。對於漢至西晉和宋元明清這兩個時期佛教思想的政治作用，本章都略而不論，這裡僅就其他時期佛教思想的政治作用，作一鳥瞰式的評述。

3　參見陳垣：《摩尼教入中國考》，見《陳垣史學論著選》，173頁，上海，上海人民出版社，1981。

一　東晉南北朝時期

　　這個時期佛教思潮主要是般若學、涅槃學和因果報應論。

　　般若學是中國佛教學者繼承印度佛教大乘空宗思想，並與魏晉玄學的本末有無思想相融合的產物。般若學的中心觀念是講「空」，所謂空是指一切事物都是無自性、無實體的意思。中國僧人約經歷 200 年才理解印度大乘空宗的非有非無──不真空的理論。般若學通過闡發一切事物都是不真的，都是假號，都是空的，勸導人們不要去分別事物，不要執著事物，要證悟一切事物都是非有非無的最高智慧境界。般若學的這種理論，客觀上並不能限制門閥士族對統治權力和專制剝削的執著，相反還起到了掩蓋他們的貪婪行徑的作用。對於勞動人民，按照般若學思想推論，就是要求他們超脫現實，不計較壓迫與被壓迫、剝削與被剝削的區別，自然更不能從事起義鬥爭，這都顯然是對當時統治階級有利的。

　　晉、宋以來南朝的門閥士族制度日益強化，壓迫更為嚴重，社會更加不平等。此時人們的社會心理出現了這樣的問題：門第等級有高下貴賤，人性是否也有高下貴賤？門第地位是命定的，聖賢才智是否也是天生的？佛教學者竺道生以其特有的現實感用宗教理論形式提出和闡發了這樣的問題，從般若學轉而宣傳涅槃學。竺道生的涅槃學主要是闡發涅槃佛性的學說，其主要論點，一是宣傳人人都有佛性（成佛的內在根據），人人都可成佛；二是宣傳頓悟成佛，也就是眾生只要體證佛理，就可頓然而悟，成就佛果，達到涅槃境界。竺道生的理論，雖然也有眾生平等，從而包含了對現實不平等的抗議的意義，但是，他以在佛性面前人人平等，也就是以宗教心性的平等，掩蓋了現實的嚴酷的不平等；他以成佛許諾來安慰人們，要他們安分守己，信奉佛教，引導人們走上非現實的解脫苦難的道路。不言而喻，涅槃學

的現實作用也是有利於統治階級的。

　　因果報應理論，是宣揚眾生的言論和行為（「業」）都將按其善惡的性質，而得到不同的報應，或者是今生作業，今生便受報應，或者是下世受報應，也有的要經百生乃至千生，然後受報應。由於人們受因果報應律的支配，人死後就要依據生時所作業的善惡而轉生為較高於或較低於今世的生物，或上天堂或入地獄。佛教教人要超出報應和輪回，以求得永遠的解脫。而在這方面，信奉佛教尤為重要，因為人們有罪後只要能信佛，就可免罪得福。這等於說，佛能滅罪賜福，人們可以賣罪買福。這種理論在民間流傳甚廣，影響極大。這種理論在中國專制社會中，是符合專制統治需要的。對於因果報應的這種社會作用，統治者看得非常清楚：

> 若彼愚夫、愚婦，理喻之不可，法禁之不可，不有鬼神輪回之
> 說，驅而誘之，其不入井者幾希。（沈榜：《宛署雜記》卷 19）

從一定意義上說，佛教的因果報應思想可以彌補專制統治理論和法律的不足，即作為一種統治的補充手段，能更有效地控制下層勞動者的思想，從而更有效地維護基層政權的統治。

二　隋唐時期

　　隋唐時期佛教鼎盛，宗派林立。當時一些重要的宗派，如天臺宗、三論宗、法相唯識宗、華嚴宗和禪宗，都闡發了各具特色的世界觀和認識論。下面著重簡要地揭示這些宗派核心思想的社會政治作用。

　　天臺宗宣揚「一心三觀」、「三諦圓融」的觀念。所謂一心三觀，是講一心可以同時圓滿地從空、假、中（中道）三方面觀察物件。天

臺宗認為，空、假、中不僅是三種觀法，而且也是一切事物的真實相狀（「實相」）。由此又可以說，一心三觀是在同一時間內一心觀有空、假、中三種實相。這三種實相也稱為三諦。天臺宗還認為，任何事物既是空，又是假，這種空、假是事物的本性如此，即合乎中道，所以又是中。空、假、中三層道理在任何境界上都有，也就是說，並不是一種先後次第的關係，而是同時存在，互不妨礙，所以又叫做空、假、中「三諦圓融」。三論宗與天臺宗的這些思想近似，都是強調事物的空、假的性質，不能執著。按照天臺宗和三論宗的理論加以引申，勢必把人們引上漠視現實、脫離現實的道路。

　　法相唯識宗認為一切事物都是主觀的心識所變，心識不是佛教智慧，必須轉識成智，才能達到成佛境界。也就是要由迷妄轉為覺悟，即由平日對事物分別執著為實有的看法，轉變為所謂按照事物的本來面貌去理解，也就是轉變為按照佛理去理解。法相唯識宗所強調的，實質上是要引導人們由樸素的唯物的看法轉變為萬物唯識的看法。

　　華嚴宗著重宣揚「事事無礙」說。「事」，現象。「無礙」，無矛盾。事事無礙就是一切現象之間都是無矛盾的。華嚴宗認為現象是本體的顯現，而本體是一，千差萬別的現象都是同一的本體的顯現，因此，具體事物、個別現象之間都是圓融無礙的。華嚴宗以此說明宇宙間的萬事萬物、一切關係的大調和，客觀上是為了調和社會矛盾和階級矛盾，美化等級社會，祝福王朝長治久安。

　　禪宗認為人的本性原來清淨，具有菩提般若的智慧，所以提出單刀直入，直指人人本來具有的清淨本性，以徹見此心性而成佛。禪宗宣揚眾生之所以沒有成佛，是因一向被妄念的浮雲所蓋覆，不能自悟。假如得到通曉佛理的人的開導，一旦妄念俱滅，頓見清淨本性，自成佛道。這就是禪宗的根本宗旨──「性淨自悟」說。這是向人們指引一條返本還原的自我完善的道路。

從以上宗派的佛教思想來看，基本上都強調改變人們通常的認識和看法，放棄對事物的分別和執著，從而或證悟事物的空理，或悟解事物間圓融無礙之理，或滅除妄念頓見本性。這些思想放在隋唐時代的空間、時間和條件中考察，它們的一個社會政治作用，就是間接或直接地消弭人民的革命意識，逃避現實，放棄鬥爭，維護專制等級統治。

三　近代時期

隨著專制社會的日益沒落和宋明理學弊端的日益顯露，明末清初進步的思想家如李贄和後來的龔自珍等人，便借助佛教作為批判禮教和宋明理學的思想武器。到了清代末年，要求變革專制的呼聲響遍中華大地，一批近代資產階級思想家登上歷史舞臺，呼喚社會改革，推動社會改造。但由於種種原因，他們沒有真正接受和消化西學，他們轉向理學的所謂「異端」佛學吸取養料，尋找武器。如康有為、譚嗣同、嚴復、梁啟超、章太炎等人都吸取佛學的眾生平等、慈悲救世和勇猛無畏等抽象說教，作為構築資產階級思想體系的素材。康有為在其闡發最高社會理想的《大同書》中，把大同世界和佛教極樂世界並稱，並以佛教的「去苦求樂」作為實現大同世界的標誌，實際上是以佛教的慈悲救世主義作為實現資產階級改良主義的工具。譚嗣同吸取了禪宗和唯識宗等宗派的某些教義來建立「仁學」體系，以宣揚資產階級的平等、博愛思想。譚氏還以佛教「我不入地獄，誰入地獄」的精神，視死如歸，義無反顧地為衝破專制網羅而獻出自己的生命。梁啟超宣傳佛教立教的目的，「在使人人皆與佛平等」，強調「捨己救人之大業，惟佛教足以當之」（《論佛教與群治之關係》）。他號召人們以下地獄的精神去「救國」、「度世」，反對專制獨裁，實現人人平等。

章太炎認為，革命不成功的原因不在於國民道德的墮廢衰頹，而在改造國民道德問題上，「姬孔遺言無復挽回之力，即理學亦不足以持世。……自非法相之理，華嚴之行，必不能制惡見而清汙俗」（《人無我論》）。他還強調禪宗的「自貴其心，不援鬼神」的精神，以鼓舞人們的革命鬥志。資產階級改革家們真誠地借助佛教思想來發揚無私無畏的品格、改造國民的道德和改革專制社會。應當承認，這是佛教的某些思想在特定歷史條件下所起的積極作用。同時也應當看到，佛學思想的局限性、神祕性，也決定了資產階級改革家們事業難以成功（當然，這種不成功還有其他深刻的原因），佛教甚至成為有的人消極厭世的歸宿和抵制革命的工具。如章太炎在辛亥革命後作《五無論》，宣揚無政府、無聚落、無人類、無眾生、無世界。他認為：「眾生悉證法空，而世界為之消弭，斯為最後圓滿之期也。」「法空」，一切事物都空無自體。以為消弭世界，銷熔一切，最為圓滿。至於梁啟超，在辛亥革命之後，敵視階級鬥爭、社會主義和無產階級革命的言論就更多了。

第四節　佛教與中國政治關係的特點

綜合前面的論述，我們大約可以就佛教和中國政治的關係特點，得出以下一些初步的看法：

1. 佛教以「解脫」、「出世」為標榜，缺乏現實的政治理論，在中國政治思想發展史中不占突出的地位，但是，它與專制統治層直接相關，也和下層民眾反專制鬥爭有一定的聯繫，可以說，自東晉至元代末年，其間情況雖各有所不同，但佛教與社會政治的變動是息息相關的，佛教對社會政治的影響和作用是深刻而久遠的。研究佛教與中國政治的關係，不僅是研究中國佛教的重要方面，也是研究中國歷史的重要內容。

2. 中國古代專制統治者四次大規模的滅佛事件，根本原因在於經濟、政治利益的衝突，即由於寺院增加和寺院經濟的膨脹，在土地、勞力、財源、兵源等方面直接損害了統治階級的現實利益。對於專制統治者來說，利益是根本的，信仰是其次的。在和佛教發生利益衝突時，專制統治者就毫不猶豫地採取斷然的滅佛措施，來維護自己的利益。由此也表明，佛教與專制統治階級兩者是對立統一的關係，既有佛教為專制統治階級效勞，統治階級扶助佛教的方面，也有互相觸犯對方利益的方面。這兩個方面不是並列的，是隨著歷史條件的發展而變化的。我們必須全面地、歷史地考察佛教與中國專制統治的既統一又矛盾的兩個方面，才合乎歷史的實際。

3. 中國佛教是在專制社會的矛盾鬥爭中不斷變化的，是隨著新的歷史條件和地理條件而演變的。因此，它在歷史上的政治作用也是複雜的。這種政治作用的複雜性表現為多層次的內容、積極作用與消極作用交叉、主要作用和次要作用既相區別又相聯繫等。中國佛教的政治作用，最基本的是為專制統治服務，這又主要表現在三個方面：一是為專制王權的合理性提供神學論據；二是一些名僧直接為最高專制統治者出謀獻計，參與軍政決策；三是安撫人心，即通過宣揚一切皆空、超脫塵世、因果報應、天堂地獄、容忍調和和恭順柔馴等教義，對人民進行「治心」，使之安分守己，不起來造反。此外，佛教還為一些在宮廷失寵或在仕途失意的貴族、官僚提供出路，起到一種緩和統治階級內部矛盾的作用。有時專制統治者也把佛教作為團結民族、聯繫鄰邦的紐帶，發揮其特殊的積極政治作用。以上可以歸結為第一個方面，也是主要方面的政治作用。第二個方面，即次要方面的政治作用是，佛教的一些以抽象形式表述的教理——理想、希望、道德、平等、慈愛、普救眾生、自我犧牲等，以及某些傳說故事，也為古代農民起義提供了熱情、幻想、號召、外衣，成為其動員群眾和組織群

眾的工具，還為近代資產階級改革家提供了「理論」、思想、勇氣、力量。應當指出，全部佛教教義中並沒有直接而明確地鼓勵人民改革、造反、起義、革命的系統理論，歷史上的進步人士往往是利用、發揮和改造佛教理論，來服務於自身的政治鬥爭，但是也應當承認，這種情況也不是偶然的，佛教的某些理論的確給進步人士以啟發，以至於可以被利用來推動進步的鬥爭。佛教之所以被利用，也是有其可以被利用的思想理論的因素和根據的。歷史也表明，利用佛教的農民起義和資產階級改革鬥爭，並沒有使鬥爭取得最終的真正的勝利。這種結局自然也是和佛教理論的局限性有關。

　　因此，我們要看到，中國佛教為專制統治服務是主要的，為進步勢力所利用是次要的。顛倒這種看法，或者把這兩種作用等量齊觀，是不妥當的。我們不要只強調佛教的主要作用而忽視、無視佛教的次要作用，也不要以次要作用去掩蓋主要作用。在分析佛教為專制政治服務時，我們既要看到它的消極作用，同時也要看到它的積極作用，如團結民族、聯繫友邦是明清時代專制政治的不同側面，這些方面的作用不能籠統說是消極的。在分析佛教對於農民起義和資產階級改革鬥爭所起積極作用時，也要看到它所必然帶來的局限性。總之，按照馬克思列寧主義的基本理論和基本方法，從歷史事實出發，對具體問題具體情況作具體分析，就能對佛教與中國政治的關係作出具體的合乎實際的結論。

第九章

佛教與中國倫理

　　佛教學說包含著戒、定、慧三學。戒是指戒律，是防止佛教徒作惡的清規戒律。定即禪定，是指修持者集中思慮觀悟，以斷除情欲。慧即智慧，謂能使修持者理解斷除煩惱、迷惘，以獲得解脫。這三學中的戒學和定學主要是屬於道德修養方面的學說，慧學中也貫穿了某些佛教道德學說的內容。所以，佛教是一種倫理道德色彩相當濃厚的宗教。佛教以人生為苦，因而它就把追求人生的解脫作為自己的最高理想，為了實現這一理想便提出了一套去惡從善的理論學說和倫理道德準則，形成了有關宗教倫理道德的思想體系。佛教的倫理道德觀完全服從於它的人生觀、解脫觀。佛教自傳入中國以後，它的道德倫理思想，尤其是它的眾生平等、出離家庭和超越當前社會秩序的觀念與中國專制社會的等級制及儒家倫理道德觀念互相頡頏，形成尖銳的矛盾。佛教倫理道德觀念和儒家綱常倫理觀念的對立，是對中國傳統文化思想、民族心理、民風習俗的最大挑戰，兩種思想文化的巨大分歧，引發了不斷的摩擦、鬥爭。佛教在其流傳過程中，不斷地面對矛盾、調整矛盾、解決矛盾。這個過程的基本趨勢是：佛教由於受到中國古代專制社會政治、經濟狀況的制約和決定，也受儒家傳統觀念的抵制和左右，從而沿著適應中國政治、經濟、文化等多方面的結構的軌跡演變和發展，形成了調和儒家思想、宣傳忠孝觀念的中國佛教倫理道德學說，既區別於印度佛教倫理道德，又對中國古代傳統倫理道德思想作了補充。佛教的一套心性修養途徑也為唐以來儒家學者所吸

取，並熔鑄為儒家的道德修養方法。在近代，佛教道德又一度被資產階級改良派和民主派利用為改造國民道德，推進反專制鬥爭的工具，但成效甚微。

第一節　印度佛教的倫理道德觀

印度佛教倫理道德觀，有一個由小乘佛教到大乘佛教的演變過程。小乘佛教的倫理道德，根據由痛苦折磨所造成的、被扭曲了的人性的分析，從人生是苦的判斷出發，強調排除自身的生理欲望，提倡出家苦行，以消除自我的痛苦。它突出要以個人的修持來求得個人的解脫。它對社會群體的生活、民族的命運，往往持冷酷的淡漠態度。大乘佛教繼承、改造並發展了小乘佛教的倫理道德觀，它以救苦救難、普度眾生為道德出發點，強調「慈悲喜舍」、「自利利他」、「自覺覺人」，以個人解脫和眾人解脫的統一為真正解脫的目標。比小乘佛教增加了對待人際關係和關心社會的新內容。

佛教道德行為的根本準則是「諸惡莫作」、「諸善奉行」，這是基於因果報應原理而確立的。按照因果報應理論，人生的命運、前途完全受因果律的支配和主宰，善因得善果，惡因得惡果，人們從凡夫俗子到成佛的過程就是不斷地除惡修善、改邪歸正的過程。佛教所講的善大體上有兩種基本內涵：一是要尊重眾生，不侵犯眾生，不損害眾生，進而要幫助眾生，乃至度脫無限眾生，也就是慈悲博愛；二是排除一切不利於自我修持的思想、言論和行為，即個人的思想、言論和行為都要有利於修行成佛。佛教所講的惡，就是與上述善的內涵相反的思想、言論和行為。佛教去惡從善的道德要求，突出地、集中地表現在一系列約束佛教徒的紀律規定即戒律之中，也表現在對佛教徒修持方法的各種規定中。例如，在家的佛教徒必須遵守的行為規則「五

戒」，就含有特定的社會倫理意義。「不殺生」，強調不以任何方式傷害各種生命，也就是承認各種生命的平等權，這和某些摧殘、折磨自己身體的做法相比是一大變化。「不偷盜」，戒禁侵犯、取得他人的財產和權利。「不邪淫」，是禁止不正當的男女關係。「不妄語」，是避免虛偽、鼓勵個人和群體的互相信任和了解。「不飲酒」，是避免刺激，以保證個人的精神安寧，也有利於社會氣氛的和諧。在「五戒」中，不殺生具有兩重性的作用，它保護人生，也保護耕牛等有益的牲畜，同時也保護社會的敗類，保護於人類有害的生物。這種道德律條在階級社會中既可為進步勢力所利用，也可為落後勢力所利用。和早期佛教突出禁戒情欲不同，在五戒中，所謂「淫罪」被排列到第三位，對所禁的範圍也加以限制。這樣，家庭便不再被看作是人生的桎梏、修持的障礙，因而維護了統治階級的倫理原則，藉以穩定社會秩序。又如主張普度眾生的大乘佛教，把面向眾生、覺悟眾生、解脫眾生作為培植和積累個人成佛智德的槓杆，為此它把信徒從生死此岸到達涅槃彼岸的修行方法歸結為「六度」，即佈施、持戒、忍辱、精進（努力）、禪定和智慧，並且在「六度」中，又最為注意佈施、忍辱和禪定。佈施和忍辱作為相互為用的宗教修養途徑，都具有道德色彩。「佈施」是要信徒用自己的智慧、體力去救助窮困者和滿足索取者，就是要不愛惜自己的財產甚至生命，慷慨地施捨眾生，為眾生獻身。佛典上宣揚的佈施典範太子須大拏，他不僅奉獻了自己的國家、田園、妻子、奴僕，甚至連自身的四肢五臟也分割給了別人。又說，有的佛教徒為了慈悲救生，竟捨身餵虎。這種作為超脫世間諸苦的手段，有的的確顯得殘酷、野蠻、愚蠢，但其中畢竟也飽含著自我犧牲的精神。至於佛典宣傳要向寺院和僧侶佈施，則表現出佛教對社會的依賴性和索取性。「忍辱」，是要求信徒堅定信念，忠於信仰，寧願忍受「湯火之酷，菹醢之患」，也決不作有害眾生的事。對於他人一切

有損於自己的言行，都要不動心，忍氣吞聲。這兩種信條，在不同時代其內容、意義是有所不同的，在歷史上也都觸發過一些人的善良動機，激勵過一些人的自我犧牲的熱情。但是鼓吹鄙棄自我的財富、生命，歌頌廣大受苦者的忍辱和獻身精神，掩蓋苦難製造者的罪惡，其消極作用也是十分明顯的。應當指出，佛教道德觀的重要特徵之一是追求超道德的境界。佛教的根本宗旨是深感人生的痛苦，世間的憂患，而以超越現實的解脫涅槃為最高理想境界。在理想境界裡，道德也舍離了，超越了，因為在佛教看來，善惡道德的世界屬於差別界，而解脫涅槃境界是無差別的平等界。這樣，佛教一方面鼓勵佛教徒在實踐上要盡力去惡從善，另一方面又強調佛教徒要以超越是非善惡為理想目標。這兩者是緊密相連的，奉行佛教道德是達到解脫境界的必要階梯，捨此別無他途；佛教道德實踐不以現實的功利為目的，而是以非功利的宗教理想為依歸，即以超越是非利害的一切差別為最終目標。大乘佛教認為，涅槃解脫雖然是佛教的最高理想，但絕不是少數人的事，它還主張眾生在經過修持，進入涅槃境界成佛以後，為了普度眾生，要不住涅槃，而是深入現實世界，在世間繼續教化世人，這是解脫後又回到現實世界的道德活動。佛教以超道德、超現世的涅槃境界為最高理想，其深層的理論根據是無我論。佛教以無我論為宇宙萬物的法則，因此反對我執我欲的縱肆，認為只有抑制，排除我欲，達到無我的境界才能真正進入最高的解脫境界。由此也可以說，無我的道德是佛教的最高理想。

第二節　早期漢譯佛典適應中國儒家倫理的傾向

佛教自漢代傳入中國內地，它首先是通過翻譯佛典來傳播和擴大影響的。印度的佛典是從古印度的社會生活、國家法制和風尚習俗蛻

變而來，並吸取和批判印度神話和傳統思想而寫成的。它所反映和主張的社會人倫關係與中國有很大差異。中國是一個中央集權的專制主義的國家，並在自然經濟基礎上形成以家族宗法制度為核心的封建倫理關係。因此儒家的君臣、父子、夫婦、兄弟、朋友一套綱常名教，「忠」、「孝」道德觀念，以及與「忠」、「孝」觀念相應的中國傳統宗教迷信的兩個基本觀念，即給帝王配德的「天」，與祖宗崇拜相聯繫的「鬼神」，就成為維護專制統治秩序的重要道德規範和宗教迷信觀念，成為自殷周以來最牢固的、以血緣關係為紐帶的宗法思想。如果把佛典中的倫理內容按照原文譯出，就要和中國傳統的倫理道德觀相抵觸而遭到專制統治者及其思想界的反對，從而失去自己的立足之點。東漢至東晉的早期佛經翻譯家敏銳地覺察到了這個問題，他們採取選、刪、節、增等手法，使有關譯文儘量和中國家族倫理相吻合，為佛教在中國的傳播爭取地盤，事實上也的確推進了佛教在中國的傳播。

　　涉及佛教倫理思想的早期漢譯佛典主要有東漢安世高譯《尸迦羅越六方禮經》（簡稱《六方禮經》），西晉支法度譯《善生子經》、東晉僧迦提婆譯《善生經》（見《大正藏・中阿含經》卷 33）、東晉佛馱跋陀羅譯 60 卷本《華嚴經》、約東晉時譯《那先比丘經》、後秦佛陀耶舍與竺佛念共譯的《遊行經》和《善生經》（分別見於《大正藏・長阿含經》卷 2 和卷 11）等。在這些漢譯佛典中，對於有關人際關係，尤其是男女關係、家庭關係、主僕關係的內容，譯者都作了適應中國儒家倫理道德觀念的調整。[1]

1　我國著名歷史學家陳寅恪先生，以漢譯佛典與巴利文佛典相對照，早在1932年就撰寫了《蓮花色尼出家因緣跋》（參見《陳寅恪文集之一・寒柳堂集》，載《清華學報》，第7卷，1932（1）），揭示了漢譯佛典有意刪削印度佛典中關於男女性交的論述。日本著名學者中村元先生也曾就有關漢譯佛典與印度佛典原文相對照比較，撰寫了《儒教思想對佛典漢譯帶來的影響》（參見《世界宗教研究》，1982（2））。本節的論述參考了他們的論點。

關於男女關係：古代印度人和印度佛教都很隨便說男女之間的事情，妓女在印度並不被歧視，佛典中還有妓女母子宣揚佛教思想的敘述，以及母女共嫁母生兒子的論述。這些顯然和中國儒家的男女觀念是絕不相容的，所以在漢譯佛典中避開了「擁抱」、「接吻」等字眼，刪除了對妓女的敘述。敦煌寫本《諸經雜緣喻因由記》第一篇，敘述蓮花色尼的出家因緣，但其中缺蓮花色尼出家的關鍵一節，即蓮花色尼屢次出嫁，因屢嫁而與所生的子女都彼此不復相識，以致後來竟與自己所生的女兒共嫁給自己所生的兒子。蓮花色尼發覺後，因極度羞愧而出家。這種論述，因和中國傳統的倫理觀念不相容，而被略去。（詳見陳寅恪：《蓮花色尼出家因緣跋》）印度佛典在涉及男女並稱時，有時先列女子，再列男子，即女子在男子之前。漢譯佛典顯然是為適應當時中國人的習慣，而把「女子和男子」用籠統的文字來代替。印度佛典原文的「娶妻」，漢譯也改為「娶妻妾」。

關於夫妻關係：印度佛典的原本（《對辛加拉的教導》）列舉了作為妻子的五項美德：（1）「善於處理工作」，（2）「好好地對待眷屬」，（3）「不可走入歧途」，（4）「保護搜集的財產」，（5）「對應做的事情，要巧妙勤奮地去做」。而漢譯《六方禮經》則把這五項美德作了修改和說明：「一者夫從外來，當起迎之；二者夫出不在，當炊蒸掃除待之；三者不得有淫心於外夫，罵言不得還罵作色；四者當用夫教誡，所有什物不得藏匿；五者夫休息蓋藏乃得臥。」[2]這種翻譯帶有丈夫高於妻子、妻子專門侍候、絕對順從丈夫的色彩。上述印度佛典原文中有「丈夫侍候妻子，妻子愛丈夫」的字句，譯本中卻改為「夫視婦」（《六方禮經》）或丈夫「憐念妻子」、「妻事夫」、「善敬順夫」

2　《大正藏》，第1卷，251頁，日本，東京，大正新修大藏經刊行會，昭和五十四年（1979）。

（《中阿含經》卷 33《善生經》），淡化了丈夫對妻子的義務，濃化了妻子服從丈夫的依附性。

　　關於父子關係：早期佛教的家族倫理排除了以前婆羅門教的父親為家長，兒子對父親要硬性服從的觀念。在印度佛教典籍中，母親的地位高於父親，表示雙親時採用「母和父」的語序，即母在父的前面，佛典中出現的每個人的名字，也都是子隨母姓。印度佛教的這種家族觀念是和中國的父系家長制相對立的，因此在漢譯佛典中，提及雙親的語序全部改為「父和母」，有時還添加原文所沒有的「孝諸父母」的話。一方面，印度佛典的原本（《對辛加拉的教導》）強調孩子應該以下述的精神侍候雙親：（1）「雙親養大我們，我們養雙親」，（2）「為了他們（雙親），我們要做應做的事」，（3）「保留家系」，（4）「承繼財產」，（5）「在適切的時候供奉祖先」。在漢文譯本中，則加添了在印度原本中所沒有的句子。《善生經》添加了這樣幾句話：「凡有所為，先白父母」，「父母所為，恭順不逆」，「父母正令不敢違背」[3]。《善生經》的異譯本添加了這樣幾句話：「自恣不違」，「所有私物盡以奉上」[4]。此外，《善生子經》添有「唯歡父母」[5]的話。《六方禮經》還具體敘述了孩子的義務：「一者當念治生，二者早起敕令奴婢時做飯食，三者不益父母憂，四者當念父母恩，五者父母疾病，當恐懼求醫師治之」[6]。這些添加的話，強調了父母的絕對權威，孩子對父母的絕對恭順，體現了儒家道德觀念對漢譯佛典的滲透和影響。另一方面，印度佛典也闡述了雙親對孩子應盡的義務：「（一）施與，（二）說親切的話，（三）執行在這世上能為人的事，

3　《大正藏》，第1卷，71頁。

4　同上書，641頁。

5　同上書，254頁。

6　《大正藏》，第1卷，254頁。

（四）對各種事情適切地協助。——這些就是在這世上的愛護。如果不執行上述四種愛護，母親和父親就不能得到由於是父母而應從孩子得到的尊敬和扶養。」[7]這是在宣揚父母應盡的義務，也是宣揚作為社會上的人所應遵守的道德。這種父母不盡義務就不能得到孩子贍養的觀念，也是和儒家的孝道思想不一致的，因此《六方禮經》和《養生子經》都沒有翻譯。只是東晉和後秦時翻譯的兩本《善生經》譯出了，這大概是因為佛教比較普及，就可以比較自由地按原文翻譯了。進入唐代，佛教達到鼎盛時期，就更忠實於原文翻譯了。

關於主僕關係：通常情況下，古代各國都是宣揚「奴僕為主人服務，主人應愛奴僕」，但早期佛教相反，主張「主人要侍候奴僕，奴僕要愛主人」，這反映了對身份低賤人的平等觀念。這種觀念與中國專制等級制度也是相抵觸的。按照中國古代儒家的身份倫理，主人為奴僕服務，奴僕愛憐主人，完全是一種身份的顛倒。因此，漢譯時都改作主人「視」、「教授」奴僕，奴僕「事」、「供養」、「侍候」主人。如《六方禮經》說：「大夫視奴客婢使」，「奴客婢使事大夫」。《善生子經》說：「長子……正敬正養正安奴客執事」，「奴客執事……供養長子」。《善生經》說：「主子僮使……教授」、「僮使……奉事其主。」

關於君臣關係：據巴利文佛典記載，釋迦牟尼曾讚美瓦傑族的共和政府。漢譯本雖然也傳達瓦傑族經常舉行會議，卻把它改作「君臣和順，上下相敬」（《長阿含經》卷2《遊行經》）的君主政治。

從上述可見，印度佛教認為男女、父子、夫婦、主僕等都是平等的關係，應當互相尊重，自由對待，這和中國儒家的身份高下的服從

---

7 轉引自〔日〕中村元：《儒教思想對佛典漢譯帶來的影響》，載《世界宗教研究》，1982（2）。

支配關係、絕對隸屬關係是不同的。而早期佛教典籍翻譯為了使初來乍到的佛教得以生存和發展，不得不向儒家倫理觀念作了妥協、調和，一開始就和印度佛教的倫理思想相背離，形成中國佛教倫理觀念的重要特徵之一。

第三節　儒家的排擊和佛教的調和

　　漢譯佛典調和儒家倫理道德的傾向，雖然有助於佛教的流傳，但是佛教與儒家在社會倫理道德方面的分歧，決定了彼此之間的矛盾是尖銳的、深刻的。這種矛盾又主要是由於儒佛兩家對人生社會的看法根本不同引起的。儒家提倡成就理想人格——聖人，為此主張珍視人生，重視個體生命格局的開發，而這種生命格局的開拓，就是生命活動憑藉夫婦、父子、兄弟、君臣、朋友諸人際關係，以實踐其理想，有功德於社會，從而成就崇高的人格。從這種人生理想出發，儒家十分重視人間的結構架設。這種結構架設大約分為三類五項，夫婦、父子、兄弟屬於家庭中事，君臣屬於國家間事，朋友屬於天下間事。並規定父子有親，君臣有義，夫婦有別，長幼有序，朋友有信的五項基本道德準則，即人倫道德的基本範疇。佛教卻不同，它視人生是苦根，人間是苦海。認為這種苦痛根源於自身的思想、言論和行為。佛教的人生理想在於解脫，也就是要觀察、反思自身的痛苦，採取一套解除痛苦的修持方法，以超脫世俗世界，進入涅槃境界。所以儒家重人事，重現實，佛教重解脫，重出離。佛教對人生和對社會的主張，佛教倫理觀念的氾濫，勢必對儒家的倫理觀念起一種腐蝕、瓦解作用，從而危及儒家的社會理想結構。這樣，自佛教傳入後，儒家學者就不斷地從倫理道德角度發起對佛教的攻擊，抨擊佛教的無君無父觀念。而佛教對這種抨擊總是採取辯解、調和和妥協的態度。

《牟子理惑論》[8]較早地反映出儒家和佛教在倫理道德觀念上的分歧，這種分歧主要集中在三個方面：一是出家僧人文身斷髮和《孝經》所說「身體髮膚，受之父母，不敢毀傷」的教訓相違背，也就是說僧人剃度有違於孝；二是出家僧人不娶妻，沒有後嗣，這不僅使本人得不到人生的幸福，也被認為是最不孝的行為；三是出家僧人披袈裟，見人不行跪起之禮，違背了中國傳統禮儀。佛教對這些問題一一加以申辯說，古代泰伯為了使父親古公讓位於季歷，逃到吳越地區，服從當地習俗，文身斷髮，得到了孔子的讚揚。堯要讓天下給許由，許由逃入深山，伯夷、叔齊為「義不食周粟」，逃入首陽山餓死，孔子不僅沒有譏諷他們沒有後代，而且還稱讚他們為「求仁得仁者」。可見出家僧人為了修持美好的道德而削髮文身，無妻無後，是與儒家道德一致的高尚行為。關於服飾禮儀問題，佛教說，三皇時代，人們食獸肉衣獸皮，質樸無華，備受儒家稱讚。《老子‧三十八章》也講，不追求形式上的「德」才是「上德」，死守形式上的「德」，就是「下德」。出家僧人的服飾禮儀也不應受到指責。佛教的申辯是消極的、無力的，它只是援引古代的個別事例、傳說等作牽強的比擬，只能籠統地強調和儒家、道家的「道」的原則一致，並沒有作出充分的論證，事實上也很難作出充分的論證。漢代統治階級特別重視提倡以孝治國，當時儒者也著重批評佛教違背孝道。至於僧人披袈裟、無跪起的乖禮問題，後來發展為沙門不敬王者和沙門袒服兩大問題的激烈爭論。

東晉時代，佛教與世俗禮制的矛盾，日益引起上層統治者的關注，並爆發了上層統治內部以及政界中反佛教人士和佛教界的爭論。

---

8 此書現題為漢靈帝末年（西元188年）避世交趾的牟子所撰，然近百年來中外學者對此書的作者和成書年代聚訟紛紜，迄今無定論。涉及我們論述內容的，主要是該書第九、十、十一、十九諸章。

這種爭論一直延續到唐代，數百年間，時有起伏。東晉庾冰輔政時，曾代晉成帝詔沙門應敬王者，其理由之一，就是佛教有損於名教。因為「禮重矣，敬大矣，為治之綱，盡於此矣」（《弘明集》卷12《重代晉成帝沙門不應盡敬詔》）。治綱在於禮敬。如果像佛教徒那樣棄禮廢敬（佛教規定教徒見到在家的任何人，包括見了帝王、父母都不跪拜，不稱名，只合掌致敬），尊卑不分，那麼人們就會無視國家禮法，國家就會大亂。可是，庾冰的主張遭到一批佞佛的執政者，如何充、褚翌、諸葛恢、馮懷、謝廣等人的反對，未能實行。他們的重要理由是以前帝王不令沙門跪拜，也無虧王法。佛教不僅不虧王法，還有助王化。庾冰的主張未能實行，表明了此時佛教的力量和影響的增強，儒家倫理道德觀念的相對削弱。

此後，太尉桓玄又一次提出沙門向王者跪拜的問題，並由此引起與當時南方佛教領袖慧遠和信佛的朝官桓謙、王謐等人的爭辯。桓玄利用《老子》的道、天、地、王為「四大」的話，強調沙門的生長存養也是仰賴於王道的，既然受王者的德惠就應孝敬王者，沙門只敬宗師而不敬王者是違背情理的。慧遠作短文五篇，闡發了沙門不敬王者的基本立場。他強調信佛有兩種情況，一是在家信佛，二是出家修道。在家信佛的信徒，應當忠君孝親，遵守禮法名教，恪守王制。出家修道的沙門情況不同，他們認為人身是人生痛苦之本，決不把保存人身作為止息痛苦的條件。人之有「身」，是由於有「生」，而有「生」又是由於稟受陰陽二氣的變化。因此，沙門既不重視生命，也就不必順應自然的變化，進而也就不需要服從政治禮法的教化。無須對天地君親的長養德惠感恩戴德，報答以禮敬。這是委婉地否認君臣父子的倫理觀念。但是，

如令一夫全德，則道洽六親，澤流天下，雖不處王侯之位，固

　　已協契皇極，大庇民生矣。(《弘明集》卷 12《答桓太尉書》)

如果有一位沙門全德成佛，那就救濟了父母兄弟等六親，救濟了整個天下。雖然沙門不處在王侯之位，但是符合王侯的統治。也就是說，沙門出家修行和儒家的政治倫理思想的目的是完全一致的，儒佛兩家可以相合而明，相得益彰。

　　慧遠對於佛教禮制及其和儒家倫理道德禮儀制度的關係的論述，對於中國佛教倫理觀念和禮儀制度的確定，以及中國佛教對王朝態度的確立，都具有重要意義。慧遠把在家弘佛和出家修道加以區分，以一種折中手法兼顧儒佛兩方面的特點和尊嚴。他通過在家弘道教徒的忠君孝親的原則規定，把佛教和儒家倫理道德、封建政治統一起來了。他通過對出家僧侶禮制的確定，維護了佛教在形式上的獨立性，又強調了和儒家倫理道德以及專制王朝統治的實質上的一致性。這樣也就有論證地從政治高度把佛教和名教調和起來了。這是中國佛教領袖公開提倡佛儒結合的肇端，對於後來佛教思想的發展具有深遠的影響。

　　我國儒家禮制一貫重視服飾，藉以體現等級差別，象徵吉凶。佛教沙門袒服，也就是穿袈裟，偏袒右肩，和儒家禮制相異，被視為蔑棄常禮。鎮南將軍何無忌就撰《難袒服論》，與慧遠討論沙門袒服之事，對沙門袒服表示異議。他指出袒服和中國歷史典籍規定的不一致，中國傳統以左為吉利，沙門袒露右肩是不可取的。慧遠作《沙門袒服論》和《答何鎮南書》，回答了何無忌的質難，指出印度和中國的習俗不同，沙門和世人也有別，並強調只要實行儒家的仁愛和佛教的慈悲，宇宙萬物也就齊同而沒有優劣吉凶的區別了。這是巧妙地堅持了沙門袒服的佛教立場。

　　慧遠的佛教倫理學說，從理論上溝通了和儒家政治倫理觀念的關

聯，一度緩和了佛儒之間的矛盾。但緩和矛盾並不等於解決矛盾。佛教與世俗倫理道德的差異、矛盾、脫節，終於引起最高統治者的干預。唐初幾代皇帝改變了隋代崇佛的政策，抬高「周孔之教」，對佛教採取抑制和利用的態度。唐高祖曾質問佛教僧侶：「棄父母之鬚髮，去君臣之章服，利在何門之中，益在何情之外？」（《集古今佛道論衡》卷丙《大唐高祖問僧形服利益事》）他強調「父子君臣之際，長幼仁義之序，與夫周孔之教，異轍同歸，棄禮悖德，朕所不取」（《唐會要》卷 47《議釋教上》）。所謂棄禮悖德，就是指僧侶不拜君親。唐太宗也說：「朕今所好者，惟在堯舜之道，周孔之教。」（《貞觀政要》卷 6《慎所好》）唐高宗顯慶二年（西元 657 年），還下詔命令出家僧人跪拜君親，規定「自今已後，僧尼不得受父母及尊者禮拜，所司明為法制，即宜禁斷」（《唐會要》卷 47《議釋續上》）。道宣和法琳等繼承慧遠思想，竭力爭辯，堅持出家僧侶不拜君親的佛教立場，但又強調出家人不拜，並非不忠不孝，外表上雖然不敬不拜，內心是常拜常敬的。還說這種內心的禮敬要比形式上的禮敬重要得多。

　　唐中葉，韓愈站在維護儒家仁義道德的立場，以一個獨立思想家的剛毅氣概，舉起反佛教的鮮明旗幟。他作《論佛骨表》，甘冒生命危險，上書唐憲宗，痛斥佛教，震動一時。憲宗大怒，要處死韓愈，幸得宰相崔群、裴度的求情營救才從寬貶到潮州。韓愈強調「夫佛本夷狄之人，與中國語言不通，衣服殊制，口不言先王之法言，身不服先王之法服」（《論佛骨表》），佛教是「棄而君臣，去而父子，禁而相生養之道」（《原道》），是和儒家的政治主張、倫理道德、禮儀制度相對立的。韓愈的反佛主張，遭到憲宗的壓制，但沒受到佛教界的回擊，卻在韓愈好友柳宗元那裡產生了反響。柳宗元是讚佛的，也曾受到韓愈的批評，他不同意韓愈對佛教的評論，他說：

吾之所取者，與《易》、《論語》合，雖聖人復生，不可得而斥
也。退之所罪者其跡也，曰「髡而緇，無夫婦父子，不為耕農
蠶桑而活乎人」。若是，雖吾亦不樂也。退之忿其外而遺其
中，是知石而不知韞玉也。吾之所以嗜浮圖之言以此。(《柳河
東集‧送僧浩初序》)

柳宗元認為佛教僧侶削髮文身，不結婚，不事勞動生產，這都是佛教
的「跡」，即形跡，外在的表現。這是他本人也不同意的。但韓愈卻
「遺其中」，即遺棄了佛教的內在思想，這種思想是和儒家經典《周
易》、《論語》吻合的，因而是應當予以肯定的。柳宗元還特別讚揚佛
教的道德觀念，說：「金仙氏（佛）之道，蓋本於孝敬，而後積以眾
德，歸於空無。」(《送濬上人歸淮南覲省序》)在柳宗元看來，佛教
重孝敬，有助於教化，和《周易》、《論語》一樣，都能「有以佐
世」。在一定意義上可以說，柳宗元也是站在儒家立場上肯定佛教思
想的。有趣的是，韓愈站在儒家的立場上反對佛教，柳宗元則是站在
儒家的立場上肯定佛教，調和儒佛。

　　韓愈的反佛主張雖然沒有被唐憲宗所採納，但在歷史上卻產生了
極為深遠的影響。憲宗元和十四年（西元 819 年）韓愈作《論佛骨
表》，此後 20 多年，唐武宗就採取滅佛措施，佛教由此一蹶不振。韓
愈提出的道統說和以公私來區分儒家與佛道的觀點，開啟了宋明理學
的先河。韓愈雖然並沒有提出什麼新鮮深湛的理論，但也是在中國思
想上從佛學隆盛到理學興起的轉折過程中的一個關鍵人物。可以說，
從韓愈以後，佛教在儒家的挑戰面前，更是節節敗退，妥協退讓的色
彩愈來愈濃烈了。

　　宋代著名禪僧契嵩，對韓愈的排佛等主張作出了反應，撰《非韓
子》30 篇（見《鐔津文集》卷 14），3 萬餘言。在開頭第一篇，指責

韓愈《原道》中關於仁義與道德的理解和相互關係的論述是不符合儒家經典的。契嵩在儒家學者對佛教的咄咄逼人的挑戰的思想背景下，成為唐代以後佛教學者中全面調和儒佛倫理道德的重要代表人物。他把佛教的不殺、慈悲和不盜、佈施，分別歸結為韓愈所強調的儒家仁和義的內容，強調佛教的「五戒」和慈悲等教義等同於儒家的「五常」的觀念：

> 「五戒」，始一曰不殺，次二曰不盜，次三曰不邪淫，次四曰不妄言，次五曰不飲酒。夫不殺，仁也；不盜，義也；不邪淫，禮也；不飲酒，智也；不妄言，信也。（《鐔津文集》卷 3《輔教篇下‧孝論‧戒孝章第七》）

又說：

> 吾之喜儒也，蓋取其於吾道有所合而為之耳。儒所謂仁、義、禮、智、信者，與吾佛曰慈悲、曰佈施、曰恭敬、曰無我慢、曰智慧、曰不妄言綺語，其目雖不同，而其所以立誠修行善世教人，豈異乎哉？（《鐔津文集》卷 8《寂子解》）

雖然佛教的「五戒」和慈悲等教義的內容和儒家的「五常」的確有某些相通之處，但是它們的側重點、出發點和目的性是不相同的，更不是相等的。實際上，契嵩是援儒入佛，以儒論佛。

契嵩還高度讚揚儒家的禮樂和中庸，說：「禮樂者，王道所以倚而生者也。」（《鐔津文集》卷 5《論原‧禮樂》）「中庸者，蓋禮之極而仁義之原也。禮、樂、刑、政、仁、義、智、信，其八者，一於中庸者也」（《鐔津文集》卷 4《中庸解第一》）。契嵩把禮樂看為成就王道的根本，又把禮樂等統一於中庸。他認為，儒家的中庸之道和佛教

的根本主張是一致的:「以中庸幾於吾道,故竊而言之」(《鐔津文集》卷4《中庸解第五》),進而得出這樣的結論:

> 儒佛者,聖人之教也。其所出雖不同,而同歸乎治。儒者,聖人之大有為者也;佛者,聖人之大無為者也。有為者以治世,無為者以治心。……故治世者非儒不可也,治出世非佛亦不可也。(《鐔津文集》卷8《寂子解》)

儒佛都是聖人之教,是分別治世和治出世的,所謂治出世就是治心。治世治心,相輔相成,缺一不可。儒佛兩者分工不同,目的一致,歸根到底是為了治人治世,維護封建帝王的統治。這實質上是站在儒家的立場來論述佛教,從儒佛的類似性、一致性方面,來調和儒佛,宣揚儒佛合一,共同維護和鞏固專制統治。

元代德輝重編《敕修百丈清規》,首先是頌禱崇奉君主的「祝釐章」和「報恩章」,而供養佛祖的「報本章」和尊崇追念禪宗祖師的「尊祖章」則轉放在後面。這是佛教進一步向儒家妥協和佛教中國化的重要標誌。

近代以來,儒家理學成了資產階級先進人物的批判物件,儒家道德受到衝擊而呈崩潰之勢。資產階級改良派和民主派轉而從大乘佛教尋求道德動力。他們認為儒學已經不足以持世,要改造民德只有依靠佛,只有佛教能救今世。只有提倡佛教的自尊無畏的精神,才能陶冶出驚天動地、齊家治國平天下的人物。章太炎在《東京留學生歡迎會演說辭》中,大聲疾呼要「用宗教(指佛教)發起信心,增進國民的道德」。他主張用法相唯識宗的教理和華嚴宗的行持,使人去惡從善。他又說:「非說無生,則不能去畏死心;非破我所,則不能去拜金心;非談平等,則不能去奴隸心;非示眾生皆佛,則不能去退屈

心；非舉三輪清淨，則不能去德色心。」(《建立宗教論》)佛教教義被奉為淨化人心、培養美德的良方。經過資產階級學者的改造、宣傳，佛教道德在特定的歷史條件下發揮了積極作用。但由於資產階級的軟弱性和佛教道德的局限性，佛教道德的積極作用也隨著資產階級改良和革命的破產，而消失了。

第四節　世俗宗法制和佛教孝道論

中國佛教宣傳得最多的倫理道德觀念是「孝」，因此孝道便成了中國佛教倫理道德的重心。可以說中國佛教是以孝為中心來展開其倫理道德學說的。

佛教所賴以生存的中國專制社會，是以農業為主要經濟命脈的。它的經濟基礎是以小塊土地個體所有制為前提、一家一戶為生產單位的分散經營方式。農民是男耕女織，共謀衣食，在從事農業生產的同時，又從事手工業生產，產品主要是用於消費而不是交換。和這種經濟相適應，宗法制度便成為上層建築的重要組成部分。專制制度的特徵是，以同宗的血緣關係、同鄉的地緣關係為紐帶，聚族而居，形成尊卑貴賤判然有序的宗族系統。地主階級利用共同姓氏、共同直系祖先、共同宗廟、共同墓地等傳統習俗，通過尊祖敬宗的祭祀活動，建立起一套嚴密的血緣關係和社會關係合一的專制宗法家族組織。宗法制度派生出宗法思想。宗法家族組織系統提倡把孝順父母、養親事親、兒子絕對服從父親、尊敬祖宗作為倫理道德行為的根本軌範。「夫孝，德之本也。」(《孝經》)「孝弟也者，其為仁之本與！」(《論語‧學而》)「孝」成為中國專制社會家族倫理的軸心，成為維持家族組織結構和維護專制秩序的重要杠杆。

為了適應中國專制宗法制度，為了調和出家修行和在家孝親的矛

盾，佛教通過有關學者翻譯佛教經典，撰寫文章和專論，編造佛經（所謂偽經），注疏《盂蘭盆經》，舉行盂蘭盆會，乃至舉辦「俗講」等，大力宣揚孝道論。

上面講到的《牟子理惑論》就著力調和出家與孝親的矛盾，強調兩者的一致性。三國時康僧會在他編譯的《六度集經》中也著意突出孝的重要性，謂佈施諸聖賢「不如孝事其親」（《六度集經・佈施度無極章》），把「孝親」置於「佈施」之上。東晉士族孫綽，信奉佛教，作《喻道論》宣揚佛教僧侶出家修行是更高的孝行。文章說：「父隆則子貴，子貴則父尊。故孝之貴，貴能立身行道，永光厥親。」（《弘明集》卷3）認為孝行主要不在養親事親，而是要榮親耀祖。佛教僧侶離親出家，傳教修道，給父母帶來極大的尊嚴和榮耀，是無上的孝行。這是從宗教價值尺度出發所作的道德判斷，給人以一種虛幻的尊嚴和榮耀。明代佛教四大師之一智旭，也撰《孝聞說》、《廣孝序》等文章，大力宣傳孝道，說「世出世法，皆以孝順為宗」（《靈峰宗論》卷四之二《孝聞說》），「儒以孝為百行之本，佛以孝為至道之宗」（《靈峰宗論》卷七之一《題至孝回春傳》），把孝看作講出世間法的佛教的根本宗旨，以強調和儒家道德的一致性。

佛教學者闡述孝道的重要著作是契嵩的《孝論》（參見《鐔津文集》卷3《輔教篇下》），共12章，這是佛教關於孝的最系統、最全面的著作，是對以往佛教學者論孝的新的總結。《孝論・敘》中說：「夫孝，諸教皆尊之，而佛教殊尊也。雖然其說不甚著明於天下。」為了使佛教關於孝的學說彰明於天下，作者「發明吾聖人大孝之奧理密意」，以「會夫儒者之說」。契嵩著重從四個方面去會通佛教與儒家的孝論，宣揚戒孝合一說。

第一，孝是「天經地義」。「夫道也者，神用之本也；師也者，教誥之本也；父母者，形生之本也。是三者，天下之大本也。」（《孝

論‧孝本章第二》）父母是每個人得以形生的大本，是天下「三本」之一。因此報答父母的大恩，孝順父母是天下的根本道理。「天地與孝同理」，「夫孝，天之經也，地之義也，民之行也」（《孝論‧原孝章第三》）。孝是天經地義的，是人們的普遍德行。這是從天地的根本法則和報答父母的內在自覺去論證孝行，與儒家所講的服從強制義務的孝有所不同，是對儒家的孝的理論補充。

第二，孝、戒、善合一。「夫孝也者，大戒之所先也。」（《孝論‧明孝章第一》）佛教的大戒以孝為先。又說：「夫五戒有孝之蘊。」（《孝論‧戒孝章第七》）戒中又有孝。「聖人之善，以孝為端；為善而不先其端，無善也。」（《孝論‧必孝章第五》）聖人的善行以孝為端。又說：「孝出於善。」（《孝論‧孝出章第八》）孝出於善心，善中有孝。又說：「戒也者，眾善之所以生也。」（《孝論‧明孝章第一》）由此可以說，戒、孝、善三者合而為一，孝就是佛教的戒，是佛教徒所必須遵守的道德，甚至是成佛的根本。

第三，篤孝、修戒是為求福、養親。「今夫天下欲福不若篤孝，篤孝不若修戒。」（《孝論‧戒孝章第七》）「律制佛子，必減其衣盂之資，以養父母。」（《孝論‧孝行章第一一》）要想修福，不如行孝，行孝不如持戒。就是說，持戒、行孝是為了修福。出家僧人還應節衣縮食，以贍養父母。

第四，三年心喪。對父母的哀喪，儒家的主張是三年斬衰喪服，印度佛教則不主張在親人去世後，身著孝服，悲泣流淚。契嵩加以折中，認為僧人的父母去世，不宜穿普通的喪服，僧人之大布即是出家喪服，粗布做的袈裟即為出家人之喪服。又說：「三年必心喪，靜居修我法，贊父母之冥。」（《孝論‧終孝章第一二》）所謂心喪，是古代老師死後，弟子不穿喪服，只在心裡悼念。契嵩認為，僧人的父母去世，要以心服喪，靜居修法，以幫助父母修造冥福。

　　總之，契嵩認為佛教的戒和儒家的孝是完全一致的，而且佛教的孝超過也就是高於儒家的孝，佛教也比其他各種流派更重視、更尊崇孝。

　　中國佛教學者一方面撰寫文章闡發孝道，另一方面直接編造專門講孝的佛經，製造經典根據，以提高論據的權威性。如《父母恩重經》，約於唐初葉寫成。經中描寫了一般庶民的母子深情，敘說父母的恩和兒子的孝養，強調父母孕育之恩當報，提倡造經燒香，請佛禮拜，供養三寶，飲食眾僧，為父母造福。此經是佛教在流傳過程中受到儒家名教的刺激和影響而作，同時又成為輔助儒家教化一般庶民的倫理道德讀物。《父母恩重經》流傳既廣又久，出現各種異本，有的還加上插圖，如父母恩重變文、父母恩重俗文、父母恩重變相圖等，影響極為深遠。又如《梵網經》，也稱《菩薩戒本》，題為後秦鳩摩羅什所譯。該經卷下宣揚「釋迦牟尼佛，初坐菩提樹下成無上覺，初結菩提波羅提木叉，孝順父母、師、僧三寶，孝順至道之法，孝名為戒」。強調要對父母、師長、僧人盡誠順命，並將孝與戒配合起來，說孝就是戒。《梵網經》在中國佛教思想上的影響也是巨大的。

　　為了顯示對孝道的重視，佛教還把人們的孝行和佛事活動結合起來，竭力在民間造成奉行孝道的氣氛。印度佛教《盂蘭盆經》（西晉竺法護譯）被中國佛教學者稱為「佛教孝經」，其內容是講釋迦牟尼弟子目連入地獄救拔餓鬼身的母親的故事，突出體現了孝道精神，適合於中國的風尚。唐以來中國佛教學者紛紛注疏，著名的有唐宗密撰《盂蘭盆經疏》二卷，疏中特別強調釋迦牟尼出家和目連出家，都是為救濟父母。《盂蘭盆經》說：

　　　是佛弟子修孝順者，應念念中常憶父母供養乃至七世父母。年
　　　年七月十五日，常以孝慈憶所生父母乃至七世父母，為作盂蘭
　　　盆，施佛及僧，以報父母長養慈愛之恩。

中國佛教依照這種說法，為拔救雙親乃至七世父母，而舉行盂蘭盆會。這是長期來中國佛教每年舉行的最大節日之一，也是深受古代民間歡迎的一種法會，自唐宋以來廣泛流行。與此相呼應，目連入地獄救母的故事，也綴成文學、繪畫、戲劇等，進行形象化的宣傳，如目連變文、目連變相圖、入地獄圖和目連戲等，都廣泛地滲透到都市和鄉村，在維繫儒家的綱常名教和宗法制度方面發揮了重要的作用。

第五節　佛性論與修養法

中國佛教的倫理道德思想，是建立在對人的本質、本性的理論分析基礎之上的。佛教人性論的形態表現為佛性論，它反映出和中國固有的人性學說的聯繫與區別。中國佛教各派還紛紛提出去惡從善、修行成佛的途徑和方法，對於宋以來儒家道德的修養方法有著直接的啟示作用。

一　佛性論

中國先秦以來許多重要思想家所講的人性，主要是探討人類異於即優於禽獸的特殊屬性，人和禽獸有什麼區別，有什麼優於禽獸的性質。佛教所講的佛性的「性」，不是性質的意思，而是「界」的意思，也叫「佛界」。「界」有「因」，即質因、因素的意思。佛性是講眾生成佛的根據、條件。兩者的角度、出發點不同，範圍也不同。人性論以人為本位，佛性論則以包括人、神、鬼、畜生等在內的所謂一切眾生為本位。但兩者也有相通之處，中國傳統人性論主要是講人性的善惡，講成就聖賢，佛性論的內容十分廣泛，就佛性的意義來說，既指心性（包括人的本心、本性），也指悟解萬物的真實智慧，還和

境、理相通,而指事物的本質、本性和宇宙萬物的本體、本原。但佛性論也講本性的善惡,與中國傳統的人性論在內涵上有相似之處。此外,中國佛教雖然也講眾生,甚至講草木的佛性問題,但講眾生主要還是就人來講的。因此中國佛教學者的佛性論蘊涵了人性論,或者在一定意義上說,佛性論就是人性論。

佛性論是中國佛教史上的一個重要理論問題,是南北朝時期佛教理論的重心,也是隋唐重要佛教宗派的基本理論。中國佛教學者在佛性問題上的一個重要分歧和爭論是:一切眾生是否都有佛性?「一闡提」有沒有佛性,能不能成佛?古印度是不平等的種姓制度的社會,反映在佛教理論上,雖然大乘佛教一般地是主張一切眾生都有佛性的,但也有主張一闡提人沒有佛性的。大乘佛教有宗就主張有一種「無性有情」的人不能成佛。這種反對一切眾生都有佛性的理論,不僅削弱了佛教自身對廣大勞苦大眾的吸引力,而且也和中國儒家的「人皆可以為堯舜」的主張在精神上相背離,不能適應專制統治階級強化思想統治的需要。所以,在東晉宋之際,著名佛教學者竺道生就高唱一闡提人也有佛性,也能成佛。後來天臺、華嚴、禪諸宗也主張人人都能成佛,而玄奘、窺基等則因受印度大乘佛教瑜伽行派的影響,仍堅持有一種人不能成佛,這也就影響了它的進一步流傳。中國佛教的人人都能成佛的主張,為佛教的倫理道德教化提供了依據,也與儒家的聖人觀相呼應。

中國儒家的人性善惡觀念的影響,使得某些中國佛教學者也從善惡方面講佛性。如天臺宗人講性具有一切真實相狀,認為在佛和一切眾生心中善惡淨染是無所不具的。性是先天具有的,有善有惡;修習是後天的行為,也有善有惡。佛因為有性惡,而現地獄之身。一闡提因為不斷性善,所以也能修善成佛。又如五代宋之際法眼宗著名僧人延壽,還進一步把先天具有的性和後天行為的修分為善惡兩種:

> 若以性善性惡凡聖不移，諸佛不斷性惡，能現地獄之身；闡提
> 不斷性善，常具佛果之體。若以修善修惡就事即殊，因果不
> 同，愚智有別。修一念善，遠階覺地；起一念惡，長沒苦輪。
> （《萬善同歸集》卷中）

佛、凡人、一闡提都具有善性惡性，只是後天行為有所不同。又說：
「佛雖不斷性惡，而不能達於惡。以達惡故，於惡得自在，故不為惡
所染。」（《宗鏡錄》卷 17）佛不斷性惡，而不起修惡。佛用諸惡法
門，如入地獄是為了化度眾生，並不會為惡所染汙。宋代天臺宗人知
禮，認為萬物的本體真如本來具有愚痴無知的「無明」，一切眾生的
本性除佛性外還有惡性，這是眾生生死輪回的基因。知禮是用眾生性
惡來說明生死輪回，用眾生性善來說明修持成佛。佛教通常認為佛性
就是善性，而天臺宗人把佛性和善惡觀念糅合在一起，是在強化因果
報應理論。中國古代學者調和性善論與性惡論的性有善有惡說，自戰
國時的儒家世碩發端以來，董仲舒、劉向、揚雄等人都有所闡發，影
響甚為深遠。中國佛教學者的佛性善惡說，是中國古代關於人性善惡
長期爭論的深刻反映，也是中國古代性有善有惡說的繼承和發展。

　　中國佛教學者除了從人和心兩方面講佛性以外，還由境上成立佛
性。「境」，指主體認識的物件。這裡指佛教智慧把握的境界，也就是
一切事物的真實本性。這種真實本性也稱作「理」，即所謂實相之
理。也就是說以理為佛性。竺道生說：「理既不從我為空，豈有我能
制之哉？則無我矣。無我本無生死中我，非不有佛性我也。」[9]
「理」，即本體、本性、佛性，並不因為「我」這個實在自體而空，
難道「我」能制止「理」的存在嗎？這種實在自體的「我」是不存在

9　《注維摩詰經》，《大正藏》，第38卷，354頁。

的，是「無我」。但是，「無我」是指由地、水、火、風「四大」構成的有生死的人「我」並不真正存在，而不是沒有「佛性我」，佛性這種實在自體是存在的。竺道生認為，這種理就是成佛的原因、根據。他說：「從理故成佛果，理為佛因也。」[10]理是佛因，也就是佛性。人們若果把握了理，也就獲得佛教真理，體現為法身，也就成為佛。有的佛教學者，如慧令就從得理上講佛性，認為一切眾生本有得佛之理，是眾生成佛的決定性因素。中國佛教學者以理為佛性的觀點，對於中國古代倫理學和哲學都有深刻影響。程朱理學以道德觀念的昇華「理」為宇宙萬物的本體，和佛教以理為佛性的思想理路是一致的。

二　修養法

佛教非常重視修養方法和途徑。早期佛教講修行是為了超出生死輪回，脫離生滅，達到人生的解脫。後來又有了發展，修持變為直證宇宙實相的方法，即在於獲取神祕經驗——佛教真理，而不是著眼於離開生滅。印度佛教把五花八門的修行途徑和方法歸結為兩個方面：定和慧，也叫止和觀。定或止，就是禪定，著重於佛教思維修習。慧或觀，就是學習佛教義理，培養佛教智慧。南北朝時，南方注重義理，北方注重禪定。隋代天臺宗創始人智顗綜合這兩種方法，提出了定慧雙修、止觀並重的雙軌並行主張。他說：

> 泥洹之法，入乃多途，論其急要，不出止觀二法。所以然者，止乃伏結之初門，觀是斷惑之正要；止則愛養心識之善資，觀則策發神解之妙術；止是禪定之勝因，觀是智慧之由借。若人

---

10 《大般涅槃經集解》，《大正藏》，第37卷，547頁。

　　　　成就定慧二法，……當知此之二法，如車之雙軌，鳥之雙翼，
　　　　若偏修習，即墮邪倒。(《修習止觀坐禪法要》)

這就是說，要想達到涅槃境界，求得解脫，必須定慧二法並用雙修，
止觀二法等量並重。因為只有止、定，才能消除煩惱，並為增長智慧
創造有利條件；只有觀、慧，才能斷除妄惑，產生正確的證解。如果
只修持一個方面，就會墮入邪道，最終達不到成佛的目的。

　　中國佛教學者在修持的途徑和方法方面，主要側重、集中於三個
問題上，這就是貪欲與真理的關係，無明與智慧的關係，妄念與自性
的關係。也就是說在修持過程中要強調滅除貪欲、無知和妄念，證得
真理，使自己具有智慧，獲得覺悟。

　　關於貪欲和真理的關係：佛教是從人生的痛苦與解脫的角度來談
這個問題的。它認為人是由物質、感受、理性活動、意志活動和對外
界的認識分別能力而構成的，並沒有恒常的實體，但人對人生自體都
有熾烈的愛和執著的欲望(「有我」)；客觀世界也是由各種原因和條
件構成的，而且在不斷變化，但人對外界也有強烈的追求和佔有欲望
(「有常」)。這種有我有常的欲望和希求就使人的身、口、意都活動起
來，產生出各種各樣的惡業，形成生死輪回的痛苦。佛教認為人之所
以有欲望、貪求，是由於他們不懂得佛教所講的「無我」、「無常」的
真理，是和宇宙與人生的真理相背謬的結果。因而佛教主張應通過修
持來消除欲望，追求真理。竺道生就不厭其煩地宣揚「窮理盡性」[11]，
「佛以窮理為主」[12]，「佛為悟理之體」[13]，「理則是佛，乖者凡夫」[14]。

11　《注維摩詰經》，《大正藏》，第38卷，375頁。
12　同上書，353頁。
13　同上書，360頁。
14　同上書，464頁。

意思是悟解人生和宇宙的「宗極之理」，即悟解宇宙本體的真理，就
能成佛。竺道生的這種主張對隋唐佛教的發展和影響是很大的，對宋
明理學的形成也有重大啟示。佛教從人生解脫的角度宣揚禁欲主義，
也是對儒家從社會義務的角度提倡寡欲、節欲主張的配合和補充，是
有助於維護專制統治秩序的。

關於無明和智慧、妄念和自性的關係：中國佛教，尤其是禪宗還
強調每個人先天就具有智慧。禪宗創始人慧能說：「菩提般若之知，
世人本自有之。」（敦煌本《壇經》）「自色身中，⋯⋯自有本覺性。」
（同上）「自心地上覺悟如來，放大智慧光明。」（同上）世人的心本
來是覺悟的，這種覺悟就在於具有先天的智慧。禪宗兼華嚴宗學者宗
密更明確地說：

> 空寂之心，靈知不昧。即此空寂之知，是汝真性。任迷任悟，
> 心本有知，不借緣生，不因境起。知之一字，眾妙之門。（《禪
> 源諸詮集都序》卷上之二）

靈知，即空寂之知，是指心體。知是淨心的體，淨心就是以知為體。
正因為心以知為體性，所以心靈而不昧。靈知是一切人的真性、本
性，人們的心本來就具有這種知，雖然人們不自覺它的存在，但是它
還是存在的。無論是迷惑的時候還是覺悟的時候，它無時無刻不存
在。宗密以靈知是心體的新觀念來說明禪宗的以心傳心的實際含義，
說「知之一字，眾妙之門」。宗密特別突出這個知字，認為知是和佛
智相等的知，知就是佛智，也是人們先天具有的真性。

在禪宗看來，靈知、智慧是人的真性，也就是人的自性、本性，
也就是自心。人人只要認識本心、本性，就能獲得解脫，就能成佛。
慧能說：「三世諸佛，十二部經，亦在人性中本自具有。⋯⋯內外名

（明）徹，識自本心，若識本心，即是解脫。」（敦煌本《壇經》）人之所以沒有成佛，關鍵問題是自性被妄念所蓋覆，慧能說：

> 世人性淨，猶如清（青）天。……妄念浮雲蓋覆，自姓（性）不能明。故遇善知識開真法，吹卻名（迷）妄，內外名（明）徹，於自姓（性）中，萬法皆見。一切法自在姓（性），名為清淨法身。（同上）

「一切法自在性」，就是真如、法性，稱為「清淨法身」。反過來，清淨法身也就是佛性、自性。世人本性如青天一樣明淨，若為妄念浮雲遮蔽，雖然本性清淨也不能顯明。所以遇到善於開導的人，除掉妄念，就能在自性中顯現一切事物，體現佛性，這樣也就成佛了。這就是著名的「見性成佛」命題的含義。禪宗的「見性成佛」的命題的思想實質是在於，對自我本性、自我意識的反思、反歸，也在於主體證悟宇宙整體的實際，即與大自然的合一。實際上這是一種帶有自然主義傾向的內在精神境界。

印度佛教通常講「心性本淨，客塵所染」，中國佛教則講心性本覺、妄念所蔽（參見《大乘起信論》）。覺是覺悟，智慧，和淨即清淨、善不同，具有功能的意義，帶有能動的意味。這點和印度佛教所講的有很大區別，它更強調發揮主觀的能動作用。另外覺也是知，這就更突出了主觀的認識作用。再者，既然本覺的心性僅僅是為妄念所覆蔽，覺悟本性是永不變化、始終存在的，那麼只要去掉妄念，糾正錯誤認識和看法也就能成佛。這就使修持成佛成為快速而簡易的事情了。

應當指出，佛教的修養方法對宋明理學的道德修養方法也產生了重大影響。理學家「主靜」、「主敬」，佛教的禪定變成了靜坐。理學

家主張習靜，以為靜方能去私欲，合天理，打通「小我」和「大我」（天地宇宙）的交涉，與大我相通，與天地合其德。理學家還吸取了禪宗直指人心，見性成佛的修煉模式，強調「心」的重要。朱熹說：「人之一心，天理存則人欲亡，人欲勝則天理滅。」（《朱子語類》卷3）人心是天理人欲交戰的勝敗關鍵，於是他們從《尚書・大禹謨》中摘出「人心惟危，道心惟微，惟精惟一，允執厥中」四句話，按照佛教宗教修養的標準進行解釋，作為存天理、滅人欲的經典根據，成為理學家們修身養性的十六字真言。

第六節　中國佛教倫理的特色

從以上幾個方面的論述中，我們可以看出佛教與中國倫理的關係，可以看出中國佛教倫理的特色。

佛教自傳入中國始就以其漢譯的方式和儒家的專制宗法倫理相調和，可以說中國佛教倫理自始就帶有儒家的烙印，並且隨著歷史的演變，調和色彩愈來愈濃烈，到宋代以來佛教把孝尊崇到更加絕對和極端的地步，以迎合中國人的道德心態，真可謂是把佛教倫理儒學化了。

佛教倫理道德在中國古代倫理道德領域內始終不占支配地位。它雖然有某些獨立之處（如有的佛教學者堅持沙門不拜王者，堅持身穿袈裟等），但主要還是吸取、調和儒家的道德倫理來改造和充實自己，基本上是作為儒家倫理道德的配角而發揮其社會效能的。佛教從出世法的角度論述了孝的極端重要性，從人生解脫角度闡發了禁欲主義思想，還從認識論和人性論相聯繫的角度提出了知、智慧是人心之體、人的本性及一整套的修行方法，這都是一些重要的思想，豐富了中國倫理道德學說，也在一定意義和一定程度上補充了儒家倫理道德

的內容。同時也使理學家重視在人的內心深處調動起敬畏的力量和自覺的動力，去實踐封建倫理道德。由此可見，儒家雖然一直抨擊佛教的倫理道德，但實際上也吸取了佛教倫理道德觀念來充實自身，宋明理學的倫理道德學說就反映出佛教倫理道德的思想印痕。可見，由於儒佛兩家的相互影響，必然引起儒佛倫理道德思想的變化。

佛教中國化最突出、最典型的表現就是倫理道德的儒學化。印度佛教雖然也有涉及忠君孝親的著作，但是並不居重要地位。中國佛教和印度佛教在倫理道德學說方面的區別主要表現為中國佛教重視忠孝，尤其是集中表現在以戒為孝、戒即孝的獨特格式上。簡言之，以孝道為核心，調和儒家倫理，就是中國佛教區別於印度佛教倫理的根本特徵。

佛教倫理以去惡從善為標榜。應當說，在階級社會裡，由於人們的階級地位不同，人們的善惡觀念差別是很大的，有時甚至是對立的，要想把各種對立的利益調和起來，把善惡的觀念統一起來，幾乎是不可能的。因此佛教的善惡觀帶有很大的抽象性。正如上面提到過的「不殺生」，勞動人民可藉以反對專制統治者的鎮壓，專制統治者也可以用來反對勞動人民的革命。歷史事實充分地表明，專制統治者完全可以通過因果報應論的解釋，進行鎮壓、殺戮和戰爭，而生活在水深火熱中的勞動人民（包括下層佛教徒）在忍無可忍的情況下，也理所當然地要起來和專制統治者（包括上層佛教僧侶）進行對抗。可見，把佛教的善惡觀念放在社會生活中來考察，既有真誠的一面，也有偽善的一面。

佛教以大慈大悲、利己利他為倫理道德的出發點，這種道德訓條和儒家的「惻隱之心」、性善論相遇，和中國的國家本位與民本思想的文化傳統相近，因而在歷史上影響頗大。完全可以這樣說，佛教的這種道德觀念同樣也具有抽象的性質，在階級社會裡可以為不同階級

所利用，從而產生積極的和消極的兩種相反的作用。當然它在剝削階級統治的社會裡，消極作用是帶基本性質的，是需要認真分析批判的。同時，我們也應當承認，佛教的這種道德觀念畢竟在歷史上（如中國近代史上）曾被作為理想化的道德規範，起過一定的進步作用，豐富了中國優良的傳統道德，因此，佛教倫理道德也是值得我們批判繼承的。

第十章
佛教與中國哲學

　　佛教戒、定、慧三學中的慧學，廣泛涉及對人生和宇宙的看法，包含有豐富的哲學內容。佛教的根本宗旨是企圖超越現實社會生活秩序而求得身心的解脫。為了達到這樣的目的，佛教學者始終在尋求人生乃至宇宙萬象的「真實」，以形成獨具特色的人生觀和世界觀。佛教傳入中國後，它闡發的「空」的哲學理論首先受魏晉玄學的影響而改變了本來面貌，隨後它又以印度中觀學說的更高抽象思辨對玄學作了理論上的批判總結。東晉南北朝階段，在思想上是佛教和反佛教展開針鋒相對鬥爭的白熱化時期。正如上一章「佛教與中國倫理」所揭示的，佛教自傳入中國之日始，就形成了與儒家綱常倫理的頡頏、對峙，並釀成沙門不敬王者的爭論。佛教與儒家在倫理道德觀念上的爭論，是佛教傳入中國以後與中國傳統文化思想的最大分歧，也是最大的爭論。此外，在理論上的最大鬥爭就是神滅論與神不滅論的鬥爭，這個鬥爭是同因果報應與反因果報應的鬥爭密切相關的。隋唐階段是佛教宗派學者在吸取中國固有思想的基礎上進行哲學創新的時期，佛教哲學的宇宙生成論、本體論、認識論和心性論在這一整個時代哲學理論中佔有重要地位，豐富和發展了中國古代哲學，影響和改變了爾後中國古代哲學的發展進程和面貌。此後，中國佛教哲學的神不滅論和一切皆空的學說又受到宋明理學家的斥責，但是它的心性學說等在實際上又為理學家所吸取。到近代佛教哲學又為一批進步思想家所改造和利用。佛教哲學和中國哲學相互影響、吸取，又相互挑戰、鬥

爭，彼此錯綜，交滲互涵。佛教哲學在與中國哲學相互激盪中日益民族化、中國化，從而成為中國的一種宗教哲學。

第一節　漢代佛教與方士道術

漢代佛教初傳，主要是傳譯禪學（關於禪定修行方法的理論）和般若學（關於萬物性空的理論）的經典。此時般若學並沒有在社會上產生多大影響，人們都把佛和黃老視為同樣的神，把黃老和浮屠（即佛）並列為祠祀崇拜的物件。《後漢書》卷 42《楚王英傳》說，漢光武帝的兒子楚王劉英，把釋迦牟尼與黃帝、老子並列，共同奉祀。桓帝（西元 147-167 年在位）時，宮中設華蓋以祠黃老浮屠。「又聞宮中立黃老浮屠之祠。此道清虛，貴尚無為，好生惡殺，省欲去奢。」（《後漢書》卷 30 下《襄楷列傳》）這都是把佛看作和中國傳統迷信的神一樣，認為佛教也是一種道術，求神祈福的祠祀。黃老之學主張清靜無為，佛教理論也被認為是崇尚清虛無為的。佛教禪學的一套禪定修行功夫，也被看為是煉形煉神，祈求肉體飛升的神仙方術：

> 昔孝明皇帝夢見神人，身有日光，飛在殿前，欣悅之。明日，博問群臣：「此為何神？」有通人傅毅曰：「臣聞天竺有得道者，號之曰佛，飛行虛空，身有日光，殆將其神也。」（《理惑論》20 章）

佛教雖也講神通，但從不主張養生養神，長生不死，肉體飛升。可見，中國人當時是以黃老之學和神仙方士道術的觀念去迎接和理解佛教的，同佛教原來的宗旨和特質是迥異其趣的。但是，佛教又正是由於被認為和中國黃老同類，與方士道術思想相通而獲得了流傳。

第二節　佛學從依傍玄學到補充玄學

　　約自魏晉以來，禪學開始退居次要地位，由於玄學的興起，此時般若學也深得統治者與佛教學者的重視和提倡，並在玄學的強大影響下形成一代學風。直到東晉後期，般若學始終是佛學的主流。般若學的流傳大致經過了「格義」、「六家七宗」和僧肇「不真空論」三個階段，這也是佛學從依傍玄學到補充玄學的思想變化歷程。

　　自漢末支婁迦讖譯出《般若道行經》開始，般若類經典相繼傳入我國。在中觀學派著名學者鳩摩羅什系統地傳譯印度大乘佛教空宗學說以前，中國學者在闡發般若學思想方面，幾乎同時出現了「格義」和「六家七宗」兩種不同類型的流派。鳩摩羅什譯經的重要助手僧叡說：「自慧風東扇，法言流詠以來，雖曰講肄，格義迂而乖本，六家偏而不即。」（《出三藏記集》卷 8《毗摩羅詰提經義疏序》）批評「格義」違背了佛教的本義，「六家」偏離了佛教原意。之所以形成這兩種情況，是由於般若理論深奧玄妙，理論思維方式和中國傳統思維方式不同所致，同時也和當時般若學的重要典籍沒有得以系統譯出以及翻譯水準不高有關，但最重要的還是由於直接受到老莊思想和魏晉玄學不同學派思想影響的結果。東晉佛教領袖釋道安講出了這其間的原由：「以斯邦（中國）人老莊教行，與《方等》經兼忘相似，故因風易行也。」（《毗（鼻）奈耶序》）他認為只有和中國固有思想文化相協調，佛教才能流行。

　　「格義」，是指用中國固有的，尤其是老莊哲學的名詞、概念和範疇，去比附佛教般若學類經典的名詞、概念和範疇。「般若經」有一系列闡發宇宙現象和出世間的概念和範疇需要翻譯，有一系列說明般若理論的事數（名相），如分析人們有關心理和物理現象構成的五蘊、十二處、十八界等也亟待弄清。為此，一些佛教學者如康法朗、

竺法雅等人，就創造了連類比附、以章句是務的格義方法。「雅（竺
法雅）乃與康法朗等以經中事數擬配外書，為生解之例，謂之格
義。」（《高僧傳》卷4《竺法雅傳》）道安雖然認為「先舊格義，與
理多違」（《高僧傳》卷5《釋道安傳》），對於格義表示不滿，但他不
僅允許其高足弟子慧遠講解經論時可以引用《莊子》等書來觸類旁
通，說明事理，而且事實上，他本人也沒有擺脫以老莊哲學的名詞術
語去比附佛教的方法。

　　道安雖然也搞格義，但畢竟又反對格義，這表明格義的方法已發
生動搖。道安是由格義轉到「六家」的複雜人物。當時道安和支遁
（支道林）等著名僧人都崇尚清通簡要，融貫大義，不執著文句，自
由發揮思想，由此而形成了六家或六家七宗的般若學流派。六家或六
家七宗的代表人物如下[1]：

六家	七宗	代表人物		
本無	本無	道安		
	本無異	竺法深	竺法汰	
即色	即色	支遁		
識含	識含	于法開		
幻化	幻化	道壹		
心無	心無	支湣度	竺法蘊	道恒
緣會	緣會	于道邃		

般若學流派六家或六家七宗彼此間的區別大體上是和魏晉玄學的分歧
相呼應的，它們所爭論的問題、思辨的方法和論證路數等都受到玄學

1　參見湯用彤：《漢魏兩晉南北朝佛教史》，上冊，166-167頁，北京，中華書局，1983。

的影響。魏晉玄學的哲學中心問題是辯論所謂體用，即本末、有無的關係問題。當時般若學的理論中心問題也是在談本末、空（無）有的問題。這實際上是按照魏晉玄學的思想和範疇對印度般若學二諦說的比附、引申和發揮，即把「真諦」說成是本體的「無」，「俗諦」說成是萬物的「有」。由此又涉及心靈和物質的關係問題，何者是本無，何者是末有，不同學者形成了不同的論點和學說。

　　六家或六家七宗，按其基本論點的差異來看，主要是三派，即本無派、心無派和即色派（識含、幻化、緣會三派與此派論點相近）。這三派思想上分別依傍於魏晉玄學的何晏、王弼的貴無論，裴頠的崇有論和郭象的獨化論。雖然般若學三派和玄學三派在思想形式和理論邏輯方面並不一致，但彼此之間又約略具有某種相對的對應關係，般若學仿佛是再現了魏晉玄學的思想發展軌跡。如本無派道安認為：「無在元化之前，空為眾形之始，故稱本元。」（曇濟：《七宗論》，見《名僧傳抄・曇濟傳》）這種觀點正是何晏的「有之為有，恃無以生」（《列子・天瑞》注引《道論》），王弼的「凡有皆始於無」（《老子・一章注》），「天下之物皆以有為生，有之所始以無為本」（《老子・四十章注》）的餘音迴響。創立心無派的支湣度，史載他「始欲過江，與一傖道人為侶。謀曰：用舊義往江東，恐不辦得食，便共立心無義」（《世說新語・假譎篇》）。為了適應江東的玄風，倉促改變舊說而創立新解。支湣度主張「無心於萬物，萬物未嘗無」（見僧肇：《不真空論》），肯定了物質現象的存在，這是帶有唯物主義傾向的一派，是和裴頠的「自生而必體有」（《崇有論》）的觀點息息相通的。即色派支遁的基本論點是「即色者，明色不自色，故雖色而非色也」（見僧肇：《不真空論》），意思是說形形色色的物質現象都不是自己形成的，所以它不是實有的物質。這是著眼於取消事物的本質、自體的一種說法。郭象說：「生物者無物，而物自生耳。」（《莊子・在宥

注》）強調事物是沒有其他客觀原因、根源的，萬物是自生的。這也是取消事物的本質、自體的一種說法，在思維路線方面帶有共同性。支遁曾作《即色遊玄論》，「玄」，玄奧。「即色遊玄」，是就物質現象體悟玄奧狀態，這和郭象的「獨化於玄冥之境」相近似。支遁在給晉哀帝的上書中宣揚般若學的宗旨：「遊虛玄之肆，守內聖之則，佩五戒之貞，毗外王之化」（《高僧傳》卷 4《支遁傳》），「常無為而萬物歸宗，執大象而天下自往」（同上），頌揚了內聖外王之道。這和郭象的「夫聖人雖在堂廟之上，然其心無異於山林之中」（《莊子‧逍遙遊注》）的說法如出一轍。佛教般若學派因依傍玄學各派而失去獨立性，但它由此而區別於印度佛教般若學說，又表現出中國佛教學者的某種獨立性。

僧肇在《不真空論》中對上述三家般若學性空理論作了分析和批判。指出本無派過於偏重於「無」，無視事物的「非無」方面；批評心無派只是主張對萬物不起執心，沒有否定外界事物的客觀存在；認為即色派只是說物質現象沒有自體，因而不是自己形成的，還沒有認識到物質現象本身就是非物質性的。僧肇認為這三派講空都不得要領，把「無」和「有」（「體」和「用」）兩者對立起來，各落一邊，都不符合大乘般若學的中觀奧義。僧肇運用佛教中觀學的相對主義方法，來論證世界的空無，也就是既不只講有，也不只講無，而是講非有非無，亦有亦無，有無雙遣，有無並存，合有無以構成空義。這種有無統一，不落兩邊，不偏不倚，也稱為「中道」，是為「中觀」。他說：

> 欲言其有，有非真生；欲言其無，事現既形。象形不即無，非真非實有。然則不真空義，顯於茲矣。（《不真空論》）

如果說事物是有，有並不是真正的存在；如果說事物是無，它的現象卻已出現。既已出現，就不是無，只是不實有罷了。這就是「不真空」的本義。

僧肇的「不真空」的唯心主義雙向思維的方法，比當時其他般若學派都要高出一籌，因而成為對道安、支遁以來般若學的批判性的總結。由於當時般若學三個主要流派和魏晉玄學的有關流派相對應，從客觀上可以說也是對魏晉玄學的某種批判總結。僧肇所作《物不遷論》所闡發的動靜相即的論點，在《般若無知論》中論述不知即知的觀點，也都分別與魏晉玄學的動靜理論和言意之辨相呼應。由此也可以說，僧肇的般若學理論不僅是佛教哲學理論發展的新階段，也是對魏晉玄學的補充、深化、豐富和發展。僧肇深受莊學的相對主義思想的影響，同時又以佛學的中觀理論把玄學水準推向了一個嶄新的階段。中國古代思想史表明，僧肇以後不僅般若學轉向了涅槃學，而且魏晉玄學也再沒有什麼新的創造了。

第三節　佛教神不滅論與唯物主義神滅論的鬥爭

佛教唯心主義哲學思想，一方面依附於中國傳統哲學中的唯心主義流派而流行，另一方面又勢必引起中國傳統哲學中的唯物主義流派的批判。魏晉時代，佛教依傍於魏晉玄學而得以傳播之後，到南北朝時終於出現了一場佛教有神論和唯物主義無神論的大搏鬥，成為中國哲學史上一次規模最大的、針鋒相對的、影響深遠的兩條路線的鬥爭。這場鬥爭直接關乎中國佛教的基礎理論——神不滅論，以及與神不滅論密切聯繫著的因果報應說、佛性說。當時無神論反對有神論的鬥爭，正是對有神論和因果報應論、佛性論的鬥爭的總匯。

因果報應說是佛教關於人生的本質、價值和命運的基本理論，是

佛教在民眾中吸引力和影響力最大的一種理論，是佛教在民間得以廣泛而持久地流傳的思想支柱。東晉時慧遠曾作《三報論》和《明報應論》，把印度佛教業報輪回思想和中國有關傳統迷信結合起來，宣揚人有身（行動）、口（說話）、意（思想）三業，業有現報、生報（下世受報）和後報（在長遠的轉世中受報）三報，生有前生、今生和後生三生，即三業、三報、三生的因果報應思想。慧遠還明確地將神不滅論和因果報應論結合起來，提出不滅的神（靈魂）是承受果報的主體的思想。慧遠對於「神」的屬性和含義作了明確的解釋，他說：

> 夫神者何邪？精極而為靈者也。精極則非卦象之所圖，故聖人以妙物而為言。……神也者，圓應無生，妙盡無名，感物而動，假數而行。感物而非物，故物化而不滅；假數而非數，故數盡而不窮。……化以情感，神以化傳；情為化之母，神為情之根；情有會物之道，神有冥移之功。（《沙門不敬王者論》）

「精極」，精明到極點。「妙物」，神妙萬物。「圓應無生」，「無生」應作「無主」。「圓應無主」，謂感應變化沒有主體。「數」，指「名數」、「法數」，以數量表示的名目、法門。這段話包含有五層意思：（1）神是精明到極點，非常精靈的東西，即精神。神沒有任何形象，又是神妙萬物以至生化萬物的東西。（2）神是無主、無名的。（3）神是非物、非數的。（4）神是情欲的根子，是生命流轉的最終根源。（5）神在冥冥之中有傳化遷移功能、作用，是不滅不窮的。慧遠還引用薪火之喻來論證神不滅。他說：「火之傳於薪，猶神之傳於形。火之傳異薪，猶神之傳異形。前薪非後薪，則知指窮之術妙；前形非後形，則悟情數之感深。」（同上）火從前薪傳到後薪，猶如神由前形傳到後形。眾生情數相感，變化無端，形有盡而神不滅。關於神滅神不滅問

題，印度早期佛教在理論上陷於邏輯混亂、矛盾的狀態：它反對靈魂說，但又肯定人死後的轉生。後來大乘空宗宣揚一切皆空，反對眾生神識和各種天神實有的觀點。大乘有宗又不同意空宗的主張，強調佛教傳入中國以後，中國人根據佛教因果報應論而理所當然地以有神論看待佛教。慧遠的說法就是中國佛教學者對於神不滅論的典型論述。慧遠的說法不僅引起大乘空宗學者鳩摩羅什的批評，被指斥為「戲論」，而且也勢必引起和中國傳統的無神論觀念的對峙，爆發一場大的論戰。

　　魏晉以來門閥界限森嚴，貧富貴賤懸隔。社會的極端不平等，刺激、推動佛教學者研究和說明人們成佛的機會、條件是不是平等的問題，這就進而涉及對成佛的根據、原因即對佛性問題的探求。由於時代的要求，佛教傳播的需要，在南北朝時期形成了巨大的佛性思潮，出現了佛性理論空前繁榮的局面。史載當時研究佛性的學派有 12 家之多，分別從人、心和理三個方面，也即從人的心識和客觀的境界兩大方面成立佛性。在諸多佛性說中，最值得注意的是竺道生的觀點，他認為佛性是眾生最善的本性、最高的智慧、最後的真理，也是宇宙的本性。他強調佛性非空，也非神明。眾生並無生死中的「我」。在道生看來，眾生一旦得理，即眾生與本體相統一，就能成佛。同樣值得注意的是，也有不少佛教學者從眾生的心上講佛性，有的以心（識）為佛性，也有的主張冥傳不朽即識神為佛性，梁武帝蕭衍還提出真神為佛性的觀點。他宣傳神（「心」）有「性」與「用」兩個方面，真性即神的本質——「神明」是不斷的，且必歸佛教妙果，其用即精神，一切心理現象，也稱為「識」，常表現為「無明」，是生滅的，前後相異。真神即神明，實質上也就是生死中的「我」，就是靈魂，這是輪迴轉生的主體。梁武帝認為由無明轉為神明即可成佛，神明也是成佛的根據。從形神關係來考察，作為眾生轉生成佛的根據——佛性，是

以神不滅為邏輯前提的，佛性論包含著神不滅論，有的佛性就是不滅的神、不滅的靈魂。這一類的佛性論本身也就是一種神不滅論。

此外，當時一些讚賞佛教義理的文人學者，還多宣傳形神平行二元論。如晉羅含（羅君章）作《更生論》，宣揚「神之與質，自然之偶也。偶有離合，死生之變也」（《弘明集》卷 5），認為精神和形體是自然的配偶，兩者平行存在。配偶有離有合，身體的死亡是精神和形體的分離，並不意味著精神的斷滅。劉宋時代鄭鮮之（鄭道之）作《神不滅論》說：

> 夫形神混會，雖與生俱存，至於粗妙分源，則無區異。……神體靈照，妙統眾形。形與氣息俱運；神與妙覺同流。雖動靜相資，而精粗異源。豈非各有其本，相因為用者邪？（同上）

這是說，精神是精的，形體是粗的，二者有精粗之別。形體同呼吸的氣在一起運行，精神與人的知覺靈明在一起流動。形神相互支持，相互為用，同時又各有不同的來源、不同的根本。這是精神和物質各自獨立的二元論。鄭鮮之從二元論出發，又強調「唯無物，然後能為物所歸。……唯無始也，然後終始無窮」（同上）。神是無物，所以能為萬物所歸。神是無始，所以是終始無窮。就是說形是有始有終的，神是無始無終的，神比形更根本、神是不滅的。最終還是主張神不滅論。這種觀點顯然是和佛教的輪回轉生說相呼應的。

佛教神不滅論和中國傳說的有神論不同，不僅更細緻、更嚴格地闡發了神和形的區別，而且還和輪回轉生、修行成佛聯繫起來，成為中國佛教理論的主要支撐點。否定神不滅論，就摧毀了佛教的因果報應說，等於從根本上否定了中國佛教。所以當時的佛教學者總是極力宣揚神不滅論，而反對佛教的唯物主義思想家則著力於宣傳神滅論，

批判神不滅論。這樣，形神關係問題就成為東晉南北朝哲學鬥爭的焦點，唯物主義和唯心主義兩軍對壘的中心。此時，尤其是南朝的神滅論和神不滅論的激烈論戰，可稱中國古代無神論和有神論鬥爭史上最壯觀的一頁。南朝宋時著名天文學家何承天駁斥了佛教神不滅論。齊梁時戰鬥的無神論者范縝，面對梁武帝蕭衍為首的政治勢力和宗教勢力，面對對立面 60 多個人、70 多篇文章的討伐圍攻，立場堅定，旗幟鮮明，撰寫了著名的《神滅論》，提出了形質神用說，從根本上駁倒了神滅論。他說：

> 形者神之質，神者形之用；是則形稱其質，神言其用；形之與
> 神，不得相異。(《神滅論》)

「質」，形質，本質，有主體或實體的意思。「用」，作用，功用，有派生或從生的意思。實體表現作用的，是不依靠作用而存在的。作用是實體所表現的，是依附實體而存在的。「形者神之質」，形體是精神所從屬的實體；「神者形之用」，精神是形體所具有的作用。神是作用不是實體，而且是從屬形這個實體的。范縝在中國哲學史上第一次用「質」、「用」的範疇來論述形與神不是兩個不同東西的拼湊、耦合、組合，而是一個統一體的兩個方面。范縝以形質神用這一巨大的理論創見，嚴密的邏輯論證，從根本上駁倒了佛教的神不滅論，對長期以來的形神之辨作了出色的總結，比較徹底地解決了形神問題。

范縝的神滅論也有其歷史局限性，主要是沒有闡明與人的形體不可分離的精神作用究竟是怎樣產生的問題，沒有完全擺脫把「神」視為一種氣之精者的影響。而在這一點上，慧遠則對神區別於形的特性作了描述，在區分形神方面提供了合理因素。所以范縝也還是沒有圓滿地闡明形神關係的問題。但是，中國佛教在遭到無神論者的有力批

判和沉重打擊之後,在思想理論方面就逐漸轉向於闡發宗教本體論、認識論、心性論、修養論等問題,這也正是後來隋唐佛教哲學的重要內容。

第四節 隋唐佛教宗派對古代哲學的發展及其和儒、道會通的趨勢

隋唐是中國佛教最隆盛的時代,諸宗並興,名僧輩出,佛教哲學空前繁榮。佛教與儒林文苑、哲學論壇呈現出了極為複雜的關係,這主要表現在三個方面:一是佛教宗派對傳統哲學的吸取和對古代哲學的重大發展;二是佛教融合儒、道的趨勢;三是儒家學者對佛教的反對和支持,排斥和借鑒。

一　佛教宗派對古代哲學的發展

隋唐佛教宗派富有哲學思想的,主要是天臺宗、三論宗、法相唯識宗、華嚴宗和禪宗。這些宗派的領袖紛紛著書立說,闡發唯心主義哲學,其內容涉及宇宙結構論、本體論、認識論、真理論、意識論、心性論等廣泛領域,豐富和發展了古代哲學思想。

隋唐佛家多講心性之學,因之心性論是此時佛教哲學的重心,也是佛教對古代哲學的最大發展。自晉末宋初以來,思想界把本體論和心性論的研究統一起來,並由探討宇宙的本體轉為著重研究人的本體,即人類自身的「本性」,這種從對外的本體轉向對內的心性的探討,是適應社會需要和玄學思潮發展的結果,和佛教經典的翻譯、傳播關係並不太大。南朝時又經過神不滅論和神滅論的大論戰,佛教在形神理論問題上遭到打擊,也迫使佛教學者對人的心性問題展開更廣

泛、更深入的研究，以闡明成佛的根據和可能這一佛教的根本問題。唐玄奘從印度取經回國後，創立了法相唯識宗，介紹了萬物唯識所變的主張，也推動了其他宗派對於心性問題的探討研究。佛教宗派正是在這種深刻的歷史和思想背景下，繼續把闡發理論的重點放在心性問題上。「明心見性」、「即心即佛」、「知心為體」、「性體圓融」、「無情有性」等，論說紛紜，形成了各具特色的心性論。而止惡從善，排除欲望，發明本心，是各宗心性學說的基調。唐代幾個重要宗派的學說，都可謂是心性之學。以天臺宗和禪宗來說，天臺宗的著名學者湛然提出「無情有性」說，宣揚沒有生命的東西（「無情」）也有佛性。這比一切眾生都能成佛的說法更為徹底，把成佛的範圍無限地擴大了。湛然提出「無情有性」的命題，一方面是為了擴大天臺宗的吸引力和影響力，另一方面又是用以論證世界上一切有情無情之物，都是內在的、普遍的、絕對的和永恆的真如佛性的體現。再如禪宗宣導「淨性自悟」說，認為人人的本性、本心都是清淨的，一個人只要認識本性、本心就是解脫。由於人人的自心本性是清淨的，因此一切事物也都在自性中，「如是一切法，盡在自姓（性）。……一切法在自姓（性），名為清淨法身」（敦煌本《壇經》）。禪宗認為一切事物都在自性之中，在自性中見到一切事物，稱為清淨法身，也就是自悟成佛。禪宗以心性論為核心，並把心性論和本體論、成佛論結合起來了，這種心性論和本體論的密切聯繫是一大特色，是對中國古代心性論的重大發展，對宋明理學也有著深遠的影響。

　　和心性論密切相聯繫的是，隋唐佛教宗派還闡發了幾種唯心主義本體論的不同類型。這些本體論的思想路線基本上是相同的，但也有一定區別，至於具體內容，相去就遠了。隋唐佛教宗派唯心主義本體論有兩大類型，一是法相唯識宗，宣揚主觀意識是萬物的本原，一切現象都是識的變現，這是中國哲學史上典型的主觀唯心主義。二是天

臺宗、華嚴宗和禪宗都主張以眾生共同具有真心（自心，本心）為世界萬物的本原，這也是中國哲學史上典型的客觀唯心主義。天臺宗宣導「一念三千」說。「三千」，指宇宙整體。「一念」即「一念心」、「一心」，是一切眾生共有的、共同的。眾生一念心中，萬有森然具備。天臺宗人認為這是宇宙一切現象本來如此，無須另有依待的。華嚴宗更鼓吹「法界緣起」論。「法界」，泛指一切存在。強調宇宙萬物都是「一真法界」的展現。所謂「一真法界」，就是宇宙萬有的「本原真心」，一切現象的本體。真心清淨不壞、平等無差別，它隨緣不變，不變隨緣，而展現宇宙萬物。禪宗宣揚「自心頓現」說，強調宇宙萬物都是清淨的自心即真心的顯現。萬事萬物都在自心之中，外部世界是由於「忘念浮雲」蓋覆本心而不能顯現。如果去掉忘念的浮雲，就能立即顯現出森羅萬象。天臺、華嚴和禪諸宗都以真心為萬物的本原，但在論述真心如何派生、顯現萬物方面則說法相異，形成不同的宗派，這是佛教宗派客觀唯心主義多樣性的反映。隋唐佛教宗派客觀唯心主義和道家以道為萬物本原的客觀唯心主義又有所不同，因而也豐富了中國古代客觀唯心主義哲學。

隋唐佛教宗派還闡發了獨立多樣的神祕主義認識論。天臺宗提出「一心三觀」和「三諦圓融」的說法。「一心三觀」是一種禪法，與認識方法有關，是說一心中同時存在不可分割的三種觀法──空觀、假觀和中觀。也就是說，對於世界萬物，一心可以同時從空、假、中三個方面去觀察。由此也可以說，空、假、中三種道理（「諦」）是統一的，無矛盾的，這就叫做「三諦圓融」。空觀、假觀、中觀在一念中同時出現，互不妨礙，就是「三諦圓融」的真理觀。法相唯識宗宣揚「三性」說，認為一切現象都有三種不同的相狀，認識了這三種相狀，也就認識了一切現象的實相。「三性」，一是「遍計所執性」，指以名言概念表示各種事物，把事物視為各有自性差別的客觀存在，並

且執為實有，這是不真實的認識。二是「依他起性」，指一切事物都是依託各種因緣而生起的。人們認識到這一點，是獲得相對真實的認識。三是「圓成實性」，指圓滿成就一切現象的實性。人們如果在依他起性上，遠離遍計所執性的謬誤，去掉對一切現象的虛妄分別，由此獲得對一切現象的最完備、最真實的認識，為圓成實性，也就是獲得了絕對真實的認識。此宗認為，眾生從遍計所執性進而達到圓成實性，也就獲得了佛教智慧，近於成佛了。華嚴宗在認識論上的基本理論是一真法界觀。這種法界觀包含了許多豐富的內容，其重心是在理事無礙說的基礎上，宣揚事事無礙說。「理」，本體。「事」，現象。華嚴宗人認為事是理的顯現，現象是本體的顯現，既然事事物物都是理的體現，那麼，千差萬別的事物由於理體、理性是同一的，不同事物之間也就都能相即相融了。華嚴宗人講一真法界觀，其真意在於說明宇宙間的各種事物和各類關係都是圓融無礙的。這種認識上的無矛盾論，看到了事物的相互統一方面，但是卻否定了相互對立的一面。禪宗認識論是著名的頓悟論。禪宗認為，世人本來就具有佛教的高超智慧，只是因為被妄念的浮雲所蓋覆，不能自我證悟。一旦去掉妄念，就會頓見真如本性。由此禪宗學者強調「無念」，即要努力排除一切邪見妄念、一切塵勞妄想。只要做到無念，就認識了自我本性，把握了真理，實現了頓悟，也就成為「佛」了。上述佛教宗派的認識論是和本體論以及修持方法完全混合在一起的，是為成佛作論證的。其基本性質是闡發一種神祕的直覺。應當說，這些認識論的體系是非科學的，是對世界的顛倒的幻想的反映，但是其中也包含了若干合理的或帶啟發性的因素，包含了辯證法的思想，如強調認識本體的作用，認識的相對性、一體性和統一性，認識的質變、飛躍等，都是有價值的觀點。應當承認，隋唐佛教哲學對中國古代認識論史和辯證法史是作出了貢獻的。

二　佛教對儒、道的融合

隋唐時期天臺、華嚴和禪宗在創立自己的哲學體系過程中，都程度不同地吸取中國傳統思想作為思想資料，融會於自己的思想體系之中。如天臺宗先驅者慧思，把道教成仙看作成佛的必經步驟，神仙迷信被納入天臺教義。慧能禪宗更是吸取儒家性善論、道家自然主義，並繼承了竺道生的佛性論、頓悟說而形成的。此外值得注意的是，華嚴宗學者李通玄、澄觀和宗密（兼為禪宗學者），也都熱衷於調和儒家思想。這些學者都十分重視和儒家哲學經典《周易》的調和，進而從世界和人類的起源、本原的高度去考察、揭示和評判儒、佛的區別與聯繫。東晉慧遠法師以佛為內，儒為外，主張內外之道相合而明。宗密作《原人論》，進一步提出「會通本末」的主張，以佛為本，以儒、道為末，「今將本末會通，乃至儒、道亦是」（《原人論》）。宗密認為，儒、道主張的人類是由天地和元氣產生，由虛無大道生成養育，是一種迷妄，必須破除。人類都有「本覺真心」，這種本來覺悟的真心，「無始以來，常住清淨，昭昭不昧，了了常知，亦名佛性，亦名如來藏」（《原人論》）。本覺真心才是人類的本原，也是人們成佛的根據。人們只要去掉迷惑、妄想，就能「於自身中得見如來廣大智慧」，成為佛。由此說明儒、道和佛在對人類的起源、本原的看法上，有著本末的區別；同時只要去掉儒、道的迷惑，一念覺悟，就成佛了，本末又可會通。宗密的《原人論》是調和儒、道、佛的重要哲學著作，是從調和倫理道德的對立到融通世界觀的分歧的重要標誌。這也表明佛教和儒、道兩家的融合已進入思想文化的深層了。

三　儒家的釋佛、融佛、排佛和讚佛

　　隋唐時代儒家與佛教哲學之間呈現出一種複雜的關係，其主要類型是，梁肅以儒家解釋佛教；韓愈、李翱一面排斥佛教，一面又攝取佛教的方法或思想，援佛入儒；柳宗元、劉禹錫一面強調儒、佛的一致，讚賞佛教，一面又對天命論、有神論持否定態度。從儒、佛兩種思潮的主要關係來說，表現出了一種相互交融的基本趨勢。

　　梁肅（753-793），字敬之，唐文學家。官翰林學士，守右補闕，侍皇太子。曾問學於天臺宗湛然，深受一切眾生悉具佛性思想的影響，撰《止觀統例議》，用儒家的窮理盡性學說，闡釋佛教的止觀思想，文說：

> 夫止觀何為也？導萬法之理而復於實際者也。實際者何也？性之本也。物之所以不能復者昏與動使之然也。照昏者謂之明，駐動者謂之靜。明與靜，止觀之體也。……原夫聖人有以見惑足以喪志，動足以失方，於是乎止而觀之，靜而明之。……仲尼有言，道之不明也我知之矣，由物累也。……若嗜欲深，耳目塞，雖學而不能知。（《全唐文》卷 517）

梁肅發揮佛教的止觀宗旨在於復歸本性。人們由於外物的牽累，嗜欲很深，耳目閉塞，因此學不能知，道不能明。止觀就是使人去昏而明、去動歸靜、窮通萬物的道理，復歸眾生的本性。梁肅的忘年之交權德輿（字載之）和獨孤及（字至之）也是好佛的儒家學者。如權德輿作《唐故章敬寺百岩大師碑銘》說：「以《中庸》之自誠而明以盡萬物之性，以《大易》之寂然不動，感而遂通，則方袍褒衣，其極致一也。」（同上書，卷 501）又撰《信州南岩草衣禪師宴坐記》說：

「至人則反靜於動，復性於情。」（同上書，卷 494）以儒釋佛，是當時儒林的思想傾向之一。

　　韓愈、李翱從堅持儒家倫理道德和夷夏之辨的立場排斥佛教。韓愈排佛之激烈，在中國歷史上是十分突出和著名的，但是他的基本理論道統說和李翱的基本理論復性說，則是攝取隋唐佛教宗派的法統觀念或心性學說加以改鑄而成的。隋唐佛教宗派傳道，深受門第觀念的影響，有所謂歷代相承、燈燈不滅的法統。韓愈為了和佛教相抗衡，以道統說反對法統說，謂儒家有堯、舜、禹、湯、文、武、周公、孔、孟依次相傳的傳統。韓愈仿照佛教法統提出的道統，為後來的宋明理學家所堅持。佛家講「去欲」、「治心」，韓愈也對宣揚「養心」、「寡欲」、「正心」的儒家典籍《孟子》和《大學》著意推崇，對於宋明理學影響極大。李翱的主要著作《復性書》宣揚性善情惡，性得之天命，是聖人的根本，情是惑性的，應當排遣。要成為聖人，就要去情復性，而要去情復性，就要排除嗜欲，保持內心的絕對寂靜。這種性情學說除了發揮儒家《孟子》和《中庸》的心性學說以外，主要是直接繼承梁肅的止觀學說，這從上述的《止觀統例議》的簡短引文中就可以看出，而梁肅又是繼承天臺學者湛然的佛性論，實際上李翱已受佛學的薰陶。李翱對佛典作過研究，說佛教論「心術」並「不異於中土」（見《再請停率修寺觀錢狀》）。從《復性書》的行文來看，和當時流行的佛教典籍《大乘起信論》、《圓覺經》的內容也是十分相近的。今舉兩例：

　　《圓覺經》說：「依幻說覺（性），亦名為幻。若說有覺，猶未離幻。說無覺者，亦復如是。」

　　《復性書‧上》說：「明與昏，謂之不同。明與昏，性本無有，則同與不同二皆離矣。夫明者所以對昏，昏既滅，則明亦不立矣。」

　　這是論性的本質，《圓覺經》認為覺以離幻，幻離何有覺？《復

性書》則明以昏對，昏滅何有明？二者說法是一致的。又如：

　　《大乘起信論》說：「如大海水，因風波動，……若風止滅，動相則滅，濕性不壞故。如是眾生自性清淨心，因無明（妄情）風動。……若無明滅，相續則滅，智性（本性）不壞故。」

　　《復性書‧中》說：「水之性清澈，其渾之者泥沙也。……久而不動，泥沙自沉，清明之性，鑒於天地，非自外來也。故其渾也，性本不失。及其復也，性本不生。人之性亦猶水也。」

　　這是對性情關係的論述。李翱以水和泥沙喻性情，實借佛典的水風之喻。他以沙泥沉而水性清來論證情息則性復的道理，這和《大乘起信論》的風止水靜以說明無明滅則智性清淨是如出一轍的。此外，相似、相近之處還很多。

　　看來從《大乘起信論》、《圓覺經》到湛然，從湛然到梁肅、再到李翱，在思想上可謂是一脈相承的。李翱《復性書》約晚出於梁肅《止觀統例議》30 年。李翱曾問學於梁肅。梁肅死，李翱曾作《感知己賦》悼念，其賦序云：「貞元九年，翱始就州府貢舉人事，其九月，執文章一通，謁於右補闕安定梁君，……亦既相見，遂於翱有相知之道焉。……期翱之名不朽於無窮，許翱以拂拭吹噓，……遂賦感知己以自傷。」（《李文公集》卷 1）於此足見李翱受梁肅影響之深。[2]韓愈、李翱的學說，尤其是李的融通儒、佛的心性說，韓的道統說一直為理學家所堅持，李翱的「教人忘嗜欲而歸性命之道」的思想，後來經理學家之手，也就演變為「存天理，滅人欲」的說教了。韓、李反對佛教，又仿照佛教而分別提出的道統說和復性說，極大地影響了唐以後的思想發展，形成了新的思想格局。由此也表現出佛教對中古

2　權德輿有女嫁給獨孤及之子郁為妻。李翱和郁甚為友善。李除受梁肅的思想影響之外，也受權德輿和獨孤及的思想影響，尤其是以《周易》和《中庸》解說人性方面，影響更為直接。

以來思想發展影響的複雜性和深刻性。

柳宗元、劉禹錫是儒家中的另一類型。他們欣賞佛教徒超脫世俗名利觀念的處世態度，讚賞佛教徒某些道德操守。他們認為佛教和儒家學說可以互相並存，相得益彰。這種理路，實質上也對宋代理學家發生影響。同時，柳宗元和劉禹錫又都反對有人格、有意志的「天」，強調「天人各不相預（干涉）」，劉氏還強調「天人交相勝」，這實質上是對包括佛教在內的有神論觀點的批判、否定。劉禹錫還用唯物主義觀點探索宗教迷信產生的認識根源和社會根源，達到了前所未有的水準。這一切都表明了柳、劉在世界觀方面和佛教是存在原則區別的。

第五節　佛教哲學對宋明理學的影響及其日益儒化的表現

宋代以來，佛教宗派勢力趨於衰微，而在隋唐時形成的豐富的佛教哲學思想卻為排斥佛教的理學家所大量吸取，成為他們創立新學說的重要思想淵源，這是一方面；另一方面，佛教學者也背離（或部分地背離）佛教原來宗旨，曲意迎合儒家思想，從而使佛教思想趨於儒化。這兩個特點正是宋元明清時代佛教與哲學相互關係的基本特徵。

一　佛教哲學對宋明理學[3]的深刻影響

宋明時代理學家和佛教的關係有一個發展過程。宋代理家絕大多數是反佛的[4]，明代理學家反佛的就較少了，王守仁雖然也排佛，但

3　這裡所講的理學，包括陸王心學在內。

4　宋代理學家不反佛的只有楊簡、真德秀。

是他又直接地大量吸取佛教的思想，所以在此之後，儒佛漸趨一致
了。宋代理學家站在儒家的正統立場上，對於佛教的出世主義、神祕
主義持指斥態度，而且一度曾由於異族馮陵激起的民族感情，更是下
意識地反對佛教。但是，理學家面臨隋唐佛教宗派的巨大的思想遺
產，自然不可避免地會受其薰陶。佛教許多思想是儒家所缺乏或注意
不夠的，也有探究的需要。周敦頤等人創立理學的時候，正是禪宗五
宗的殷盛時期，禪宗久遠盛行、盤根錯節的江西等東南地區又是理學
鉅子如朱熹、陸九淵等人的故鄉。宋代理學諸大家，即濂（周敦
頤）、洛（二程）、關（張載）、閩（朱熹）各家，在他們治學和著書
立說的過程中，無一不是「氾濫於諸家，出入於老、釋」的。周敦頤
與慧南、常總等禪師往來密切，自稱「窮禪之客」。二程，如程顥
「出入釋、老幾十年」。程頤與靈源禪師過從頗密，讚歎禪家「不動
心」，值得仿效。就以唯物主義者張載來說，他反對佛家的幻化、性
空的說法，但也曾「訪諸釋、老，累年究極其說」（《宋史·道學傳·
一》）。至於陸王一派和禪學的關係就更為直接密切了。理學家之探究
佛理、禪學，是由於佛教哲學有其特色，思辨性更強，唯心主義更精
緻，證論更深入。朱熹也說：「今之不為禪學者，只是未曾到那深
處；才到那深處，定走入禪去也。」（《朱子語類》卷 18）應當說，
宋明理學和佛教在世界觀和人生觀方面都存在著根本區別，所謂宋明
理學是「陽儒陰釋」的說法是不很妥當的，但也不能不承認，佛學是
宋明理學的淵源之一，佛學對宋明理學的思想影響是廣泛而深刻的。
這種影響主要表現於以下幾個方面：

（一）儒家要典的確定和學術旨趣的轉移

儒家的五經（《詩》、《書》、《禮》、《易》、《春秋》）始稱於漢武帝
時代，後來長期成為專制統治階級的教科書。到了宋代《孟子》升為

經，又以《禮記》中的《大學》、《中庸》二篇與《論語》、《孟子》相配合，合稱「四書」。朱熹撰《四書章句集注》。「四書」後來成了專制政府科舉取士的初級標準書。《孟子》、《大學》、《中庸》在儒學中地位的空前提高，成為儒家的要典，是跟唐宋時代儒家和佛教的交涉鬥爭直接相關的。佛教講心性，重修持，禁欲，而《孟子》書中也言心性，講「萬物皆備於我矣，反身而誠」，乃至「養心」、「寡欲」的修養方法。這成為韓愈和佛教相頡頏的武器。因此，《孟子》格外得到韓愈的推崇，以為是得孔子的正傳。《大學》講正心、誠意、明明德，因而也受到韓愈的重視。他特別引用《大學》這些言論，以證儒家的治心不同於佛教的治心。經韓愈的宣導，《孟子》一書和《大學》一文，遂成為後來宋明理學所依據的要典。此外，《中庸》一書也講心性，被理學家作為孔門傳授心法的書而表彰出來。理學家正是以《孟子》、《大學》、《中庸》與佛教相抗衡，以表示儒家自有家寶，不必求之於佛。可見，儒家「四書」的確定也是受了佛教的影響。「四書」在後期專制社會中所起的巨大作用，正表明了佛教間接影響之重大。

與「四書」成為理學的要典相適應，理學家的研究視角、學術旨趣、理論重心也發生了轉移。理學家講的修身養性，克己主敬，致良知，多少和佛教相似。這種心性理論，又是和本體論結合在一起的，它竭力從人生的本原和宇宙的本體方面作論證和說明，而有「理氣」、「理欲」關係的學說，所以被稱為「性理學」，簡稱為「理學」。理學和以往儒學側重於社會政治倫理而不言性與天命的風格有很大不同。這種不同是和理學反對佛教的需要分不開的，也是和在儒、道、佛思想潮流的激蕩中，理學受到佛教的刺激、誘發、影響分不開的。

（二）對理學心性論的重大影響

　　佛教在哲學上對宋明理學發生直接影響的，主要是幾個中國化的宗派，即禪宗、華嚴宗、天臺宗，其中又以禪宗影響最大。禪宗思想影響的重點是「知為心體」、「知覺是性」的說法，即人心本性靈知不昧的觀念。心性論和本體論是儒家學說中相對來說比較薄弱的環節，而佛教對此則闡發甚多。在宋明理學和佛教相抗衡的過程中，理學家們不僅著力建立心性論和本體論的系統，而且不免也攝取一些佛教的相關資料，借鑒相近的思想理路，吸取有關的理論思維經驗、教訓和成果。

　　禪宗「知為心體」、「知覺是性」的思想給予宋明理學以深刻的影響。程頤同意「人性本明」的說法：「問『人性本明，因何有蔽？』曰『此須索理會也。』」（《二程遺書》卷 18）這裡不用「人性本善」，而說「人性本明」，顯然是受了禪學的影響。朱熹對佛教的心性多有批評，他特別指斥佛教是心和性不分，指斥佛教講性空，不懂得心中的性、理是真實而非空的，是只知心不知理。但同時，朱熹本人也大談「人心至靈」：「此心本來虛靈，萬理具備，事事物物，皆所當知。」（《朱子語類》卷 60）「其體虛靈而不昧，其用鑒照而不遺。」（《朱子語類》卷 14）他還說：「人之良知，本所固有。」（《朱子語類》卷 18）這種說法和禪宗的人心本性是靈知不昧的思想極為相似。禪宗的知為心體的觀念對於陸王心學影響更大。陸九淵提出「心即理」說，認為天理、人理、物理都在吾心之中，宇宙的理與吾心中的理是一個，而且心和理是永久不變的。千萬世之前之後有聖人出，東南西北有聖人出，都是同此心，同此理。他宣揚道德觀念是人心所固有的，也是永恆不變的。這也是和禪宗的心體為知的思想理路相一致的。王守仁學說以良知為主，他認為知是心的作用，心又是性的作

用，心性同歸於理。知、心、性、理是統一的。知就是心發動的明覺的意思。王守仁這種說法和禪宗的思想也有異曲同工之妙。所以他又說：「然釋氏之說，亦自有同於吾儒，而不害其為異者，惟在於幾微毫忽之間而已。」（《明儒學案》卷10）公開認為儒學和佛教只是毫釐之差。他的哲學中心觀念「良知」——先天的道德意識和智慧，可以說更多的是直接受到禪宗思想啟迪的結果。

中國佛教宗派強調眾生本性是清淨的、覺悟的，眾生之所以陷於迷惑，沒有成佛，是由於本性被妄念浮雲所蓋覆，為各種情欲所蒙蔽。眾生只要去掉妄念，排除情欲，返歸本性，就成為佛。這種心性修養理論是儒家所沒有的，在唐代就為李翱所攝取，宣導復性說。張載、二程、朱熹受到這種思路的啟示，把性區分為兩種，提出「天地之性」（「天命之性」）和「氣質之性」對立說，程、朱還把心也區分為「義理之心」和「物欲之心」，強調天理和人欲的對立。天命之性、天理和佛教講的本性、佛性相通，氣質之性、人欲則和佛教講的妄念、情欲相似。理學家認為，每個人「天理具備，元無欠少」，只是「為氣稟物欲所蔽」，若果把物欲排除淨盡，天理自然顯明。他們由此提出「存天理、滅人欲」的命題，把它作為道德修養的根本途徑和理想境界。雖然程、朱把心和性分開，又把心和性各區分為兩種，和佛教說法不同，但是和佛教的區分佛性和妄念，以及遏制欲念、保存本性的基本主張還是一致的。

中國傳統的人性論是就人類的本性而言的，而印度佛教則講包括人和一般動物在內的所謂眾生的本性。中國佛教宗派一般地說不僅主張一切眾生都有佛性，如禪宗強調「狗子也有佛性」，天臺學者甚至提出無情有性論，宣揚無情識的事物如草木瓦石也有佛性。中國佛教的佛性論影響了宋明理學家的心性學說。張載提出「民胞物與」的觀念，宣揚人類和萬物都是天地所生的子女，主張視民如兄弟，萬物如

朋友。朱熹說：「如虎狼之父子，蜂蟻之君臣，豺獺之報本，雎鳩之有別，曰『仁獸』、曰『義獸』是也。」（《朱子語類》卷 4），和孟子排斥人以外的動物有善性的性善論不同，肯定了某些動物也有善性。王守仁更是主張草木瓦石都有良知。後期的中國儒家把人性論推衍擴展到動物、植物乃至於無生物，這實際上也是贊同和吸取佛教有關學說的表現。可以這樣說，中國儒家自李翱以來，心性學說的重大變化是和佛教帶來的新刺激、新活力分不開的。理學家繼承了佛教的心性論，並加以改造，使之和儒家的綱常名教相結合，從而創立了和佛教既同又異的心性理論。

（三）對理學本體論的深刻影響

佛教對於以理為本體的程朱理學和以心為本體的陸王心學的影響，都是直接的、深刻的。佛教華嚴宗以理為本體，以事為現象，多角度地闡述了本體和現象的關係。禪宗也講理和事、理和物的關係，如慧能印可的玄覺在所撰的《禪宗永嘉集》中就有《事和理不二》章。溈山靈祐也講「理事不二」（《五燈會元》卷 9）。儒家講的理本來指準則、規律的意思，而程朱把理提高為宇宙的本原、本體，顯然是受了佛教的影響。如二程依據張載的《西銘》提出了「理一分殊」的命題，理是一，而理體現出來的事物，則其「分」自「殊」，是千差萬別的。朱熹還借用佛教的「月印萬川」的比喻來說明一理分殊的道理。他說：「釋氏云，『一月普現一切水，一切水月一月攝。』這是那釋氏也窺見得這些道理。」（《朱子語類》卷 18）朱熹的引文出自玄覺的《永嘉證道歌》，他實際上是運用禪宗的比喻。朱熹提出的理氣關係說和華嚴宗的理事說並沒有本質的區別。佛教尤其是禪宗對陸王心學的本體論學說的影響更大。陸九淵不講理氣之分，不講理心之分，也不講人心道心之分，他認為這些都是統一的，甚至是相同的。

他提出了「宇宙便是吾心，吾心即是宇宙」(《陸九淵集・雜說》)的
命題。王守仁進一步講「心即理也」，「心自然會知」，「心外無理，心
外無事」(《傳習錄》)，這可以說是直接導源於禪宗的理論：「萬法盡
在自心，何不從於自心頓現真如本性。」(敦煌本《壇經》)兩者從思
想到語言文字都是一致的。朱熹曾批評陸九淵「假佛釋之似，以亂孟
子之實」，直斥之為禪。他說：

> 陸子靜（九淵）之學，自是胸中無奈許多禪何。看是甚文字，
> 不過借假以說其胸中所見者耳。據其所見，本不須聖人文字
> 得。他卻須要以聖人文字說者，此正如販鹽者，上面須得數片
> 鯗魚遮蓋，方過得關津，不被人捉了耳。(《朱子語類》卷124)

陸九淵曾坦率地說過自己看過《楞嚴》、《圓覺》和《維摩》等經，他
確曾受過禪宗的影響，「自是胸中無奈許多禪何」。但是朱熹自己又
何嘗不受佛教影響，所謂販鹽者設法遮蓋雲者，也可謂「夫子自道」
是也。

(四)對理學家思想方法的顯著影響

隋唐佛教哲學宗派還給理學家帶來思想方法上的影響。首先是使
他們更加自覺地注重體用範疇，探討本體與現象的關係。漢代儒家對
於體用範疇的運用很不明顯，宋代理學家繼承魏晉以來的體用觀念，
其中包括佛教的啟發，而提出「理一分殊」的命題，闡發宇宙萬物的
構成和本原。理學家以理為體的觀點和漢儒的思想有很大不同，這也
就進而帶來了儒家「天人合一」學說的新形態。其次與注重體用範疇
相聯繫，理學家也十分重視心與物、心與性的關係的探討和爭論，並
闡述了以心觀物、以物觀心、以物觀物、以心觀心的觀法，這好似受

了禪宗臨濟宗的「賓主頌」──「賓看主、主看賓、主看主、賓看
賓」的直接啟示。再次，禪宗的不重經教的簡易法門，對於陸九淵等
人一掃注疏之繁，唱六經為我注腳，重自我內心領悟，也有直接啟
示。此外，在表述形式方面，禪宗有語錄，理學家也有語錄，如朱熹
所編輯的《二程遺書》，主要是二程的語錄。《朱子語類》是朱熹的語
錄的分類彙編。陸九淵有《象山語錄》4 卷。王守仁的《傳習錄》也
有語錄體。這就是說最大的理學家都有語錄。禪宗語錄用委巷語，理
學家也受禪宗學者文風的影響，時用「鄙猥之言」。

二　佛教哲學的日益儒學化

隋唐一些佛教宗派領袖人物，如智顗、法藏、澄觀和宗密等人，
雖然也情況不同地融通儒、道，但是往往先加以貶抑，然後再包容、
調和。視儒、道為末，佛教為本，是從本末的角度去會通的。而宋明
時代一些佛教大師不同，他們主動向儒學接近、靠攏，甚至於抬高儒
學，個別的人把儒學看得比佛教還重要，以佛從儒，泯除佛、儒界
限。宋明時代佛教哲學日益儒化的基本途徑是折中儒、佛。有趣的
是，他們為此而特別著力於讚揚儒家的中庸之道。如宋代的名僧智圓
竟自號「中庸子」，宣揚「釋之言中庸者，龍樹所謂中道義也」（《中
庸子傳・上》）。龍樹的中道論是講不執著有無（空）、真假兩邊的，
而儒家的中庸則是講待人處世要無過無不及，要適中，這二者根本是
不相干的，而智圓竟把兩者等同起來了。宋代另一名僧契嵩撰《中庸
解》5 篇，盛讚儒家的中庸之道，同時宣揚儒學是治世的，佛學是出
世的，儒佛分工合作，互相配合。明代名僧德清撰有《大學中庸直解
指》，智旭著《四書蕅益解》，以佛釋儒，援儒入佛，表現了越來越強
烈的儒學化傾向，從而也就使佛教在中國越來越失去自身的個性。

第六節　佛教對中國近代哲學的影響和作用

　　佛教在近代出現了復興，振興佛教的主力是在家的居士而不是出家的僧侶，如楊文會、歐陽漸、譚嗣同、吳雁舟、宋恕、章太炎、梁啟超、韓清淨等人，對佛教的復興都起了很大的作用。佛教復興的主流是唐代宗派中盛行時間最短的法相唯識宗。此時法相唯識學成為佛教研究的一種時髦，由冷門變為了熱門。一些學者對法相與唯識是不是兩種學說展開了激烈的爭辯。同時也繼續發展宋明以來三教（儒、道、佛）會通、教（天臺、唯識、華嚴、淨土等）宗（禪）並融的趨勢。復興的據點在大城市，主要是南京和北平（北京）。佛教在中國近代的復興是由多種因素、條件綜合作用的結果。近代是大變革時期，一些進步人士、知名文人紛紛從理學的「異端」尋求立身安命之道和覓取反封建禮教的武器；西學的傳入及國外研究佛學風氣的影響，使一些思想家把佛學看作為聯結中西學的橋梁；大量佚失的佛教宗派典籍，陸續從日本、朝鮮等地尋找回來，宗派理論富有哲理、心理色彩，引起了人們研究的興趣。由此也使佛教的哲理性質得到突出的強調，佛學和中國近代哲學的關係更為密切了。

　　佛學在中國近代哲學中的地位是相當重要的，對中國近代哲學發展的影響也是廣泛而深刻的。梁啟超說：「晚清所謂新學家者，殆無一不與佛學有關係。」（《清代學術概論》）諸如地主階級改革派龔自珍和魏源，資產階級改良派嚴復、康有為、譚嗣同、梁啟超、唐才常，資產階級民主派章太炎以及著名學者熊十力、梁漱溟等人都深受佛學的影響。佛教給中國近代哲學的形成和發展帶來了新的刺激、活力和某些消極因素，並通過近代哲學家的闡發而在現實生活中發揮了異常複雜的作用。佛教對中國近代哲學的影響和作用，概略地說主要有以下幾個方面：

　　1. 構築哲學體系的重要出發點：中國近代哲學家創立哲學體系的特點是，多方面地糅合中外思想資料，用獨有的心得己意加以組織。其中有一些哲學家是以佛學理論為自己哲學體系的基石。如譚嗣同著的《仁學》，雜糅中西古今，熔科學和宗教於一爐，宣傳「仁為天地萬物之源，故唯心，故唯識」，形成「仁學」體系。「仁學」體系的中心理論是佛學——華嚴、禪、法相唯識諸宗的學說。他認為佛學能統攝西學和儒學，比其他任何學說都高明。梁啟超長期研究佛學，深受薰陶，形成了自己的佛教人生觀和世界觀。他高度讚揚佛教，稱佛教是「全世界文化的最高產品」。他十分推崇佛教的「業力」說和「唯識」說，認為佛教的「業報」理論是宇宙間的唯一真理，宣揚境由心造的「三界惟心」說是真理，「境者，心造也。一切物境皆虛幻，惟心所造之境為真實」（《自由書・惟心》）。佛教為梁啟超提供了唯心主義和神祕主義的哲學思想生長點。再如熊十力讚揚佛學「徹萬化之大原，發人生之內蘊」（《十力語要》卷1《答薛生》），著《新唯識論》，融會儒、佛思想，窮究宇宙本體。他用儒家《易大傳》的陰陽翕闢的二極觀念去解說、改造、補充佛教唯識宗的「種子」、「現行」說，同時又以唯識論的分析方法去融會儒、佛的體用理論，從而提出了一套以「本心」為宇宙本體，以體用為最高範疇，體不離用，即用顯體，體用一如的哲學體系。熊氏的新唯識論，引起了佛教人士的批評，也在思想界中產生了廣泛的影響。

　　2. 宣揚資產階級社會理想的工具：康有為襲用佛教出世主義的說教，從「入世界觀眾苦」開始，撰寫他聞名於世的《大同書》。他歷敘人生38種苦，並說所有人都以求樂免苦為理想目標。他把去苦求樂的大同世界稱為「極樂世界」。實際上這是以佛教的慈悲救世主張作為鼓吹資產階級改良主義的工具。康有為、譚嗣同等人，正是把佛教慈悲、墨子兼愛、孔子仁愛與資產階級的平等、博愛相提並論，借

助佛教的慈悲救世，眾生平等，來鼓吹資產階級的平等博愛。應當肯
定的是，康有為、譚嗣同借助佛教教義來宣揚資產階級的政治主張，
抨擊專制綱常和等級制度，是有其進步意義的。但是，佛教教義也使
他們的反專制鬥爭黯然失色，甚至於陷入十分荒唐的境地。譚嗣同的
老師楊文會說，歐洲人生活比中國人好十倍，是前生信佛，去惡從善
遠遠超過中國人的緣故。這種觀點在客觀上顯然是為社會的貧富懸殊
作論證的。譚嗣同還勸導大家念阿彌陀佛，說到萬萬年，大約一切眾
生都能成佛。這種論調不但不能觸動黑暗社會的一根毫毛，而且只能
把人們引向錯誤的道路。

3. 培養無我無畏精神的支柱：大乘佛教鼓勵信徒要奮發精進，勇
猛無畏，救苦救難，普度眾生，提倡施捨救人，甚至捨己救人。章太
炎、譚嗣同等人竭力宣揚佛教的這些教義，藉以改造國民的道德，培
養無私無畏的精神，以推進社會的改革。他們都強調「自貴其心」的
佛教思想，重視自己的心力，不依賴他力，培養自強自立自尊的品
德；他們提倡「頭目腦髓，都可施捨於人」的自我犧牲精神，宣傳
「勇猛無畏」、「排除生死」的勇敢無畏氣概。章太炎、譚嗣同，還有
康有為、梁啟超等人都十分推崇佛教的「我不入地獄，誰入地獄」的
犧牲精神。譚嗣同就是用這種精神激勵自己的鬥爭意志，而視死如
歸，以「我自橫刀向天笑」的大無畏精神，從容走向刑場，慷慨就義
的。大乘佛教宣傳普度眾生，人人成佛，這種目標、目的當然是虛構
的，但它提倡的捨己為人、無私無畏的精神，同樣是人類史上的一種
美德，經過科學的批判、改造是可以借鑒和吸取的。

綜上所述，可以看到：

佛教與中國哲學的關係十分複雜，經歷了一個漫長的變化過程。
大體上是佛教先接受中國固有哲學的影響，隨後出現雙方的理論鬥
爭，鬥爭之後佛教宗派轉向吸取中國傳統思想進行理論創造，此後佛

教哲學又被理學家所批判吸取，還被近代思想家所讚揚利用。佛教在長期歷史發展過程中形成的哲學思想，同中國原有的哲學思想逐漸會通、調和、融合，從而逐漸成為中國傳統哲學的組成部分，而且是重要的組成部分。

引起中國思想界批判的佛教思想，主要是出世主張、因果報應說和神不滅論。由此而爆發的兩場最大爭論：一場是以沙門不敬王者為中心的、實質上是對儒家的綱常倫理持什麼態度問題的爭論，這是一種有關倫理思想的爭論；另一場是神滅論與神不滅論的爭論，這是唯物主義與唯心主義的爭論。對於前一場爭論，佛教一直採取妥協、調和的態度，對於後一場爭論，佛教在理論上遭到無神論者的沉重打擊，但是因為它有三世輪回、因果報應等一套迷信說教，易於取得民間的信仰，因而並沒有敗退，在經歷了激烈的爭論之後，依然得到流傳，並在隋唐時代獲得更大的發展。

佛教得以在中國長期流傳，是和它能為中國哲學提供、補充新東西直接相關的。中國傳統哲學尤其是儒家哲學，比較重視現實人生，側重經驗認識，而對人生本原、世界本體和彼岸世界等問題探討較少。佛教把因果報應說成是支配人生的鐵的法則，為人生的本原、本質、命運問題提供了一種神祕主義的解說。佛教重視世界本體的探討，提出了各種各樣的本體說，尤其是以個人的意識和共同的「真心」為本體學說，豐富了古代唯心主義本體論。佛教對彼岸世界的渲染、鼓吹，增加了古代唯心主義的新內涵、新方面。佛教的心性說，為古代心性論貢獻了豐富的資料。此外，佛教還對古代辯證法作出貢獻，如關於矛盾的對立統一，現象與本質的關係，主體和客體的關係，對主體、自我意識和客觀能動性的強調等，都體現了較高的辯證思維水準，值得我們認真地批判總結。

中華文化思想叢書 A0100058

中國佛教與傳統文化　上冊

主　　編　方立天
特約編輯　王世晶

發 行 人　陳滿銘
總 經 理　梁錦興
總 編 輯　陳滿銘
副總編輯　張晏瑞
編 輯 所　萬卷樓圖書股份有限公司
排　　版　林曉敏
印　　刷　維中科技有限公司
封面設計　斐類設計工作室

出　　版　昌明文化有限公司
桃園市龜山區中原街 32 號
電話 (02)23216565
發　　行　萬卷樓圖書股份有限公司
臺北市羅斯福路二段 41 號 6 樓之 3
電話 (02)23216565
傳真 (02)23218698
電郵 SERVICE@WANJUAN.COM.TW
大陸經銷
廈門外圖臺灣書店有限公司
　電郵 JKB188@188.COM

ISBN 978-986-496-366-9

2019 年 1 月初版二刷
2018 年 3 月初版
定價：新臺幣 440 元

如何購買本書：

1. 劃撥購書，請透過以下郵政劃撥帳號：
　帳號：15624015
　戶名：萬卷樓圖書股份有限公司
2. 轉帳購書，請透過以下帳戶
　合作金庫銀行　古亭分行
　戶名：萬卷樓圖書股份有限公司
　帳號：0877717092596
3. 網路購書，請透過萬卷樓網站
　網址 WWW.WANJUAN.COM.TW

大量購書，請直接聯繫我們，將有專人為您
服務。客服：(02)23216565 分機 10

如有缺頁、破損或裝訂錯誤，請寄回更換

國家圖書館出版品預行編目資料

中國佛教與傳統文化 / 方立天著.-- 初版.--
桃園市：昌明文化出版；臺北市：萬卷樓
發行, 2018.03
　冊；　公分.--(中華文化思想叢書)
ISBN 978-986-496-366-9(上冊：平裝).--
1.佛教史 2.中國文化
228.2　　　　　　　　　　107003920